成都工业学院绿色创新工业研究院资助项目
成都工业学院社科联学术专著出版资助项目

DIFANG ZHENGFU ZHAIWU FENGXIAN
HONGGUAN SHENSHEN JIANGUAN YANJIU

地方政府债务风险

宏观审慎监管研究

伍 星 黄梦涯 何定洲 / 著

西南财经大学出版社

中国·成都

图书在版编目(CIP)数据

地方政府债务风险宏观审慎监管研究/伍星,黄梦涯,何定洲著.—成都:西南财经大学出版社,2021.9

ISBN 978-7-5504-5068-4

Ⅰ.①地…　Ⅱ.①伍…②黄…③何…　Ⅲ.①地方政府—债务管理—风险管理—研究—中国　Ⅳ.①F812.7

中国版本图书馆 CIP 数据核字(2021)第 190706 号

地方政府债务风险宏观审慎监管研究

伍　星　黄梦涯　何定洲　著

策划编辑:王　琳
责任编辑:杜显钰
责任校对:廖术涵
封面设计:墨创文化
责任印制:朱曼丽

出版发行	西南财经大学出版社(四川省成都市光华村街 55 号)
网　址	http://cbs.swufe.edu.cn
电子邮件	bookcj@swufe.edu.cn
邮政编码	610074
电　话	028-87353785
照　排	四川胜翔数码印务设计有限公司
印　刷	郫县犀浦印刷厂
成品尺寸	170 mm×240 mm
印　张	13
字　数	251 千字
版　次	2025 年 4 月第 1 版
印　次	2025 年 4 月第 1 次印刷
书　号	ISBN 978-7-5504-5068-4
定　价	78.00 元

前　言

　　长期以来，地方政府承担着向辖区内居民提供各种公共产品、促进地区经济增长的重要职能。供给侧结构性改革和新型城镇化建设的深入推进都离不开地方政府的积极参与。地方政府债务融资行为日益频繁，地方政府债务规模持续增加。2008 年，我国为应对美国次贷危机所带来的经济下行压力而采取了一系列反周期举措，导致了较为严重的地方政府债务问题。地方政府债务风险的加剧，引起了人们对地方政府债务问题的高度关注。有效防范化解重大经济金融风险，重点是有效防控地方政府债务风险，坚决制止违法违规融资担保行为，严禁以政府投资基金、政府和社会资本合作（PPP）、政府购买服务等名义变相举债。2014 年以来，我国先后出台了二十余项相关政策文件，对地方政府债务问题进行专项监督和管理，取得了显著成效，地方政府债务风险得到初步控制，以实现财政和经济可持续发展为目标的监管宗旨得以树立。加快推进政企分开，采取"开前门、堵后门"的方式，在清理存量债务的同时，严控新增债务规模，防范化解重大风险，构建全方位、立体化的地方政府债务风险监督管理机制，是当前我国进行地方政府债务风险监管的基本策略和措施。其中，新增债务以债券发行的方式体现在预算管理中，存量债务问题的解决则通常依赖债券置换的方式来实现。然而，这种债务处置方式带来了新的风险，商业银行对地方政府债券的大量认购使其成为地方政府债务扩张所致风险的载体，地方政府债券违约概率的上升对金融部门的资产负债表造成冲击，而金融风险的增加则通过直接渠道和间接渠道对地方政府债务风险产生影响，这就形成了地方政府债务双螺旋风险。地方政府债务风险金融化强化了地方政府债务风险的传导和影响，甚至可能引发系统性风险，而现阶段具有微观审慎特征的地方政府债务风险管理方式在应对跨部门风险传导方面存在局限性，因此利用宏观审慎监管的方式加强对地方政府债务双螺旋风险的监督和管理，已在监管部门、地方政府及学术界成为共识，是地方政府应对当前债务管理方式所带来的风险的必由之路。然而，对于如何构建符合我国国情的地方政府债务风险宏观审慎监管体系，迄今还没有一套系统而成熟的实施方法。因此，本书的研究具有重大的现实意义和较高的实用价值。基于这样的背景，本书遵循从理论到实践的研究路径，以公共财政理论和风险监管理论为基础，紧扣地方政府债务风险宏观审慎监管这一主线，按照总-分的结构谋篇布局。本书主要内容如下：

本书阐述了地方政府债务扩张及地方政府债务风险监管的基本原理；指出了现阶段地方政府债务风险监管模式在应对跨部门风险传导方面存在的局限性；介绍了地方政府债务双螺旋风险的内涵及传导机制，构建了地方政府债务双螺旋风险结构模型；梳理了地方政府债务风险宏观审慎监管的内涵特征；围绕地方政府债务双螺旋风险的防范，提出了地方政府债务风险宏观审慎监管的目标和框架体系；针对地方政府债务风险宏观审慎监管的重点和难点，搭建了包含事前防范、事中监控和事后应对的"三位一体"的地方政府债务风险宏观审慎监管运行框架，将宏观审慎监管理念运用到地方政府债务风险监管中。

具体来看，本书针对地方政府债务风险宏观审慎监管的重点和难点，完成了风险预警实证分析、风险监管实证分析和风险处置实证分析，体现了地方政府债务风险宏观审慎监管中事前防范、事中监控和事后应对的总体思路。同时，本书提出了进一步加强地方政府债务风险宏观审慎监管的政策措施和建议。

首先，本书以地方政府债务风险监管和宏观审慎监管的概念界定为出发点，梳理了国内外有关地方政府债务风险监管和宏观审慎监管的重要研究文献；通过研究公共财政理论和风险监管理论，寻求宏观审慎监管视角下地方政府债务风险监管的依据，初步确立了地方政府债务风险宏观审慎监管研究的框架，明确了本书的研究思路。

其次，本书从地方政府债务扩张的经济效应入手，分析了地方政府债务风险形成的深层次原因；探讨了地方政府债务风险和金融风险传导形成的双螺旋风险，诠释了地方政府债务规模扩张的顺周期性特征，剖析了债务风险金融化引起系统性风险的内在机制，构建了地方政府债务双螺旋风险结构模型；通过对我国现阶段地方政府债务风险监管政策进行梳理，归纳和总结了地方政府债务风险监管的特征，揭示了地方政府债务风险监管的复杂性，指出现阶段我国地方政府债务风险监管中还存在诸多不足，特别是缺乏应对地方政府债务双螺旋风险的制度和手段。

再次，本书遵循从理论到实践的研究路径，在理论上，探讨了地方政府债务风险宏观审慎监管的内涵特征，明确了地方政府债务风险宏观审慎监管的目标和框架体系及地方政府债务风险宏观审慎监管的重点与难点。在实践上，从跨时间维度和跨部门维度出发，构建了事前防范、事中监控和事后应对的"三位一体"的地方政府债务风险宏观审慎监管运行框架；通过建立地方政府债务风险宏观审慎监管指标体系和实证分析监管指数，论证了地方政府债务风险宏观审慎监管的实施效果和目标实现程度；通过构造服从马尔可夫决策过程的清算序列并运用动态规划算法和蒙特卡洛法求解，分析了风险处置的最优化路径，为地方政府处置债务风险提供借鉴。

最后，本书在总结主要观点的基础上，针对地方政府债务风险监管的薄弱环节和关键领域，结合现有法规政策，从建立和完善地方政府债务风险宏观审慎监管框架、合理利用宏观审慎监管工具化解地方政府债务风险和强化地方政府债务风险宏观审慎监管的政策协调三个维度出发，提出加强地方政府债务风险宏观审慎监管的举措建议。

本书主要创新之处如下：

第一，本书创造性地诠释了地方政府债务双螺旋风险的内涵和特征，构建了地方政府债务双螺旋风险结构模型，并运用动态随机一般均衡模型对地方政府债务风险和金融风险传导形成的地方政府债务双螺旋风险进行了实证分析，揭示了具有内生违约概率的地方政府债券被受到杠杆约束的金融部门所持有，地方政府债券违约概率的上升会对金融部门的资产负债表造成冲击。金融风险增大所产生的一般均衡效应使金融部门损失了实际净资产。金融风险进而向实体经济传导，导致投资和产出下降，因此金融风险通过直接和间接两个渠道对地方政府债务风险产生影响。本书还论证了地方政府债务风险和金融风险相互作用的结果，即两者累积、叠加，最终将触发系统性风险，为地方政府债务风险宏观审慎监管奠定了理论基础。

第二，本书明确了地方政府债务风险宏观审慎监管的目标及框架体系，指出了地方政府债务风险宏观审慎监管中的重点和难点，并据此构建了包含事前防范、事中监控和事后应对的"三位一体"的地方政府债务风险宏观审慎监管运行框架。该框架综合借鉴了全面风险管理理论和危机处理4R理论，是宏观审慎监管思想的融合，将地方政府债务风险监管研究上升到更为宏观、更为全面的高度，使本书的研究更具现实意义。

第三，现有文献对地方政府债务风险宏观审慎监管指标的研究还非常有限。本书综合运用层次分析法和模糊评价法，基于跨时间维度和跨行业维度，从地方财政稳定性、金融部门稳定性、财政金融关联性及宏观经济综合性四个方面选取了债务偿还率、核心资本充足率、地方政府杠杆率和国内生产总值（GDP）增长率等十三个指标，对地方政府债务风险进行监测，尝试构建地方政府债务风险宏观审慎监管指标体系。

第四，目前国内对地方政府债务风险应对机制的研究较少，相关实证研究仍处于起步阶段。本书借鉴金融稳定委员会（FSB）发布的《金融机构有效处置机制的关键属性》中构建有效处置机制的整体框架和核心特征，建立了地方政府债务风险事后应对机制的基本框架，从处置主体、处置手段与工具、处置资金来源和处置计划四个角度进行探讨，基于地方政府融资主体和银行间市场网络，构造了服从马尔可夫决策过程的清算序列，通过计算该清算序列的最优解，为有效减少系统性风险给宏观经济带来的损失寻求方案，为监管部门有效处置债务风险金融化导致的系统性风险提供意见和建议。

本书由伍星、黄梦涯、何定洲撰写，伍星负责全书的统稿工作及第1章、第3章、第4章、第8章的撰写，黄梦涯负责第5章、第6章、第7章的撰写，何定洲负责第2章的撰写。本书受成都工业学院绿色创新工业研究院的资助，作者在此表示感谢。

伍星

2024 年 12 月 31 日

目　录

1　导论 / 1

1.1　选题背景及研究意义 / 1

1.1.1　选题背景 / 2

1.1.2　研究意义 / 6

1.2　文献综述 / 8

1.2.1　地方政府债务及地方政府债务风险研究 / 8

1.2.2　地方政府债务风险监管研究 / 21

1.2.3　宏观审慎监管研究 / 26

1.2.4　国内外研究评述 / 30

1.3　研究对象、研究思路和研究方法 / 31

1.3.1　研究对象 / 31

1.3.2　研究思路 / 35

1.3.3　研究方法 / 37

1.4　研究框架与主要内容 / 38

1.4.1　研究框架 / 38

1.4.2　主要内容 / 39

1.5　主要创新点与不足 / 40

1.5.1　主要创新点 / 40

1.5.2　不足之处 / 41

2 地方政府债务风险宏观审慎监管的相关概念及理论基础 / 43

2.1 地方政府债务风险宏观审慎监管的相关概念 / 43

2.1.1 地方政府债务的概念及宏观效应分析 / 43

2.1.2 地方政府债务风险的概念 / 54

2.1.3 地方政府债务风险宏观审慎监管的概念 / 57

2.2 地方政府债务风险宏观审慎监管的理论基础 / 59

2.2.1 地方政府债务能实现公共物品成本的代际公平 / 59

2.2.2 地方政府的财政支出为地方经济发展提供有力支撑 / 60

2.2.3 地方政府与中央政府的利益冲突形成财政预算软约束 / 62

2.2.4 地方政府债务风险监管有利于地方政府债务可持续
增长 / 63

2.2.5 地方政府债务风险具有内生的不稳定性和脆弱性 / 66

2.2.6 宏观审慎监管能够避免风险的跨部门传导和累积 / 66

2.3 本章小结 / 68

3 地方政府债务双螺旋风险分析 / 69

3.1 地方政府债务双螺旋风险 / 69

3.1.1 地方政府债务双螺旋风险的内涵 / 69

3.1.2 地方政府债务双螺旋风险的特征 / 70

3.2 地方政府债务双螺旋风险结构模型 / 74

3.2.1 DNA 双螺旋结构模型的确立 / 74

3.2.2 地方政府债务双螺旋风险结构模型的构建 / 74

**3.3 地方政府债务双螺旋风险的传导机制——基于对 DSGE 模型的
透视 / 77**

3.3.1 地方政府债务风险与金融风险形成双螺旋风险 / 77

3.3.2 动态随机一般均衡模型的构建 / 79

3.3.3 模型求解与参数校准 / 84

3.3.4 模拟结果与分析 / 86

3.4 本章小结 / 90

4 地方政府债务风险宏观审慎监管框架分析 / 92

4.1 现阶段我国地方政府债务风险监管面临的挑战 / 92

4.1.1 现阶段我国地方政府债务风险监管的特征 / 92

4.1.2 现阶段我国地方政府债务风险监管的缺陷 / 103

4.2 地方政府债务风险宏观审慎监管是应对地方政府债务双螺旋风险的必然选择 / 110

4.2.1 地方政府债务风险宏观审慎监管的内涵 / 110

4.2.2 地方政府债务风险宏观审慎监管的特征 / 113

4.2.3 地方政府债务风险宏观审慎监管与微观审慎管理的比较 / 114

4.3 地方政府债务风险宏观审慎监管的目标和框架 / 118

4.3.1 地方政府债务风险宏观审慎监管目标 / 119

4.3.2 地方政府债务风险宏观审慎监管原则 / 120

4.3.3 地方政府债务风险宏观审慎监管框架 / 121

4.4 地方政府债务风险宏观审慎监管的重点和难点 / 123

4.4.1 建立地方政府债务风险预警机制,实现及时事前防范 / 125

4.4.2 建立地方政府债务风险评估指标体系,实现全面事中监控 / 126

4.4.3 建立地方政府债务风险应对机制,实现妥善事后处置 / 127

4.5 本章小结 / 128

5 建立地方政府债务风险事前防范机制：风险预警实证 / 129

5.1 地方政府债务风险预警方法 / 129

5.2 地方政府债务风险预警模型的构建 / 130

5.2.1 KMV 模型测度地方政府债务风险的基本原理及适用性 / 130

5.2.2 修正的 KMV 模型 / 131

5.3 本章小结 / 132

6 建立地方政府债务风险事中监控机制：风险监管实证 / 134

6.1 地方政府债务风险宏观审慎监管指标的选取原则 / 134

6.2 地方政府债务风险宏观审慎监管指标体系的构建 / 135

6.2.1 分解指标体系 / 135

6.2.2 形成递阶层次结构 / 135

6.2.3 建立预选指标集 / 136

6.2.4 筛选预选指标 / 140

6.2.5 确定指标权重 / 144

6.3 地方政府债务风险宏观审慎监管指标体系的实证分析 / 150

6.3.1 实证方法及样本数据 / 150

6.3.2 地方政府债务风险宏观审慎监管指标体系模糊综合评价 / 155

6.3.3 风险测评 / 159

6.4 本章小结 / 160

7 建立地方政府债务风险事后应对机制：风险处置实证 / 161

7.1 地方政府债务风险处置机制的基本框架 / 161

7.1.1 明确的处置主体 / 162

7.1.2 充分的处置手段和工具 / 162

7.1.3 合法的处置资金来源 / 162

7.1.4 合理的处置计划 / 163

7.2 地方政府债务风险处置的理论模型研究 / 164

7.2.1 研究假设 / 164

7.2.2 模型构建 / 164

7.2.3 处置效果的最优路径分析 / 167

7.3 本章小结 / 170

8 加强地方政府债务风险宏观审慎监管的举措建议 / 171

8.1 建立和完善地方政府债务风险宏观审慎监管框架 / 171

8.1.1 设立权责明晰、统一有效的监管协调机构 / 171

8.1.2 建立和完善地方政府债务信息披露制度 / 173

8.1.3 应用大数据推动监管创新 / 173

8.2 合理利用宏观审慎监管工具化解地方政府债务风险 / 174

8.2.1 鼓励地方政府债券投资主体多元化发展，分散风险 / 174

8.2.2 规范融资行为，建立风险传导隔离机制 / 175

8.2.3 构建层次清晰的地方政府债务风险处置机制 / 176

8.3 强化地方政府债务风险宏观审慎监管的政策协调 / 178

8.3.1 地方政府债务风险宏观审慎监管政策与财政政策的协调 / 178

8.3.2 地方政府债务风险宏观审慎监管政策与货币政策的协调 / 179

8.3.3 地方政府债务风险宏观审慎监管政策与产业政策的协调 / 181

参考文献 / 182

1 导论

1.1 选题背景及研究意义

党的十八大以来，中国特色社会主义进入新时代，我们坚持和加强党的全面领导，统筹推进"五位一体"总体布局、协调推进"四个全面"战略布局。供给侧结构性改革的深入推进、经济结构的持续优化、新兴产业的蓬勃发展都离不开地方政府的积极参与，地方政府债务融资行为日益频繁，地方政府债务规模持续扩大。2008 年，我国地方政府为应对美国次贷危机所带来的经济下行压力而采取了一系列反周期举措，导致地方政府债务规模空前庞大、地方政府债务风险持续升高，这引起了社会的普遍关注。党的十九大报告将防范化解重大风险摆在打好三大攻坚战的首位，而支持打好防范化解重大风险攻坚战，重点在于有效防控地方政府债务风险。为了应对风险，监管部门先后出台了二十余项文件，对地方政府债务融资行为加以规范和限制，取得了显著的成效。需要注意的是，尽管基于微观审慎管理思想和地方政府融资主体举债融资行为管控的现行政策对个体风险的防控起到了积极作用，但在减少地方政府债务风险的累积和传导方面，乃至防控由此引发的系统性风险方面存在局限性。一方面，商业银行对地方政府债券的大量认购使其成为地方政府债务扩张所致风险的载体，地方政府债券违约概率的上升对金融部门的资产负债表造成冲击，而金融风险的增加则通过直接渠道和间接渠道对地方政府债务风险产生影响，这就形成了双螺旋风险，双螺旋风险的累积、叠加可能触发系统性风险；另一方面，地方政府仍然通过影子银行、政府和社会资本合作（PPP）项目、政府产业引导基金等方式变相扩大隐性债务规模，且风险敞口愈发不明显，债务风险金融化助推了系统性风险的发生，给我国的金融安全维护和经济稳定运行带来了严峻挑战。因此，探讨建立适应监管新形势的地方政府债务风险宏观审慎监管机制尤为重要。

1.1.1 选题背景

政府公共支出在经济增长中发挥着重要作用，尤其是在广大发展中国家。根据世界银行于 2000 年发布的报告，发展中国家的政府公共支出占 GDP 的比重平均为 26%。相较于中央政府，地方政府对管辖区域的公民需求更为了解，因此就某些公共品的提供而言，地方政府更有效率①。改革开放以来，地方政府投资行为始终是中国创造经济增长奇迹的不可或缺的因素。以固定资产投资为例，地方政府项目长期处于投资主体地位，截至 2014 年年底，中央项目只占总金额的 5.3%（见图 1-1）。

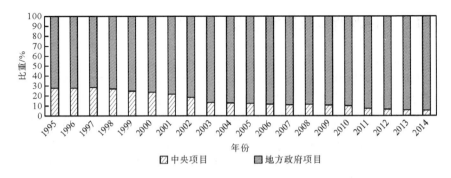

图 1-1　1995—2014 年我国固定资产投资中

中央项目与地方政府项目占投资总金额的比重

数据来源：万得（Wind）数据库。

联合国人居中心于 1998 发布的全球城市指标项目的统计数据表明，全球化程度较高国家的城市政府人均资本支出是全球化程度较低国家的 5 倍。自 20 世纪 70 年代以来，发达国家的地方政府支出中，社会服务支出比重呈增长趋势，而基础设施建设投资比重下降②。随着全球化进程的加速，地方政府在基础设施、公共支出方面的投入将进一步增加。一个国家的人均 GDP 每增长 1%，则对基础设施的投入应相应增加 1%③。

国内外城市的发展实践表明，基础设施和公用事业项目具有短期投入、长期使用的特点，而基础设施建设投资中始终存在代际不公、代间不公的问题。

---

①　OATES W E. Fiscal federalism [M]. New York：Harcourt Barce Jovanaovich, 1972.

②　王敬尧，邵青. 国外地方政府财政收支结构及其困境比较分析 [J]. 中南民族大学学报（人文社会科学版），2008, 28（2）：113-118.

③　徐丽梅，王贻志. 地方政府基础设施融资模式创新研究 [J]. 社会科学，2009（11）：34-35.

因此，争取中央财政补贴和市场融资是地方政府筹集公共建设资金的主要途径。

政府举债行为的本质是干预市场机制。地方政府举债行为在为当地经济社会发展发挥积极作用的同时，也对私人投资产生"挤出效应"，没能实现资源的最优配置，只能在某个特定阶段作为弥补市场机制缺陷的手段。

市场化程度不高是我国地方政府债务增长的重要原因之一。我国各级地方政府承担着在本辖区内提供公共产品和公共服务的职能，并相应地拥有依法课征税收或取得其他收入的权利①。前者奠定了地方政府在公共产品投资领域的主体地位，即赋予事权；后者则明确了地方政府财政收入的来源，即赋予财权。

20 世纪 90 年代以前，我国一直实行的是计划经济体制下"统收统支"的财政体制，城市建设资金主要来源于财政税收。由于当时的城市开放程度和经济发展程度均处于较低水平，财政资金匮乏，加之地方政府采取行政化的投资方式，因此市政民生类项目的建设资金经常出现缺口，城市发展缓慢。为了有效缓解城市发展过程中的资金统筹矛盾，我国在理顺中央与地方的财政分配关系方面进行了卓有成效的尝试，并于 1994 年开始实行分税制改革，通过分税的方式稳定了中央和地方的财政分配关系，同时根据中央政府和地方政府的事权确定了相应的财政支出范围。分税制改革加强了中央政府对税收来源的控制，提高了中央政府财政收入占全国财政收入的比重；调动了地方政府征税的积极性，化解了中央和地方长期存在的利益冲突；通过调整地区间的分配格局，促进了地区经济和社会的均衡发展，可以说具有重大的现实意义，建立了光照千秋的历史功绩②。然而分税制改革将财权层层上移至中央，而将事权更多地下放给地方政府，导致地方政府在财力被削弱的同时，依然承担着提供大部分地方公共物品和发展地方经济的主要责任，因此地方建设中的投融资供求矛盾日益突出。据统计，分税制改革使得地方财政收入占全国财政收入的比重从 1993 年的 78%下降到 2016 年的 44.3%，而地方财政支出占全国财政支出的比重仅仅下降了 2 个百分点③。1978—2016 年地方财政收入、支出分别占全国财政收入、支出的比重如图 1-2 所示。

---

① 覃金华. 地方政府投融资平台风险研究：以广东省云浮市新达城市建设投资公司为例 [J]. 征信，2015 (10)：94-98.

② 武子淼. 我国地方政府投融资平台风险及管理对策研究 [D]. 大连：大连海事大学，2014.

③ 赵优红，张宇飞. 我国政府投融资体系的现状及完善 [J]. 财政研究，2005 (10)：37-38.

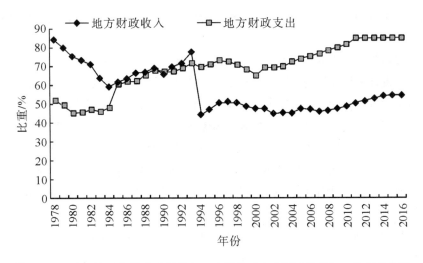

图1-2　1978—2016年地方财政收入、支出分别占全国财政收入、支出的比重

数据来源：中华人民共和国财政部官方网站、中国统计年鉴。

1995年施行的《中华人民共和国预算法》更是从法律层面限制了地方政府市场化融资，使其被迫另辟蹊径，偏好采用或有负债的预算外融资方式。摆脱"量入为出"原则下的预算约束、借助税收以外的资金来源实现公共物品融资成为地方政府弥补财政支出缺口的重要途径，地方政府融资平台公司逐渐兴起。为了应对2008年全球蔓延的金融危机，我国启动了大规模的基础性投资，实行了一揽子计划，出台了扩张性的财政政策和货币政策。2009年3月，中国人民银行和中国银行业监督管理委员会（以下简称"银监会"）联合发布了《关于进一步加强信贷结构调整 促进国民经济平稳较快发展的指导意见》，为地方政府融资平台公司的建立提供了有力的政策支持。各级地方政府积极响应，纷纷组建融资平台公司，通过市场化融资渠道筹措地方性基础设施建设所需的配套资金，地方政府融资平台公司的数量急剧增长。银监会的数据显示，2004年年底，我国地方政府融资平台公司大概有400家，其中，各省（自治区、直辖市）及各部门成立的国有控股公司约有250家，地市级政府成立的控股公司约有150家；2009年年底，我国地方政府融资平台公司已接近4000家；2010年年底，全国省、市、县三级地方政府共设立融资平台公司6576家；截至2013年6月底，我国地方政府融资平台公司有7170家[①]。十年

---

　　① 中华人民共和国审计署. 全国政府性债务审计结果［R］. 中华人民共和国审计署2013年第32号公告，2013.

间，地方政府融资平台公司的数量激增 17.9 倍，且该数据仅罗列了纳入银监会统计的地方政府融资平台公司，另有部分乡镇级别的融资平台公司并未包含其中。

随着地方政府融资平台公司的快速增加，地方政府债务规模急剧扩大。中华人民共和国审计署（以下简称"审计署"）分别于 2011 年和 2013 年对政府性债务情况进行审计，其中 2013 年的审计较为全面，首次覆盖了中央、省、市、县、乡五级政府。根据审计署于 2013 年发布的《全国政府性债务审计结果》，截至 2013 年 6 月底，我国地方政府负有偿还责任的债务为 10.89 万亿元，负有担保责任的债务为 2.67 万亿元，可能承担一定救助责任的债务为 4.34 万亿元，共计产生债务 17.9 万亿元，其中，地方政府融资平台公司产生的债务为 6.97 万亿元。与 2011 年的全国政府性债务审计结果相比，上述三类债务较 2010 年年末分别增长 62.21%、14.07% 和 159.91%。在新增融资中，三类债务的占比分别为 58%、4% 和 38%[①]。这说明，以政府及其组成部门为负债主体的融资比例基本保持稳定，其中，7 170 家地方政府融资平台公司负有偿还责任的债务为 4.08 万亿元，占政府性债务总额的 37%[②]。或有债务占较大比重，其中包括地方政府通过国有独资或控股企业、自收自支事业单位等新的举债主体和通过建设–移交（build-transfer，BT）、垫资施工、融资租赁和集资等新的举债方式为公益性项目举借且由非财政资金偿还的债务。

地方政府债务规模的急剧扩张对宏观经济的稳定运行造成了冲击，地方政府的偿债压力日益增大，商业银行的信贷风险逐渐显现，严重依赖土地财政的融资方式在房地产市场的宏观调控背景下减弱了地方政府的债务偿还能力，这些进一步扩大了地方政府债务风险敞口[③]，引起了社会各界对地方政府债务风险问题的密切关注。同时，由于地方政府融资平台公司具有天然的变通性和非规范性，所负债务多数未纳入财政预算管理，且融资业务透明度较低，因此在运行过程中集聚了举债主体混乱、担保违规、融资成本高昂、风险集中等诸多问题。

2014 年以来，财政部门密集出台关于地方政府债务融资监管的政策，一方面秉持"开前门、堵后门"的监管理念，另一方面进一步加强对地方政府

---

① 中华人民共和国审计署. 全国政府性债务审计结果 [R]. 中华人民共和国审计署 2013 年第 32 号公告，2013.

② 李天德，陈志伟. 新常态下地方政府投融资平台转型发展探析 [J]. 中州学刊，2015（4）：20-23.

③ 刘尚希，许航敏，葛小南，等. 地方政府投融资平台：风险控制机制研究 [J]. 经济研究参考，2011（10）：28-38.

融资行为的规范化管理，明确了地方政府债务预算管理的改革思路，这对有效抑制地方政府债务规模的无序扩张，切实加强对地方政府融资行为的规范管理，积极防范潜在的财政、金融风险起到显著的作用。然而，实践中暴露出微观审慎管理地方政府债务风险的局限性。一方面，地方政府债券违约概率的上升会对持有大量地方政府债券的商业银行的资产负债表形成冲击，引起流动性约束产生更大乘数效应。金融风险作用于实体经济，进一步增大地方政府债务风险，这种双螺旋风险随时间推移而累积、叠加，最终形成系统性风险。另一方面，地方政府借助 PPP 项目、政府购买服务等"影子银行"业务变相扩大隐性债务规模。隐性债务在一定程度上异化为新的地方政府债务风险，并传导至金融系统，形成外部冲击，进而引发系统性风险。

综上所述，切实加强对地方政府债务风险的监管，业已成为我国当前防范化解重大风险，维护经济安全和社会稳定所亟待深入研究的重大课题。这就要求我们必须加强对基本理论的学习，探索构建符合我国国情的地方政府债务风险监管体系，完善地方政府债务风险防范机制，为地方政府债务风险监管提供理论支持和实践指导。

1.1.2 研究意义

党的二十大报告指出："要防范化解重大风险，保持社会大局稳定。"在防范化解重大风险的背景下，历经多年的地方政府债务风险整治取得了阶段性成果，地方政府显性债务规模得到了有效控制。然而，信托计划、私募基金、券商资管等明股实债的"影子银行"业务所形成的隐性债务依然存在较大风险隐患，债务风险金融化带来的双螺旋风险促进了地方政府债务风险的产生和金融风险的传导，增加了爆发系统性风险的潜在可能性。

现阶段，地方政府对债务风险主要着眼于微观审慎管理，即重点监管单个融资主体的举债融资行为和债务规模，而对债务规模的顺周期性扩张缺乏监管，对地方政府融资主体和金融机构之间的联系及风险传导关注不足。因此，相关部门还需完善应对外部冲击的地方政府债务风险防范机制，以确保宏观经济稳定运行。这是因为：①个体行为的理性不能消除集体行为的非理性；②金融市场纪律不一定能控制风险承担行为，这可能导致逆向选择和道德风险的发生；③地方政府融资创新机制可能存在严重缺陷。地方政府举债融资机制正在经历改革完善阶段，难免具有各种缺陷，甚至是重大缺陷。因此，我们绝不能在严控债务规模和违法违规融资行为的同时，矫枉过正地扼杀融资创新机制；而应该秉承适度监管的理念，在守好监管底线的原则下，有力地促进举债融资模式不断创新，推动地方政府投融资平台公司高质量发展。

地方政府债务风险宏观审慎监管是地方政府债务风险管理的必然要求。2008 年，美国次贷危机的爆发使各国监管当局认识到微观审慎管理的局限性，宏观审慎监管逐渐受到广泛关注。相较于微观审慎管理，宏观审慎监管更加注重对系统性风险的监控，致力于控制风险的跨行业蔓延、减弱不稳定性，以实现宏观经济的协调与可持续发展①。2017 年 7 月，习近平总书记在全国金融工作会议上指出"要把主动防范化解系统性金融风险放在更加重要的位置"。2017 年 7 月 17 日，《人民日报》头版刊发评论员文章《有效防范金融风险——二论做好当前金融工作》提出既防"黑天鹅"，也防"灰犀牛"。防范化解系统性金融风险，重点在于防范化解五大重点领域风险，其中就包括地方政府债务风险②。地方政府投资冲动驱使地方政府债务规模急剧扩张，并呈现顺周期特征，导致金融和经济杠杆率快速上升。债券置换和各种"影子银行"业务使商业银行及其他金融机构大量认购政府性债务，从而使地方政府债务风险转化为金融风险，各类金融机构成为地方政府债务扩张所致风险的载体。累积的金融风险在中央隐性担保率不断下降的情况下增大。在信贷错配的同时，居民和金融部门持有地方政府债券的风险也在不断增大。这些风险一旦达到临界点就可能触发系统性金融风险③。

地方政府债务风险宏观审慎监管有利于地方政府举债融资行为逐步规范化，也有利于地方政府投融资平台公司转型发展。近些年来，《中共中央 国务院关于深化投融资体制改革的意见》（中发〔2016〕18 号）、《关于加强地方政府性债务管理的意见》（国发〔2014〕43 号）、《关于进一步规范地方政府举债融资行为的通知》（财预〔2017〕50 号）、《关于印发地方政府性债务风险应急处置预案的通知》（国办函〔2016〕88 号）、《关于规范政府和社会资本合作（PPP）综合信息平台项目库管理的通知》（财办金〔2017〕92 号）等文件共同构建了全方位、穿透式的地方政府债务风险监管体系。从政企债务隔离，到"开前门、堵后门"；从清理违规 PPP 项目，到资本金穿透审核；从制定债务风险处置预案，到启动地方政府违规举债问责制度，地方政府债务规模得到有效控制，地方政府举债融资行为逐步加以规范。然而，在现阶段的地

---

① 梁枫. 中国商业银行流动性风险监管研究 [D]. 太原：山西财经大学，2015.

② 人民网. 人民日报评论员：有效防范金融风险——二论做好当前金融工作[EB/OL].（2017-07-17）[2022-01-01]. http://opinion. people. com. cn/n1/2017/0717/c1003-29407958. html.

③ 毛锐，刘楠楠，刘蓉. 地方政府债务扩张与系统性金融风险的触发机制 [J]. 中国工业经济，2018（4）：19-38.

方政府债务风险监管中，关注的对象是单个地方政府融资主体，监管重点是地方政府债务规模和既有融资方式，而个体间甚至跨行业的风险传导及依托各类金融创新模式产生的隐性地方政府债务在监管上依然存在缺陷。在我国特殊的财政分权制度背景下，地方政府融资平台公司长期为地方基础设施建设和经济发展发挥着至关重要的作用。2014 年，国务院印发《关于加强地方政府性债务管理的意见》①，规定逐步剥离地方政府融资平台公司的政府融资功能，使地方政府融资平台公司进入转型发展的新时期。政策的限制并未使地方政府融资平台公司边缘化，这是因为，尽管来自商业银行体系的融资受到严格监管，但企业债、信托等其他融资方式的利用使地方政府融资平台公司至今仍是国内地方政府举债融资的主渠道。这在拓宽地方政府融资渠道的同时，也扩大了地方政府隐性或有债务的风险敞口，并对金融系统形成交叉影响。因此，实现地方政府融资平台公司的转型发展、规范地方政府举债融资行为，对地方政府债务风险管理有重要的现实意义。

综上所述，随着地方政府债务风险监管的持续强化，从微观审慎管理转向宏观审慎监管已在监管部门、学术界及地方政府形成共识，构建宏观审慎监管视角下的地方政府债务风险监管体系成为有效防控地方政府债务风险的重要基础。然而，对于如何构建符合我国国情的宏观审慎监管视角下的地方政府债务风险监管体系，人们迄今没有找到一套系统而成熟的实施方法。因此，本书的研究具有较强的现实意义和较高的实用价值。

1.2 文献综述

1.2.1 地方政府债务及地方政府债务风险研究

国外学者对政府债务的研究由来已久。古典经济学的奠基人亚当·斯密就曾对政府债务表示不满，认为它妨碍了社会资本的积累。另一位代表人物大卫·李嘉图也对公债优于税收的观点持否定态度，提出公债与税收等价的观点。在经历了 20 世纪 30 年代西方国家的普遍经济大衰退后，凯恩斯、萨缪尔森和汉森等通过研究表明，政府债务有益于经济增长。相对而言，西方学者对地方政府债务问题的关注较晚，相关研究和主流观点形成于 20 世纪 80 年代，

---

① 新华社. 国务院印发《关于加强地方政府性债务管理的意见》[EB/OL].（2014-10-02）[2021-01-31]. http://www.gov.cn/zhengce/content/2014-10/02/content_9111.htm.

以马斯格雷夫和奥茨为代表人物所提出的传统财政联邦理论认为，由地方政府提供公共产品比由中央政府提供公共产品更有效率。地方政府在财政收入不能满足财政支出的需要时，可以通过举借债务的方式来解决财政赤字问题，这也是地方政府债务产生的根本原因①。

随着西方国家地方政府债务融资市场的发展成熟，国外学者对地方政府债务风险的研究无论是在理论层面还是在实践层面均取得了突出的成果。研究范围涵盖地方政府债务宏观效应、地方政府债务形式选择、地方政府债务适度规模分析、地方政府债务风险防范、市政债券产品创新等方面。国外学者有关地方政府债务融资的观点对我国开展地方政府债务风险宏观审慎监管研究具有较大的参考作用。

我国有关地方政府债务风险的研究始于20世纪90年代。1997年，东南亚金融危机的爆发使我国传统的由对外贸易驱动的外向型经济增长模式面临巨大挑战，中央政府为保证经济增长速度，自1998年开始实施积极的财政政策。此外，1994年开始实行的分税制改革，在削减地方政府财政收入的同时并没有减少地方政府对地方性事务的管辖责任，反而造成财权和事权的不对称，因此地方政府采取了举债融资方式。这在拉动经济增长的同时，产生了巨额债务，地方政府债务风险逐渐显现，国内学者开始关注地方政府债务风险。张强认为，财政分权制度下，地方政府的不规范投融资行为形成了地方政府债务，而这种债务的累积可能带来极大的财政风险，因此财政投融资制度亟待建立和完善②。曾忠生指出，地方政府债务规模必须与地方政府偿债能力相适应，地方政府大力举债且债务规模超出自身承受能力时会导致债务风险的潜伏，债务一旦到期而地方政府无力偿还，债务危机就不可避免③。自此，地方政府债务风险研究持续深入，相关研究成果也不断涌现。

1.2.1.1 早期政府债务风险研究

（1）政府债务有害论

政府债务风险研究起源于古典经济学的兴盛。古典经济学家主张经济自由化，认为资源配置依赖市场这只"看不见的手"，政府职能在于维护社会稳定而不是干预经济。因此，古典经济学家对政府举债是持否定态度的。

大卫·休谟是坚定的"公债亡国论"者，认为政府发行的公债绝大部分

---

① 李晓红. 中国地方政府债务规模及形成原因分析 [D]. 杭州：浙江大学，2017.

② 张强，陈纪瑜. 论地方政府债务风险及政府投融资制度 [J]. 财经理论与实践，1995（5）：22–25.

③ 曾忠生. 论地方政府的债务风险 [J]. 财政研究，2001（6）：70–72.

被富人购买，债务到期后，偿付本息的资金主要来自税收，劳动者作为税收征收的对象，只能通过耕种和生产物质产品来缴纳税金。从本质上讲，这是一个社会财富再分配的过程，其结果加剧了社会的两极分化。同时，公债持有者将获得的大部分利息收入投入非生产性领域，这使得社会物质生产力未提升，而社会物质购买力增加，从而加重劳动者的负担，引起物价上涨，甚至可能导致通货膨胀的发生。有鉴于此，大卫·休谟①做出了"不是国家毁灭公债，就是公债毁灭国家"的断言。

亚当·斯密认为社会财富的增加来源于节俭，政府债务具有非生产性，国债的增加会导致很大一部分社会财富用于非物质产品的消费，从而侵蚀私人生产资本，阻碍生产力的发展。在社会物质生产力下降的情况下，政府偿债压力的增大加重了居民的税赋负担，甚至导致资本和居民外逃。当债务规模不可持续时，政府只能够通过超发货币、提高货币名义价值等手段来偿还债务，结果必然导致物价水平上升、国民购买力下降，使经济陷入衰退。亚当·斯密②进一步提出，短期来看，发行债券有利于政府在战争时期获得充足军费，但长期而言，征税制度比国债制度好。

大卫·李嘉图在其政治经济学代表作《政治经济学及赋税原理》中阐述了等价定理，即从表面上看，尽管税收和债券是两种截然不同的筹资方式，但在一定条件下，两者的效果相同或等价。其核心思想在于，政府债券并非国民净财富，发行债券时减少的当期税收通过债券到期时偿还本息而增加的税收来弥补，社会财富总量并没有增加。进一步地，在初始财富既定的情况下，发行公债并用于非物质生产领域会造成这部分举债失去资本转化为实际生产的能力，从而对物质生产领域产生挤出效应，客观上形成对初始财富的再次分配，造成社会物质生产力的下降，长此以往，将阻碍经济社会发展。

法国政治经济学家萨伊对公债发行和财政赤字也是持反对态度的。他认为，如果政府将融得的公债投入非生产领域会造成反生产的后果，这不利于社会生产。在社会生产没有扩大的情况下，政府需要偿还债务本息，这增加了政府的财政困难。同时，政府债务存在代际成本问题，即当代债务需要以增加后代税收的方式来偿还。

由上述观点我们可以看出，古典学派在以充分竞争为特征的自由资本主义的影响下，对政府债务风险及负面效应达成共识，即政府债务的挤出效应挤占

---

① 大卫·休谟. 人类理智研究道德原理研究 [M]. 周晓亮，译. 沈阳：沈阳出版社，2001.
② 亚当·斯密. 国富论 [M]. 郭大力，王亚南，译. 南京：译林出版社，2011.

了生产性资本，阻碍了经济的发展。政府债务规模越大，需清偿的债务余额越高，则需要征收的税金越多，这在给国民带来沉重负担的同时，还会引起政府债务风险。

（2）政府负债有益论

随着社会财富的不断积累，政府在社会中的主导作用越来越明显，经济危机的频发使人们逐渐意识到市场经济运行机制的缺陷，政府负债有益论的思想开始在西方经济学中萌芽。经济学家指出，政府适当干预经济是必要的，经济的发展得益于政府的举债行为。

凯恩斯主义是政府负债有益论的核心观点。凯恩斯于1936年出版的《就业、利息和货币通论》中将经济危机爆发的原因归结于市场有效需求不足。随着居民收入的增加，边际消费需求递减，最终造成投资和消费需求不足。政府可以运用财政政策和货币政策来进行宏观调控，通过政府采购、转移支付和公共基础设施建设来创造就业，从而提升消费能力和增加投资需求。扩张性财政政策带来了财政缺口，政府发行债务就成为必然。凯恩斯承认政府债务存在代际不公的问题，但他认为，后代在受到政府债务约束的同时，享受到扩张性财政政策和宽松货币政策带来的利益，且这部分利益大于约束导致的损失，政府举债的收益也大于其面临的风险。

马尔萨斯持有类似观点，认为政府可以通过扩张性财政政策增加消费，进而促进就业，而实施扩张性财政政策的基础在于政府增加税收和发行公债。阿巴·勒纳于1940年提出公债资产效应，指出发行公债时，一方面，收入效应使居民产生财富增加的"公债错觉"，增加消费支出；另一方面，替代效应会减少居民劳动时间，增加闲暇时间，促进消费。保罗·萨缪尔森认为财政赤字能够起到刺激经济的作用，在某种意义上是一种社会福利，但前提是不减少社会总资本。汉森则把发行公债视作社会福利，认为其带来的就业与经济效应远大于对私人资本的挤出效应。政府应随着经济周期的波动，调整债务规模，在经济下行时增加投资、扩大债务规模，而在经济上行时减少投资、缩小债务规模，避免出现过度不协调的现象①。

总体来讲，凯恩斯学派肯定了政府债务在刺激需求、提振经济方面的积极作用，而较少对风险予以关注。政府负债有益论为各国政府大量发行公债提供了理论依据，在世界范围内产生广泛影响。

1.2.1.2 地方政府债务研究

尽管西方发达国家对地方政府债务研究开展得相对较晚，但这些国家的研

---

① 汉森. 货币理论与财政政策 [M]. 李凤圣，译. 太原：山西经济出版社，1992.

究者从举债主体和债务形式等多个维度出发，进行了深入研究，奠定了地方政府债务管理的理论基础。

地方政府举债融资行为出现及演化的根源在于财政分权制度。公共物品的地域性决定了地方政府更了解辖区居民对公共物品的偏好，相比中央政府，在稀缺资源配置和区域性公共物品供给方面更有优势。地方政府间财政不平衡及中央与地方间信息不对称等问题的存在，使得中央政府在转移支付中对地方政府形成预算软约束。受父爱主义的影响，中央政府对地方政府债务的隐性担保使地方政府提供公共物品的边际成本小于边际收益，鼓励了地方政府的过度举债行为。蒂布特（Tiebout）[1] 认为，尽管多层级政府体系提供公共物品比单一中央政府提供公共物品更有效率，但财政转移支付和预算软约束会导致信贷市场减少对地方政府的约束，进而形成地方政府债务风险。齐默曼（Zimmerman）[2] 表示，地方政府债券信用风险相较于同等级别的企业债券信用风险更大。他把原因归结于地方政府债券具有政府担保性质，拥有较高的信用级别，但更容易受到政策等外部因素的影响，而地方政府举债的隐晦性决定了地方政府债券内在风险的不可预测性，因此地方政府一旦出现偿债困难，其引发的信用风险就远高于企业引发的信用风险。地方政府举债融资行为带有强烈的地域性，这是辖区居民对公共物品的需求所致。如同因曼（Inman）[3] 所言，地方政府债务融资是代议民主政治环境中各利益集团博弈的结果，并不一定符合财政意义上的帕累托最优标准。罗纳德（Ronald）[4] 指出，地方政府举债的目的在于筹集基础设施建设资金，辖区居民在享受公共服务的同时，也将承担相应的债务成本。佩尔森等（Persson et al.）[5] 通过研究发现，在分税制度下，地方政府间的财税资源竞争表现为地方政府利用过度举债或增加赤字的方式获得上级政府救助。罗登（Rodden）[6] 也有类似观点，认为地方政府债务融资的风险偏好来自地方政府对中央政府救助程度的预期判断。海曼（Hyman）在比

---

① TIEBOUT C M. The pure theory of public expenditure ［J］. The journal of political economy, 1956（64）: 416-424.

② ZIMMERMAN J. The municipal accounting maze: ananalysis of political incentives ［J］. Journal of accounting research, 1977: 107-144.

③ INMAN R P. Pbulic debts and fiscal politics: how to decide? ［J］. American economic review, 1990, 80（2）: 81-85.

④ 罗纳德·费雪. 州和地方财政学 ［M］. 吴俊培，译. 2版. 北京: 中国人民大学出版社, 2000.

⑤ PERSSON T, TABELLINI G. Political economics and public finance ［R］. NBER Working Papers, 1999.

⑥ RODDEN J. Government finance ［J］. Economics of the public sector, 2004: 12-30.

较分析了中央政府和地方政府各自债务的信用级别及隐含风险后表示，地方政府举债风险远高于中央政府举债风险，原因在于中央政府拥有政策决策权，当债务水平过高、风险较大时，中央政府可以在短期内通过出台相应的货币政策来降低风险，而地方政府没有该项权利，存在破产风险。

20 世纪 90 年代以来，全球政府债务危机频发，各国政府开始重视政府举债融资所带来的风险，努力通过财政调整来减少财政赤字，以达到控制政府债务风险的目的。特别地，在一些面临经济转型的国家，出现了财政调整幻觉。一方面，财政收入受到经济结构调整的影响而在短期内下降；另一方面，财政支出在转型成本升高的影响下刚性增长。然而收入和支出的反向变动并没有带来财政赤字的大幅增加。对此，波拉奇科娃等（Polackova et al.）① 表示，该现象的发生源于政府对财政赤字所采取的传统统计方法，如把或有债务计入财政预算，颠覆财政赤字概念在传统意义上的理解。

随着公众对政府债务形式的认识不断深入，人们逐渐意识到政府除了拥有公开承担责任的债务外，还拥有大量隐性债务，而这些隐性债务的存在给政府财政支出带来了极大压力。波恩等（Bohn et al.）②、贝尔等（Bale et al.）③ 先后指出，采用收付实现制的公共会计制度只对政府的直接负债予以确认，对或有事项则缺乏严格认定，这与国际货币基金组织的原则是相悖的，后者明确规定政府年度财政预算中应当包含或有负债。波拉奇科娃创造性地建立了财政风险矩阵（fiscal risk matrix），从地方政府承担债务的法律义务和道义责任角度出发，将地方政府债务分为显性债务和隐性债务；按照是否负有确定责任的标准，把地方政府债务分为直接债务和或有债务。经过交叉合并，波拉奇科娃得到直接显性、直接隐性、或有显性和或有隐性四个地方政府债务子类别，梳理了不同类型和不同来源的地方政府债务所带来的财政支出压力，为各国建立地方政府债务风险评价模型、从理论上对地方政府债务风险进行监管提供指导，由此奠定了地方政府债务风险理论体系的基石④。希克（Schick）在研究中发现，政府对不同类型的隐性债务存在区别对待的现象，如对汇率原因导致的隐

① POLACKOVA H, GHANEM H, ISLAM R. Fisal adjustment and contingent liabilities：case studies of the Czech Republic and Macedonia［R］. Working Paper, 1999.

② BOHN H, INMAN R P. Balanced-budget rules and public deficits：evidence from the US states［J］. Rochester conference series on public, 1996：13-76.

③ BALE M, DALE T. Public sector reform in New Zealand and its relevance to developing countries［R］. The World Bank Research Observer, 1998.

④ HANA P B. Contingent government liabilities：a hidden risk for fiscal stability［R］. Washington：The World Bank, 1998.

性债务持公开态度，而对未来支出的隐性养老金持暧昧态度，存在向公众隐瞒债务的倾向。伊斯特利（Easterly）[1] 则从预算体制的角度出发，比较分析了地方政府显性债务和地方政府隐性债务，发现地方政府迫于赤字增加和债务积累的压力，在努力减少显性债务的同时，有通过预算外融资实现债务隐性化的倾向。

进入 21 世纪以后，政府债务管理研究方法发生巨大转变，在引入财务管理思想后，将政府用于公共物品提供和基础设施建设的债务融资视为政府的未来资产，强调政府债务与政府资产的对应关系。伊斯泰得等（Eastedy et al.）[2] 运用传统方法对哥伦比亚和委内瑞拉的财政支出可持续性进行研究，发现是否考虑在显性负债基础上加入隐性负债将会给两国的财政支出可持续性带来截然不同的后果，同时强调需考虑其他可能会对政府资产造成影响的因素，提出建立政府资产负债表。伊丽莎白等（Elizabeth et al.）[3] 建议利用政府资产负债表来研究宏观金融风险，为政府制定相关政策提供理论依据。

对于地方政府债务扩张的原因，国内学术界大致存在两种主张，即财政体制原因（体制说）和非财政体制原因（非体制说）。

主张体制说的学者认为，地方政府债务扩张是地方政府为消除分税制造成的事权和财权不匹配而导致的。张晏等[4]发现我国的财政分权效应存在显著的时间差异和地区差异，体制变革因素和政府财政支出的构成直接影响了财政分权与经济增长之间的关系；陈柳钦[5]认为，地方政府的事权和财权不对称导致地方政府无力负担推动当地经济发展的支出，《中华人民共和国预算法》则从制度上阻断了地方政府发行债券的可能，致使地方项目建设往往依赖地方政府投融资平台公司等拓宽融资渠道；张倩等[6]基于 1997—2007 年我国 31 个省份（不含香港特别行政区、澳门特别行政区、台湾省）的面板数据，从支出、收入和加权自治三个角度出发，探讨了财政分权度量指标对经济增长质量的影响，研究结果表明，不同角度的财政分权度量指标对经济增长质量的影响存在

①　EASTERLY W. When is fiscal adjustment an illusion [J]. Economic policy, 1999, 14 (28)：55-86.

②　EASTEDY M, CROSSAN M. Organizational learning：debates past, present and future [J]. Journal of management studies, 2000, 37 (6)：783-796.

③　ELIZABETH C, ANTONIO V. Risk management of contingent liabilities within a sovereign asset-liability framework [R]. World Bank Working Paper, 2002.

④　张晏，龚六堂. 分税制改革、财政分权与中国经济增长 [J]. 经济学，2005 (4)：75-108.

⑤　陈柳钦. 规范地方政府融资平台发展的思考 [J]. 地方财政研究，2010 (11)：38-43.

⑥　张倩，邓明. 财政分权与中国地区经济增长质量 [J]. 宏观质量研究，2017 (3)：1-16.

显著差异，因此，增加地方政府的财权、控制地方政府的事权，是实现地方经济可持续发展的重要基础。

支持非体制说的学者则指出，地方政府债务扩张不能完全归因于财政体制。张璟等①认为，我国地方政府间竞争的加剧造成了地方政府间关系的变化，地方政府间形成了"为 GDP 增长而竞争"的态势。这种竞争是我国经济高速增长的动力之一，但地方政府的这种行为选择和目标取向也会对经济增长产生一定的负面影响；程贵②发现，财政利益激励与官员晋升激励诱发了地方政府投资扩张冲动，而地方政府投资扩张冲动在商业银行的信贷资金配合下变成真实的投资需求，进而引发通货膨胀；陈志勇等③的研究发现，以经济增长为标尺的地方政府投资冲动是造成地方政府预算软约束的重要原因，而地方政府投资竞争的制度激励导致地方政府债务的扩张倾向于支出；陈菁等④指出，官员晋升激励是推动我国城投债规模持续扩张的制度性因素。

1.2.1.3 地方政府债务风险研究

凯恩斯主义长期大行其道，成为研究政府债务管理的主流思想，却在 20 世纪七八十年代遭遇挑战。面对经济滞胀的现象，凯恩斯的政府干预政策并未使情况得到改善。公共选择学派的西方经济学家指出，正是政府的过度干预导致了经济滞涨的现象，原因在于政府债务的代际不公和期限错配。正如布伊特（Buiter）所言，政府债务违约会对财政稳定产生冲击，进而使实体经济面临破产风险，这是人们对政府债务风险的早期认识。

西方学者普遍将政府债务经济效应作为政府债务可持续研究的基础和逻辑铺垫。莫迪利安尼（Modigliani）⑤和戴蒙德等（Diamond et al.）⑥主张政府债务会对资本投资产生挤出效应，从而影响经济增长。奥尔巴克等（Auerback et

① 张璟，沈坤荣. 财政分权改革、地方政府行为与经济增长 [J]. 江苏社会科学，2008 (3)：56-62.

② 程贵. 中国式财政分权、地方政府投资冲动与通货膨胀 [J]. 宁夏社会科学，2012 (5)：45-49.

③ 陈志勇，陈思霞. 制度环境、地方政府投资冲动与财政预算软约束 [J]. 经济研究，2014 (3)：76-87.

④ 陈菁，李建发. 财政分权、晋升激励与地方政府债务融资行为：基于城投债视角的省级面板经验证据 [J]. 会计研究，2015 (1)：61-67，97.

⑤ MODIGLIANI F. Long-run implications of alternative fiscal policies and the burden of the national debt [J]. Economic journal，1961，71 (284)：730-755.

⑥ DIAMOND W, DYBVIG PH. Bank runs, deposit insurance, and liquidity [J]. Journal of political economy，1983，91 (3)：401-419.

al.)[1] 和托洛维斯基（Turnovsky)[2] 则持相反观点，认为政府可以通过举债减少税收，提高居民可支配收入，进而达到增加总需求、促进经济增长的目的。也有学者研究了政府债务对经济的非线性影响，发现两者之间存在门槛效应，即边际资本回报率呈现递减规律。当初始政府债务的投资回报率大于实际利率时，资本积累与政府债务规模呈同向变动关系，政府债务对经济增长具有挤入效应；当社会资本规模达到一定水平时，受到边际资本回报率递减规律的影响，政府债务规模的扩大会对经济增长产生抑制作用，即对资本投资具有挤出效应。伍德福德（Woodford)[3] 指出，要判断政府债务对私人投资是否产生挤出效应，关键在于明确资本回报率和利率之间的关系。库玛等（Kumar et al.)提出，负债率过高会对经济发展产生阻碍作用，负债率每提高10%，GDP 增长率下降0.2%，而发达国家受到的影响相对较小。巴乔鲁比奥（Bajorubio)[4] 表示，政府可以通过举债来减少短期内的公共部门的赤字，如果政府债券利率高于本国经济增长率，则政府债务负担率会不断提高，使得政府只能依靠预算紧缩来控制赤字，进而使公共物品的供给受到影响，最终导致债务不可持续。也有学者指出，较高的政府负债率对经济并不是有害的。米娜（Minea)[5] 的研究发现，对经济增长产生抑制作用的政府债务率为90% ~115%，一旦政府债务率超过该区间，则其与经济增长呈正相关关系。

越来越多的学者认为债务规模的扩大与财政的不可持续之间存在密切联系，甚至将财政的不可持续等同于债务风险，强调财政预算平衡的重要性。弗仑克尔等（Frenkel et al.)[6] 指出，政府债务的不可持续会对财政政策产生影响，进而导致预算失衡，产生损害债权人利益的债务风险。埃斯克兰（Eskel-

① AUERBACH L, KOTLIKOFF L. Dynamic fiscal policy [M]. Cambridge：Cambridge University Press, 1986.

② TURNOVSKY S J. Optimal tax, debt, and expenditure policies in a growing economy [J]. Journal of public economics, 1996, 60 (1)：21-44.

③ WOODFORD M. Public debt as private liquidity [J]. The American economist, 1990, 80 (2)：382-388.

④ BAJORUBIO. On the sustainability of government deficits：some long-term evidence for spain, 1850-2000 [J]. Journal of applied economics, 2010, 13 (2)：263-281.

⑤ MINEA A. Is high public debt always harmful to economic growth? [R]. CERDI Working Papers, 2012.

⑥ FRENKEL J, RAZIN A. Government spending, debt, and international economic interdependence [J]. Economic journal, 1995, 379 (95)：619-636.

and)① 指出，通过强化地方政府预算、完善信息披露制度，能够有效控制债务规模，消除由财政预算软约束引起的地方政府债务风险。马金（Makin）② 认为，政府需注意财政平衡，肆意融资所带来的债务负担率提升将导致债务规模不可持续，进而造成系统性风险。伯格等（Burger et al.）③ 的研究发现，债务规模在很大程度上受到经济发展情况和政府信用状况的影响，经济发展越稳定，政府信用越好，则政府债务规模越大，债务风险发生的可能性就越小。格朗克（Groneck）④ 基于政府债务融资与社会效用的关系，对比研究了政府融资规则与 GDP 赤字的效应，发现政府债务量的合理阈值为 GDP 的 60%，且政府应当在中长期内保持财政平衡。弗仑克尔（Frankel）通过对欧盟国家的债务规模进行研究，发现债务规模取决于政府对未来经济的预期，即对未来经济越乐观，则债务规模增长的幅度越大。

目前，国内学者对地方政府债务风险形成原因的研究是多维度、多层次的，主要研究角度如下：

（1）基于财政体制和债务管理的角度

郭琳等⑤指出，地方政府债务风险主要来源于地方政府债务的不确定性或缺陷（内在风险）及由此引发的问题（外在风险），财政体制不健全和债务管理不善是引发及增加地方政府债务风险的主要因素。周业安⑥利用 1986—2004 年的中国省级面板数据，对财政分权、经济增长和经济波动的关系进行了检验，发现财政分权是导致经济波动的重要原因，而固定资产投资的波动效应拉大了地区差距，给地方财政带来风险。郭玉清⑦基于财政风险矩阵构建了地方政府债务风险预警框架，发现地方政府债务风险主要来自地方政府的或有债务，因此，完善公共财政制度、提高地方政府债务的透明化程度能有效降低地

① ESKELAND G S. Fiscal decentralization and the challenge of hard budget constraints ［R］. USA：Revista de economic public Urhana，2003.

② MAKIN A J. Public debt sustainability and its macroeconomic implications in ASEAN－4 ［J］. ASEAN economic bulletin，2005，22（3）：284-296.

③ BURGER J D，WARNOCK F E. Foreign participation in local currency bond markets ［R］. National Bureau of Economic Research，2006.

④ GRONECK M. A golden rule of public finance or a fixed deficit regime? Growth and welfare effects of budget rules ［J］. Economic Modelling，2010，27（2）：523-524.

⑤ 郭琳，樊丽明. 地方政府债务风险分析 ［J］. 财政研究，2001（5）：64-68.

⑥ 周业安. 财政分权、经济增长和波动 ［J］. 管理世界，2008（3）：6-15，186.

⑦ 郭玉清. 逾期债务、风险状况与中国财政安全：兼论中国财政风险预警与控制理论框架的构建 ［J］. 经济研究，2011（8）：38-50.

方政府债务风险系数。潘俊等[①]基于省级政府的数据，实证分析了地方政府融资风险与财政透明度的内在联系，指出财政透明度与地方政府融资风险呈反向变动关系，即财政透明度越高，则地方政府融资风险就越低，地方政府债务规模就越小。故地方政府要提高财政透明度，树立正确的政绩观，严控债务规模，建立合理的税收制度。

（2）基于地方政府融资模式创新的角度

地方政府融资平台公司是我国地方政府为消除分税制改革带来的财权与事权不匹配，与相关部门和机构通过财政拨款或注入土地、股权等资产而设立的，为基础设施建设和公共服务提供融资支持的，拥有独立法人资格的经济实体。在我国政府为应对 2008 年全球金融危机而推出财政刺激政策和新型城镇化进程加速的背景下，地方政府融资平台公司得到迅速发展，然而随着融资规模的不断扩大，其债务风险开始显现，并传导、演化为财政风险、金融风险和宏观经济运行风险，对国民经济的稳定运行提出严峻挑战。李燕[②]认为，地方政府融资平台公司在举债过程中普遍存在将直接借贷转为间接借贷、把显性债务转为隐性债务的现象，如出现偿债困难，则经费缺口由地方政府填补，这就造成了地方政府债务风险。巴曙松[③]表示，地方政府融资平台公司的融资信息不透明。由大规模的高速增长的地方政府融资平台公司主导的信贷在增加财政隐性负债的同时，限制了宏观货币政策的调整空间。因此，相关部门应当着手对地方政府融资平台公司进行规范化、市场化、透明化改革。李侠[④]表示，地方政府融资平台公司的组建模式、融资手段、运作方法将导致融资主体过度负债、政府财政负担加重和商业银行信贷风险增大，对宏观经济、微观经济产生较大的负面影响，建议对地方政府融资平台公司进行规范化管理，要求金融机构坚持信贷审慎原则，推进地方政府融资平台公司的市场化运作。封北麟[⑤]探讨了地方政府融资平台公司与地方政府财政风险的内在联系，指出地方政府融资平台公司的无序发展引起地方政府债务规模过度扩张，可能导致财政调控失衡、国库现金管理无序及成本转嫁等财政风险，因此地方政府应提高地方政府融资平台公司的市场化程度、完善地方政府融资平台公司的风险内部控制机制

---

① 潘俊，杨兴龙，王亚星. 财政分权、财政透明度与地方政府债务融资 [J]. 山西财经大学学报，2016（12）：52-63.

② 李燕. 地方政府性债务期待规范化、透明化管理[J]. 中央财经大学学报，2009（12）：1-5.

③ 巴曙松. 地方政府投融资平台的风险评估 [J]. 经济，2009（9）：20-21.

④ 李侠. 地方政府投融资平台的风险成因与规范建设 [J]. 经济问题探索，2010（2）：162-167.

⑤ 封北麟. 地方政府投融资平台的财政风险研究 [J]. 金融与经济，2010（2）：4-7.

和外部监督机制、建立债务管理长效机制。刘尚希等①在研究中发现，地方政府融资平台公司总体呈现短期风险小、长期风险大，整体风险小、局部风险大，发达地区风险小、欠发达地区风险大的特征，存在融资主体的设立与运作不规范、治理结构不合理、外在约束机制缺乏、融资手段单一、信息披露不充分等问题，因此地方政府应进一步健全地方政府融资平台公司的风险防控机制。2014年，国务院②下发《国务院关于加强地方政府性债务管理的意见》（国发〔2014〕43号），指出政府债务融资主体仅为政府及其部门，且不得通过企事业单位等举债，这从制度上取消了地方政府融资平台公司的政府融资功能。张平等③运用"两线三区"法对我国省级地方政府的债务构成进行剖析，发现政府间接债务规模庞大，地方政府融资平台公司的借贷资金主要来源于"影子银行"，且在债务负担率较高的省份，"影子银行"的融资规模更大，存在财政风险、金融风险交叉传染的问题。杜金向等④运用层次分析法，选取30家地方政府融资平台公司2009—2014年的数据，建立地方政府融资平台公司风险预警体系，发现宏观上经济下行、中观上地方政府不良竞争、微观上地方政府融资平台公司经营不善导致地方政府融资平台公司的债务违约风险普遍存在。张子荣等⑤通过建立风险价值（VAR）模型分析"影子银行"发展、地方政府债务规模和经济增长之间的动态关系，研究结果表明，"影子银行"发展、地方政府债务规模和经济增长三者之间存在长期均衡关系，其中经济增长对"影子银行"发展和地方政府债务规模有十分显著的正向影响，而"影子银行"发展对经济增长和地方政府债务规模的作用较为有限，因此地方政府应重点控制隐性债务规模、防范"影子银行"风险。

（3）基于社会福利最大化悖论的角度

缪小林等⑥研究发现，地方政府在提供公共服务时会制定社会福利最大化

① 刘尚希，许航敏，葛小南，等.地方政府投融资平台：风险控制机制研究［J］.经济研究参考，2011（10）：28-38.

② 国务院.国务院关于加强地方政府性债务管理的意见［EB/OL］.（2014-09-21）［2021-01-31］.http://www.gov.cn/zhengce/content/2014-10/02/content_9111.htm.

③ 张平，张丽恒，刘灿.我国省级地方政府债务风险影子银行化的成因、途径及其控制［J］.理论探讨，2016（6）：73-78.

④ 杜金向，陈墨畅，初美慧.地方政府投融资平台的债务特点及风险分析［J］.会计之友，2017（21）：42-45.

⑤ 张子荣，赵丽芬.影子银行、地方政府债务与经济增长：基于2002—2016年经济数据的分析［J］.商业研究，2018（8）：71-77.

⑥ 缪小林，伏润民.我国地方政府性债务风险生成与测度研究：基于西部某省的经验数据［J］.财贸经济，2012（1）：17-24.

目标，这易导致非理性举债行为，使地方政府忽略承债能力。一旦债务规模超出承债能力，地方政府就容易形成债务风险。杨飞虎[①]指出，地方政府的过度融资行为源于通货膨胀预期、经济增长预期、政绩生产预期、中央政府兜底预期、腐败收入预期等因素，会导致地方政府债务危机、地方政权危机、通货膨胀危机、宏观政治经济危机等风险，严重制约我国宏观经济的长期持续健康增长。

1.2.1.4 地方政府债务双螺旋风险研究

英国物理学家克里克（Crick）和美国生物学家沃森（Watson）在 1953 年构建了脱氧核糖核酸（DNA）双螺旋结构模型，并据此获得了 1962 年的诺贝尔生理学或医学奖。近年来，DNA 双螺旋结构模型被广泛运用于其他专业领域，形成了丰富的科研成果。李元旭等[②]提出了企业战略与企业文化的双螺旋结构模型，运用动态演进思想统一了企业战略与企业文化，使企业战略与企业文化同战略变革与动态竞争相结合。郝生宾[③]分析了企业自主创新能力中的技术能力和网络能力的耦合关系及这些能力的螺旋式提升过程。孙中博[④]构建了城镇化建设与农民工返乡创业的双螺旋结构模型，揭示了两者的内在互动的协调性和规律性及在促进地区经济发展中的具体模式。刘洪昌等[⑤]基于创新双螺旋结构模型，探讨了海洋战略性新兴产业的培育模式和发展路径。丁帅[⑥]提出，科技金融是科技创新与金融创新的耦合，能够实现科学技术的财富创造和金融资本的增值，并据此建立了科技金融创新系统的双螺旋结构模型。

尽管国内外诸多学者认识到主权债务风险与金融部门风险会通过某些渠道相互传导，然而，将双螺旋结构模型应用到地方政府债务风险领域的研究极为稀缺。刘尚希[⑦]认为，地方债务风险具有公共风险属性，当其传导至金融部门时会引发威胁金融系统安全的金融风险，此时的金融风险应由财政分担。奥特

---

① 杨飞虎.地方政府过度投融资行为动因分析及治理建议 [J].经济问题探索，2014（1）：11-15.

② 李元旭，卢荣.企业战略与企业文化的双螺旋结构模型 [J].兰州学刊，2009（8）：105-107.

③ 郝生宾.企业自主创新能力的双螺旋耦合结构模型研究 [J].科技进步与对策，2011（14）：83-86.

④ 孙中博.城镇化建设与新生代农民工返乡创业的双螺旋耦合研究 [J].东北师大学报，2017（4）：147-152.

⑤ 刘洪昌，刘洪.创新双螺旋视角下战略性海洋新兴产业培育模式与发展路径研究：以江苏省为例 [J].科技管理研究，2018（14）：131-139.

⑥ 丁帅.北京市科技金融双螺旋创新系统耦合发展研究 [D].徐州：中国矿业大学，2018.

⑦ 刘尚希.财政风险，一个分析框架 [J].经济研究，2003（5）：23-31.

等（Oet et al.）[1] 指出，地方政府债务规模的持续扩张及政府部门与金融机构间广泛存在的业务关联和风险传递，有可能引起系统性金融风险。吴盼文等[2]运用动态随机一般均衡模型（DSGE）研究了政府债务扩张对金融稳定的影响。法尔希等（Farhi et al.）[3] 构建了厄运循环模型，用以探讨国内政府和国外投资者分别对金融部门和主权债务的救助，提出"双层救市"理论。博科拉（Bocola）[4] 在格特勒等（Gertler et al.）的研究基础上加入主权债务违约变量，重点讨论了政府债务违约风险对实体经济的影响。熊琛等通过建立非线性DSGE探讨了地方政府债务风险与金融风险形成的双螺旋风险的传导机制。由此可见，目前对地方政府债务双螺旋风险的内涵、特征和结构模型构建等方面问题的研究仍处于理论探索阶段。

1.2.2 地方政府债务风险监管研究

西方国家对地方政府债务风险监管的研究兴起于 20 世纪 70 年代。布莱克等（Black et al.）[5] 最早提出对公司债务风险进行定量测度，并将债权作为看涨期权进行研究。莫顿（Merton）[6] 利用期权定价理论构建了定价模型，用以计算借贷企业的违约概率，为信用风险定量化作出重要贡献。在此基础上，美国 KMV 公司开发了信用风险检测模型（Credit Monitor Model），该模型因具有可以测度单一资产的风险、需要的历史数据较少、便于计算等特点而得到广泛运用。

近年来，地方政府债务风险监管研究多采用实证方法，归纳起来主要有以下三种：

一是利用地方政府债务评级体系评价地方政府债务风险。例如，霍顿

① OET M V, BIANCO T, GRAMLICH D, et al. SAFE：an early warning system for banking risk [J]. Journal of banking and finance, 2013, 37 (11)：4510-4533.

② 吴盼文，曹协和，肖毅，等.中国政府性债务扩张对金融稳定的影响：基于隐性债务视角 [J]. 金融研究，2013 (12)：59-71.

③ FARHI E, TIROLE J. Deadly embrace：sovereign and financial balance sheets doom loops [R]. NBER Working Paper, 2016.

④ BOCOLA L. The pass-through of sovereign risk [J]. Journal of political economy, 2016, 124 (4)：879-926.

⑤ BLACK F, SCHOLES M. The pricing of options and corporate liabilities [J]. Journal of political economy, 1973, 81 (3)：637-654.

⑥ MERTON R C. On the pricing of corporate debt：the risk structure of interest rates [J]. Journal of finance, 1974, 29 (2)：449-470.

（Horton）、鲁宾菲尔德（Rubinfield）、盖拉德（Gaillard）等人的研究①。

二是利用地方政府债务风险预警体系评价地方政府债务风险。例如，史密斯（Smith）②基于美国费尔法克斯市（Fairfax）的相关数据，构建了地方政府债务风险仿真预警系统，对地方政府债务适度发行量进行了探讨。世界银行于2002年构建了一套以最低和最高预期借款需求为关键指标的地方政府债务风险评估和监测体系。国际货币基金组织（IMF）于2005年针对政府担保引起的债务风险，建立了评估政府担保水平的监测指标体系。此外，在实践当中，一些地方政府尝试建立了政府债务风险预警模式，如美国的俄亥俄州模式和哥伦比亚"红绿灯"预警模式。

三是构建风险量化模型以评价地方政府债务风险。除了运用KMV模型等结构方法外，研究人员还使用了其他较为常见的模型，包括信用计量模型（Credit Metrics）、信用风险值模型（Credit-VaR）、信用风险模型（Credit Risk+）、信用组合观点模型（Credit Protfolio View）等。

三种方法各有所长，互为补充。例如，前两种方法的优点是能够对地方政府债务风险进行排序，缺点是无法直接算出地方政府债务违约概率。

总体来看，由于我国地方政府债务信息披露程度较低，相关基础数据难以获得，针对地方政府债务规模及风险的规范性分析难以展开，因此国内研究以定性分析为主，鲜有定量分析，且集中在风险预警和风险评价方面。

国内学术界有关地方政府债务风险预警的研究主要有三种方法，分别是模糊综合评判法、BP神经网络方法和贝叶斯网络推理法。谢虹③针对地方政府的直接负债和间接负债，运用模糊综合评判法，选择12个指标来构建债务风险预警评价体系。考燕鸣等④运用金融粒子理论和目标分解法，选取地方政府债务的12个特定指标并赋予相应权重，进而求得债务综合风险系数，并据此建立地方政府债务风险预警指标体系。洪源等⑤选取2007—2009年我国东、中、西部地区的9个县、27个样本，运用基于粗糙集-BP神经网络方法集成的地方政府债务风险非线性仿真预警系统进行地方政府债务风险预警实证分

---

① 徐占东，王雪标. 中国省级政府债务风险测度与分析 [J]. 数量经济技术经济研究，2014（12）：39-55.

② SMITH M I. Risk management and insurance [M]. New York：Mcgraw-Hill Inc.，1998.

③ 谢虹. 地方政府债务风险构成及预警评价模型构建初探 [J]. 现代财经，2007 (7)：63-65.

④ 考燕鸣，王淑梅，王磊. 地方政府债务风险预警系统的建立及实证分析 [J]. 生产力研究，2009 (16)：182-184.

⑤ 洪源，刘兴琳. 地方政府债务风险非线性仿真预警系统的构建：基于粗糙集-BP神经网络方法集成的研究 [J]. 山西财经大学学报，2012 (3)：1-10.

析。研究发现，大部分样本地区的债务风险都处于"中警"及以上状态，地方政府债务风险呈现出不断增大的趋势。许占东等利用格兰杰非因果关系检验确定贝叶斯网络节点，测算地方政府债务风险，计算预警指标变化对省级政府债务违约概率的影响。研究结果表明，财政收入与财政支出的比值和 GDP 增速与债务增速的比值是预警省级政府债务风险的最重要指标，保持债务依存度、GDP 增速与债务增速的比值和民间投资增速与政府债务增速的比值在适度区间内，能够有效降低省级政府债务风险。

使用 KMV 模型计算地方政府债务违约概率是国内学者对地方政府债务风险进行评价的主流方法，该方法的内涵在于地方政府通过发行债券将财政收入转移给债券购买者，而通过偿还债券来赎回财政收入。债券偿还期届满时，若财政收入金额大于债务金额，则地方政府可以偿还债务，反之，则意味着违约，地方政府产生信用风险。韩立岩等①创造性地运用 KMV 模型建立市政债券信用风险模型，对北京市和上海市的政府债务违约概率进行计算，并将信用风险与发债规模相联系，测算出合理的发债规模。周鹏和茹涛均使用回归模型预测地方政府财政收入，并运用 KMV 模型分别对辽宁省和上海市的政府债券适度规模和违约风险进行了测算。李腊生等②以 2008—2010 年全国 18 个省（自治区、直辖市）的相关年度数据为样本，利用 KMV 模型对我国地方政府债务违约风险及债务转移率进行了实证分析，发现我国地方政府债务实际上不存在经济上的违约风险，但存在一定程度的道德风险。

近年来，很多学者尝试使用新的方法评估地方政府债务风险。徐占东等利用伊藤引理和投资组合理论，从税收收入、土地出让收入和其他收入三个维度出发，建立地方政府债务违约概率测算模型。研究结果显示，税收收入和其他收入对地方政府债务违约的影响较大，而土地出让收入对地方政府债务违约的影响相对较小，同时，偿债期限与违约风险呈反向变动关系③。刘骅等④综合运用客观赋权法（CRITIC）、灰色关联度分析法和优劣解距离法（TOPSIS），从债务规模、经营管理和债务结构三个维度构建市场化转型中的地方政府融资平台公司的债务风险评价指标体系，指出我国地方政府融资平台公司的债务风

① 韩立岩，郑承利，罗雯，等. 中国市政债券信用风险与发债规模研究 [J]. 金融研究，2003（2）：85-94.

② 李腊生，耿晓媛，郑杰. 我国地方政府债务风险评价 [J]. 统计研究，2013（10）：30-39.

③ 徐占东，王雪标. 中国省级政府债务风险测度与分析 [J]. 数量经济技术经济研究，2014（12）：38-54.

④ 刘骅，卢亚娟. 转型期地方政府投融资平台债务风险分析与评价 [J]. 财贸经济，2016（5）：48-59.

险总体可控，但局部地区的风险较大。贾晓俊等①采用线性加权综合评价模型，通过层次分析法（AHP）确定我国各省份的债务指标权重，并用综合分值来评价地方政府债务风险。结果表明，2012 年以来，部分省份的债务风险呈增大趋势。

我国学者对地方政府债务风险防范的研究由来已久，特别是 2008 年美国次贷危机发生以后，地方政府债务规模急剧扩张，这引起了社会各界的广泛关注。审计署于 2011 年发布《全国地方政府性债务审计结果》，又于 2013 年发布《全国政府性债务审计结果》。两份报告均显示地方政府债务风险总体可控，但局部地区存在较大的风险隐患，且这些风险有跨行业扩散传导的可能。自此，国内相关研究层出不穷，大致从三个方面提出了加强地方政府债务风险管理的举措。

1.2.2.1 优化财政制度，加强地方政府财政监管

彭志远②认为，深化经济体制改革是有效防范地方政府债务风险的关键。强化制度创新能够实现经济结构调整，从而使经济增长逐步摆脱对政府投资的依赖，有利于引入私人资本和刺激居民消费。芮桂杰③指出，现行的分税制财政管理体制采取的是存量不动、增量调节模式，即在确保各级地方政府既有财力的基础上，对新增财力按比例进行调整，这使财政越是困难的地方，其政府债务越重、债务风险越大。对此类地区，可以逐步取消税收返还，将税收返还纳入转移支付范围，切实保障公共服务的均等化。同时，中央政府应加大对下级政府的转移支付力度，减少因财权与事权不对称而产生的地方政府债务。张海星④表示，允许有条件的地方政府直接发债是深化财政体制改革和投融资体制改革的有效途径，能够避免中央政府代发地方债所导致的激励与约束不兼容等问题。规定地方政府直接发债的财政规则包括平衡预算规则和债务限制规则，前者强调地方政府必须保持经常性预算平衡，且至少三年内未出现财政赤字；后者则强调地方政府债务只能用于资本性支出，且地方政府债务余额占国内生产总值（GDP）的比重必须控制在稳定和审慎的水平，不能突破 20% 的

① 贾晓俊，顾莹博. 我国各省份地方债风险及预警实证研究 [J]. 中央财经大学学报，2017（3）：16-24.

② 彭志远. 现阶段我国政府债务"警戒线"的反思及债务风险的防范 [J]. 管理世界，2002（11）：11-18，155.

③ 芮桂杰. 防范与化解地方政府债务风险的思考 [J]. 经济研究参考，2003（90）：36-40.

④ 张海星. 地方政府债务的监管模式与风险控制机制研究 [J]. 宁夏社会科学，2009（5）：39-43.

国际警戒线。财政部预算司①于 2015 年提出深化预算管理制度改革和财政体制改革，建立现代财政制度，要求在现行财政体制框架内进一步完善政府预算体系和转移支付制度体系，持续改进地方政府债券制度，落实地方政府债务限额管理。

1.2.2.2 建立地方政府债务信息公开披露制度，强化地方政府债务风险要素透明化管理

顾建光②建议通过立法建立规范的信息披露制度，披露主体不仅包括中央政府和地方各级政府，还包括社会公众，以提升地方政府债务的透明度，并在此基础上研究制定不同的风险处置办法。孙芳城等③提出，在政府债务核算和债务信息披露改革的基础上，引入内部控制的方法，建立能够有效防范地方政府债务风险的会计体系，构建地方政府债务信息质量评价体系，以谨慎性和稳健性为原则，增强地方债务信息披露的及时性，同时完善现行财务报表体系，适当引入权责发生制，将隐性负债信息和或有负债信息纳入地方政府债务信息披露范围，充分利用表外信息披露，以全面反映地方政府债务信息。宋保胜④认为，地方政府债务信息存在披露不真实、不全面和不及时等问题，因此地方政府应通过设置合适的会计科目、统一报表编制口径来完善债务信息披露制度。

1.2.2.3 建立财政偿债基金等准备金制度，专项用于地方政府债务偿还

郭琳⑤建议地方各级财政部门应通过年度预算安排、财政结余调剂及划转一定比例的债务投资项目收益等途径建立财政偿债基金。牟放⑥提出，完善我国地方政府偿债基金管理制度需要解决以下三个方面的问题：第一，合理确定偿债基金的类型和规模；第二，明确偿债基金的来源；第三，加强对偿债基金使用的监督和管理。赵全厚⑦认为，地方政府应根据债务警示级别设定不同的偿债基金制度，并将债务警示级纳入债务融资合理空间评估体系，以确保债

① 财政部预算司.深化预算管理制度和财政体制改革建立现代财政制度 [J].中国财政，2015（23）：29-32.

② 顾建光.地方政府债务与风险防范对策研究 [J].经济体制改革，2006（1）：10-15.

③ 孙芳城，李松涛.基于风险防范的地方政府债务会计体系研究 [J].财政监督，2010（20）：5-8.

④ 宋保胜.地方政府基础建设债务信息披露的会计途径 [J].会计之友，2014（35）：61-65.

⑤ 郭琳.地方政府债务融资管理的现状、问题与对策 [J].中央财经大学学报，2001（8）：36-39.

⑥ 牟放.化解我国地方政府债务风险的新思路 [J].中央财经大学学报，2008（6）：8-12.

⑦ 赵全厚.风险预警、地方政府性债务管理与财政风险监管体系催生 [J].改革，2014（4）：61-70.

务融资的可持续发展。

1.2.3　宏观审慎监管研究

宏观审慎监管理念的提出始于 20 世纪 70 年代，以应对贷款业务的虚假繁荣所衍生的金融风险①。此后，在相当长的一段时间内，微观审慎管理思想在国内乃至全世界大行其道，使得宏观审慎监管的相关研究和实践被忽视。直至 2008 年全球金融危机爆发，宏观审慎监管才重新得到各国政府和各级机构的重视，相关研究逐渐兴起。目前，宏观审慎监管研究业已形成较为完整的理论框架，并被广泛地运用到金融系统性风险的监管实践中。

1.2.3.1　宏观审慎监管框架研究

2009 年，欧盟理事会在欧洲金融监管计划中提出，构建以微观监管和宏观监管为双支柱的欧洲金融监管框架，设立欧洲系统性风险委员会，从宏观层面对金融体系发展中产生的潜在风险进行监测和评估，特别关注跨行业风险转移问题，通过风险识别和排序，对趋于增大的风险发出预警。

二十国集团（G20）先后在伦敦峰会、匹兹堡峰会及首尔峰会中达成共识，逐渐形成宏观审慎监管的基础性框架，提出了主要的宏观审慎监管措施。

继《关于制定国民经济和社会发展第十二个五年规划的建议》提出"构建逆周期的金融宏观审慎管理制度框架"的要求后，国家发展和改革委员会在《关于 2010 年深化经济体制改革重点工作的意见》中明确提出，建立宏观审慎管理框架，强化资本和流动性要求，确立系统性金融风险防范制度。

防范系统性金融风险和维护金融稳定是宏观审慎监管的根本目标。构建宏观审慎监管框架需满足以下三个条件：第一，在保证宏观审慎监管政策得到贯彻执行的同时，不改变经济周期；第二，能够对金融机构所面对的共同市场风险敞口进行有效控制；第三，能够有效组合各种政策工具，提升防范和化解系统性金融风险的能力。

伯南克（Bernnanke）② 指出，监管当局在实施宏观审慎监管的过程中需要履行四个方面的职能：首先，加大金融监管力度，监管对象不仅包括金融体系，还包括金融消费者；其次，在关注单个金融机构的行为时，需要对系统性风险，特别是跨市场、跨行业的风险进行有效监测；再次，重视风险在金融体

---

① CLEMEN P. The term macroprudential：origins and evolution ［J］. BIS quarterly review, 2010：59-67.

② BERNANKE B. Financial reform to address systemic risk ［R］. Washington：The Council on Foreign Relations, 2009.

系与实体经济间的传导，对可能发生的风险进行评估；最后，强化对金融创新产品的监督，评估金融风险管理行为对系统脆弱性的影响。

布劳威尔（Brouwer）① 提出了建立宏观审慎监管框架的构想，具体如下：对系统性风险进行实时监测和评估；切实增强宏观审慎监管政策实施的有效性，做好风险预警工作；全面落实金融稳定状况评估报告制度的建立；打造前瞻性的宏观审慎评估系统，对金融创新产品及其可能引发的系统性风险提出宏观审慎监管方案。

国内学者纷纷结合我国金融监管现状，对宏观审慎监管进行深入研究。周小川② 提出，符合我国现阶段国情的宏观审慎监管框架应该包括宏观审慎分析、宏观审慎政策选择和宏观审慎管理工具三个方面的内容。彭建刚等③根据金融体系在时间和空间上的分布特点，指出我国金融业的宏观审慎监管体系应由逆周期的宏观调控机制、宏观审慎监管与微观审慎管理相结合的金融机构监管机制、系统性风险的动态预警机制三个层面构成。高国华④从宏观经济风险、货币流动性风险、信贷扩张风险、资产泡沫风险和金融杠杆风险五个维度构建了宏观审慎监管体系。

1.2.3.2 宏观审慎监管政策研究

国外学者围绕金融系统的顺周期性和防范系统性风险两个核心问题对宏观审慎监管政策进行了广泛讨论。博里奥（Borio）从跨时间和跨部门两个维度对宏观审慎监管政策的内容加以规范，前者是为了应对金融体系所固有的顺周期性，涉及的政策工具主要包括逆周期资本缓冲、动态拨备、杠杆率和存贷比等；后者是为了应对特定时间内金融机构所共有的或相关联的风险，涉及的政策工具主要包括风险隔离措施和风险处置计划等。怀特（White）则将宏观审慎监管政策定义为运用各种工具维护金融稳定的手段。二十国集团（G20）也持有类似的观点，强调宏观审慎监管政策通过运用宏观审慎监管工具来实现对系统性金融风险的控制，从而减小跨部门风险冲击实体经济的可能性，保持宏

① BROUWER H. Macroprudential supervision：from concept to practice ［R］. 28th SUERF Colloquium，2009.

② 第一财经网. 周小川：中国需尽早运用宏观审慎管理框架（全文）［EB/OL］.（2011-05-20）［2021-01-31］.https：//news. ifeng. com/c/7fZjdKr33Ho.

③ 彭建刚，吕志华. 论我国金融业宏观审慎管理制度研究的基本框架［J］. 财经理论与实践，2012（1）：2-7.

④ 高国华. 逆周期资本监管框架下得宏观系统性风险度量与风险识别研究［J］. 国际金融研究，2013（3）：30-40.

观经济的正常运行。加拉蒂等（Galati et al.）① 对宏观审慎监管政策和货币政策的制定目标进行了研究，指出了两者的差异，即前者在于防范金融风险，而后者则为了保持价格稳定。卢比奥（Rubio）② 的研究表明，有效利用最优货币政策与宏观审慎监管政策，能够明显改善社会福利，增强系统稳定性。格鲁蒂（Cerutti）对宏观审慎监管政策工具进行了分类，将贷款损失准备、杠杆率和资本缓冲等划分为以贷款人为基础的宏观审慎监管政策工具，而将贷款价值比、贷款收入比等划分为以借款人为基础的宏观审慎监管政策工具。西泽尔等（Cizel et al.）则将宏观审慎监管政策工具划分为数量型和价格型，并指出两种类型的区别在一些工具中不明显。

综合国际组织和各国的监管实践来看，宏观审慎监管政策主要包括三方面的内容：一是明确目标，即防范系统性风险；二是将金融系统视为一个有机整体；三是依赖必要的宏观审慎监管工具和治理结构来实施相关政策。

国内学者依据我国国情对宏观审慎监管政策工具开展了大量研究。薛建波等对宏观审慎监管政策提出四点构想：①宏观审慎监管政策的实施要结合逆周期调控；②宏观审慎监管政策要服从宏观经济政策；③推行合理有效的相机抉择政策；④建立跨部门的动态预警机制和信息共享平台。周小川认为，建立宏观审慎监管政策框架，关键在于纳入逆周期政策，要将杠杆率和资本充足性要求、会计标准制定、流动性监管、动态拨备制度等都囊括进去。张会清等在分析资产准备金制度后认为，相较于逆周期资本缓冲、动态拨备等现有宏观审慎监管工具，资产准备金制度在逆周期调控上更胜一筹。胡建华强调，识别指标的有效性是实施逆周期资本缓冲政策的关键。他指出，鉴于我国的相关指标正处于结构性调整中，数据走势并不平稳，且经济周期数据缺乏，故建议慎用逆周期资本监管工具。陆磊等撰文指出，流动性管理是宏观审慎监管政策中实现逆周期调节和防范系统性风险的唯一抓手。

1.2.3.3 宏观审慎监管实施研究

国外学者在探讨宏观审慎监管实施方面，未就监管职能是由中央银行履行还是由不同机构或新成立机构履行达成一致意见。其中，一部分学者将中央银行视为宏观审慎监管的最佳选择。博里奥（Borio）认为，将货币政策的颁布

---

① GALATI G, MOESSNER R. Macroprudential policy – a literature review [R]. BIS Working Paper, 2011 (2).

② RUBIO M. Macroprudential and monetary policy: implications for financial stability and welfare [J]. Journal of banking and finance, 2014 (2): 7-14.

和宏观审慎监管职能的履行统一于中央银行，有利于提升货币政策的执行力。布兰查德等（Blanchard et al.）[1] 指出，之所以选择中央银行，一方面是因为其负有监控宏观经济走势的责任，另一方面是因为其在危机救助中能够发挥重要作用，理应承担更多的宏观审慎监管职能。布林德（Blinder）[2] 提出，中央银行能够维护金融稳定，且能够发挥最后贷款人的作用，是监督和管理系统性风险的合理选择。鉴于金融市场动荡对货币政策的影响，以及中央银行所承担的提供充足流动性的职能，英韦斯（Ingves）认为中央银行应该在维护金融稳定中发挥更为重要的作用。

另一部分学者则提出了不同的看法。古德哈特（Goodhart）指出，中央银行在履行宏观审慎监管职责时存在弊端，如未能达成宏观审慎监管目标将对其信誉造成严重损害。卡梅尔（Karmel）指出，宏观审慎监管职能集中在单一机构可能产生利益冲突，故成立独立的机构负责实施宏观审慎监管政策，并协调中央银行及其他监管部门共同执行宏观审慎监管政策，有利于防范系统性风险。卡瓦伊等（Kawai et al.）[3] 表示，针对国际上风险监管中存在的监管真空或重叠现象，国际货币基金组织（IMF）、金融稳定理事会（FSB）和国际清算银行（BIS）等主要的国际金融组织应明确分工，建立信息共享的全球系统性风险监控机制。哈恩等（Haan et al.）倾向于组建跨部门的协调委员会，负责宏观审慎监管，以提高各部门的政策协作效率。雅基等（Agur et al.）也表达了类似的观点，认为如果能够由协调委员会等形式的组织来负责宏观审慎监管的实施，则各部门能够群策群力，提高政策决策水平，减少摩擦。

在我国的地方政府债务风险监管中，长期存在多头监管、责任主体模糊等问题。对系统性风险的监管，我国形成了"一行两会"的分业监管模式。宏观审慎监管体系的主导部门必须具备把控全局、协调各部门的利益并及时处理单个企业或金融体系中出现的问题的能力和条件。基于此，国内学术界对宏观审慎监管主体的确认存在两种观点：一种是依靠中国人民银行，另一种是成立统一的金融监管机构。前者认为中国人民银行具有维护金融稳定和进行宏观审慎监管的天然优势，如夏洪涛、何德旭、周胜强等学者都秉持这一观点。朱小

① BLANCHARD O, ARICCIA G D, MAURO P. Rethinking macroeconomic policy [J], Journal of money, credit and banking, 2010 (42): 199-215.

② BLINDER A S. Teaching macro principles after the financial crisis [J]. The journal of economic education, 2010, 41 (4): 385-390.

③ KAWAI M, POMERLEANO M. Regulating systemic risk [R], ADBI Working Paper, 2010.

川、彭刚、苗永旺、丁灿、许立成等学者则支持后一种观点，认为具备独立性的金融监管机构能在高效解决权利纠纷的同时，更有效地发挥协调作用。

1.2.4 国内外研究评述

总体来看，国内外学者在地方政府债务风险监管研究方面取得了丰硕的成果。无论是在基础理论、经验介绍方面，还是在解决方案方面，都有大量有价值的文献资料，这为后续研究奠定了坚实的理论基础和提供了有力的技术支撑。全球金融危机的发生使得各国政府日益重视防范系统性风险，宏观审慎监管在防范系统性风险方面所发挥的作用得到政府、机构及学术界的认可。在宏观审慎监管框架下，监测分析、工具管理和政策安排等方面的研究都取得了较为丰富的成果。

国外关于政府债务风险的研究已经形成较完备的体系、较成熟的方法，且大多围绕完善的市场制度展开，普遍运用定量分析的方法，以实践为基础、以市场为导向，对政府债务规模、债务风险评价及预警等方面均有较为深入的探讨，对比分析各类债务监管模式的优缺点，尤其关注隐性债务与政府债务管理等方面的问题，认为政府举债有一定的必要性，但由于财政机会主义行为的普遍存在，因此相关部门应加强对隐性负债的管理。这些研究对我国地方政府债务风险监管具有重要的借鉴作用。需要注意的是，国外文献的研究对象集中在国家主权债务层面，很少涉及地方政府。

国内学者则侧重于研究地方政府投融资的背景、动机、模式与风险，对地方政府债务问题的产生根源及地方政府债务风险影响宏观经济稳定运行有较为清晰的认识。但由于我国的地方政府债务信息披露制度不健全，真实数据难以收集，因此实证研究较难开展，对地方政府债务风险的系统量化研究较为缺乏。很多模型中设置的假设条件与现实条件脱节，测度结果未经实践检验，不具备说服力，对相关部门的参考意义不大。此外，尽管国内很多学者借鉴了大量国外相关理论和经验，但由于我国有着特殊的财政分权制度、金融市场环境及地方政府融资主体，因此一味地照搬西方经验是行不通的，我们必须根据我国的基本国情来分析和研究问题。

综合已有文献来看，国内外学者对地方政府债务风险监管的研究主要集中于债务风险评估预警、管理手段和治理方法的对比分析等方面，而较少关注制度设计和处置手段，特别是对地方政府债务金融化所带来的双螺旋风险认识不足，且停留在分析双螺旋风险的传导机制层面，未深入探讨针对该风险的模型、监控和处置。与此同时，尽管有国内学者提出地方政府债务风险监管应由微观审慎走向宏观审慎的观点，且宏观审慎监管研究取得了较大的成就，但相关研究基本上局限于商业银行系统性风险的防范，而宏观审慎监管与地方政府债务风险监管相结合的文献几乎没有。因此，就地方政府债务风险宏观审慎监管研究而言，无论是理论体系的形成还是监管框架的构建，都还处于思想萌芽阶段。

1.3　研究对象、研究思路和研究方法

本书的研究对象是地方政府债务风险宏观审慎监管。本书以公共财政和风险监管等相关理论为分析的出发点，基于目前国内外地方政府债务风险和宏观审慎监管的相关文献展开研究，并以地方政府债务双螺旋风险→地方政府债务风险宏观审慎监管的目标和框架→地方政府债务风险宏观审慎监管的重点和难点为逻辑主线，分析探讨了地方政府债务风险和金融风险相互传导、叠加而形成的双螺旋风险的特征，诠释了地方政府债务规模扩张的顺周期性特点和债务风险金融化导致系统性风险的内在机制，构建了地方政府债务双螺旋风险结构模型，围绕地方政府债务双螺旋风险的防范，提出了地方政府债务风险宏观审慎监管的目标和框架体系，指明了地方政府债务风险宏观审慎监管的重点和难点，搭建了包含事前防范、事中监控和事后应对的"三位一体"的地方政府债务风险宏观审慎监管运行框架，将宏观审慎监管方式运用到地方政府债务风险监管中。

1.3.1　研究对象

本书以地方政府债务风险宏观审慎监管为研究对象，以防范债务风险金融化所带来的系统性风险为目的，研究地方政府债务风险与宏观经济、地方政府债务风险与金融风险的联系。本书通过定性分析和定量分析阐述地方政府债务风险和金融风险跨行业传导的内在机制，监测评估具有顺周期特征的地方政府债务规模扩张所带来的商业银行流动性风险及风险的累积、叠加，有针对性地提出地方政府债务风险宏观审慎监管目标并建立相应的框架体系；通过构建"三位一体"的地方政府债务风险宏观审慎监管运行框架，解决地方政府债务风险宏观审慎监管的难题，形成多级防范机制，以期达到防范系统性风险、保证宏观经济稳定运行的目的。

1.3.1.1　地方政府债务风险

地方政府债务风险包含两个层面的内容：一是直接风险，即地方政府在负有直接偿还义务、提供担保或承担一定救助责任的债务到期后因无法偿还本息而形成的风险，这是债务风险最直接的表现形式；二是地方政府无法偿还债务所引起的其他风险，如财政风险、金融风险和宏观经济运行风险等，以及潜在的由跨行业传导演化形成的系统性风险。

1.3.1.2　地方政府债务风险监管

地方政府债务风险监管有广义和狭义之分。狭义的地方政府债务风险监管指某国（地区）财政部门或其他监管当局依据国家法律法规，对地方政府融资主体在融资过程中可能产生的债务风险实施监督和管理；广义的地方政府债务风险监管除了包括狭义的地方政府债务风险监管的含义外，还包括对地方政府融资主体、同业自律性组织、社会中介组织等的监管。本书重点研究狭义的地方政府债务风险监管。

1.3.1.3　地方政府债务风险宏观审慎监管框架

地方政府债务风险宏观审慎监管主要包括三个方面的内容：一是进行宏观审慎监管分析，即对地方政府债务风险进行监测和评估，找到风险来源，发出风险预警，为监管部门采取宏观审慎监管措施提供依据；二是提供宏观审慎监管工具，即通过构建宏观审慎监管指标体系来评估不同风险，同时建立基于最后贷款人制度的危机救助机制，对地方政府债务风险进行处置；三是出台宏观审慎监管政策，即针对地方政府债务风险宏观审慎监管的薄弱环节和关键领域，建立跨部门合作的制度框架，明确各方在地方政府债务风险宏观审慎监管中的地位和责任。地方政府债务风险宏观审慎监管框架如图1-3所示。

1.3.1.4　地方政府债务风险宏观审慎监管运行框架

地方政府债务风险宏观审慎监管运行框架由三个核心环节构成，它们分别为事前防范、事中监控和事后应对，三个环节相互依存、相互支撑，对应风险潜伏期、风险爆发期和风险爆发后三个阶段，实现全方位的风险监管。

地方政府债务风险事前防范从本质上讲是一种预警。相关部门往往以一个或一系列经济指标、金融指标的恶化为依据，构建有效的地方政府债务风险事前防范机制。具体做法如下：设定预警指标，并将预警指标对地方政府债务风险的预警力度反应在系统中，在地方政府债务风险触及警戒线时就立即将其转入事中监控系统，从而防范系统性风险。

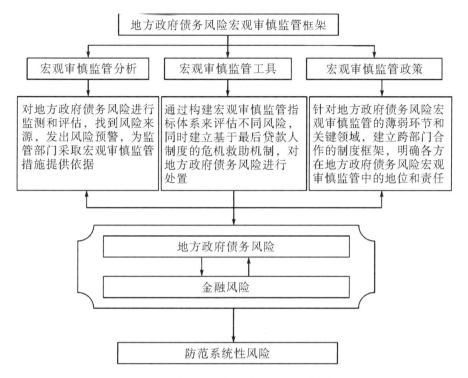

图 1-3　地方政府债务风险宏观审慎监管框架

　　地方政府债务风险事中监控的目标是及时识别可能产生的风险，并对风险进行监测。地方政府债务风险宏观审慎监管既要对微观个体的风险状况进行评估，又要从宏观角度出发，对风险的传导和累积进行识别和监测。具体做法如下：基于跨时间维度和跨行业维度建立地方政府债务风险事中监控机制，在识别跨行业重要机构及其风险的同时，实时把握风险变化趋势，评估风险水平。地方政府债务风险一旦爆发就及时转入事后应对系统。

　　地方政府债务风险事后应对是维护宏观经济稳定运行的最后手段，应当形成一套系统且明确的方案。建立地方政府债务风险事后应对机制，基于处置主体、处置手段与工具、处置资金来源和处置计划四个维度探讨地方政府债务风险事后处置，能够为监管部门有效处置债务风险金融化导致的系统性风险提供意见和建议，从而有效减小系统性风险给宏观经济带来的损失。地方政府债务风险宏观审慎监管运行框架如图 1-4 所示。

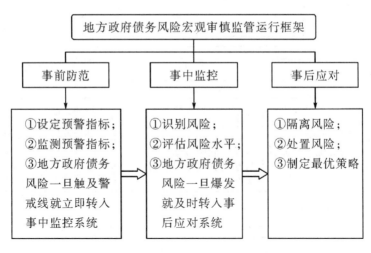

图 1-4　地方政府债务风险宏观审慎监管运行框架

1.3.1.5　地方政府债务风险宏观审慎监管三要素

本书认为，行之有效的地方政府债务风险宏观审慎监管体系应具备三个基本要素：监管主体（监管当局）、监管客体（监管对象）和监管工具（各种方式、方法、手段）。

（1）地方政府债务风险宏观审慎监管主体

地方政府债务风险宏观审慎监管机构的职责是严控债务规模和预算，规范地方政府融资主体的举债融资行为，防范地方政府债务风险的发生。20世纪90年代后，我国的金融业建立起分业经营、分业监管的体制。无论是中央政府还是地方政府，都没有设立对地方政府债务进行统一管理的实权部门。财政部曾在2008年设置了地方政府债务管理处，专门负责地方政府债务管理，但由于法律法规、人员配备的不完善，因此该机构无法有效地建立起完整规范的地方政府债务管理体系，难以对地方政府债务进行监督和管理。2017年成立的国务院金融稳定发展委员会[①]是国务院统筹协调金融稳定和改革发展重大问题的议事协调机构，其职责包括指导地方金融改革与发展、对金融管理部门和地方政府进行业务监督和履职问责等。其并不承担地方政府债务风险处置责任，只要求地方政府按照中央政府的有关规定，强化属地风险处置责任。地方政府债券发行历经中央代发代还、自发代还和自发自还三个阶段。2015年，在首次修订的《中华人民共和国预算法》施行以后，地方政府可以在国务院

---

① 国务院金融稳定发展委员会于2023年9月撤销，其职责划入中央金融委员会办公室。

批准的地区限额内自行发债，报本级人民代表大会批准；政府和社会资本合作（PPP）项目及政府投资基金由各级政府通过预算安排；城投债业务接受国家发展和改革委员会、中国证券监督管理委员会和国家金融监督管理总局的交叉监管；政信合作类信托理财产品接受国家金融监督管理总局和中国证券监督管理委员会的监管；融资租赁、担保、典当等业务则由各部委和地方政府监管。多头监管在导致责任主体模糊的同时，也使微观审慎管理机构缺乏必要的宏观审慎监管意识和手段，进而造成监管的缺失。因此，建立一个独立、高效、统一的区域性地方政府债务监管机构或形成单部门牵头、多部门响应的跨部门风险监管工作协调机制就显得尤为重要。

（2）地方政府债务风险宏观审慎监管客体

地方政府融资主体、作为地方政府债务风险载体的各类金融机构及地方政府举债融资活动共同构成了地方政府债务风险宏观审慎监管客体。地方政府债务风险宏观审慎监管有两个并行目标：一是对地方政府债务的存量和增量进行有效监督和控制，避免具有顺周期特征的地方政府债务急剧扩张并形成地方政府债务风险。地方政府债务风险作用于金融风险，两者可能累积、叠加为潜在的系统性风险。二是在鼓励创新融资方式的同时，规范地方政府举债融资行为，禁止地方政府利用政信合作等方式形成或有隐性债务，进而减小债务风险金融化导致系统性风险的可能性。

（3）地方政府债务风险宏观审慎监管工具

地方政府债务风险宏观审慎监管工具是地方政府债务风险宏观审慎监管框架中的重要内容，有助于地方政府债务风险宏观审慎监管目标的实现和不同监管主体的联结。总体来讲，地方政府债务风险宏观审慎监管工具致力于地方政府债务风险的测量和化解，防范系统性风险在时间维度和空间维度的扩散。具体而言，我们应在多个层面运用地方政府债务风险宏观审慎监管工具，对地方政府债务风险进行定量监管或定性监管，如在时间维度层面建立逆周期的监管政策，在空间维度层面对处于重要地位的地方政府融资主体和承担地方政府债务的金融机构进行监控。

1.3.2 研究思路

本书的研究思路如下：

第一，地方政府债务具有明显的顺周期特征，债务风险金融化会导致金融系统的内生流动性风险。地方政府债务风险和金融风险相互作用、相互强化，形成双螺旋风险。风险的累积、叠加最终引发系统性风险。因此，制定地方政府债务风险宏观审慎监管目标和构建地方政府债务风险宏观审慎监管框架是防范系统性风险、维护宏观经济稳定运行的必要手段。

第二，构建地方政府债务风险宏观审慎监管框架能够实现对地方政府债务双螺旋风险的监管。地方政府债务风险宏观审慎监管主要包括三个方面的内容：一是进行宏观审慎监管分析，二是提供宏观审慎监管工具，三是出台宏观审慎监管措施。

第三，地方政府债务风险宏观审慎监管既是一种风险监管，又是一种危机管理。地方政府债务风险宏观审慎监管框架中存在三个方面的重点和难点，即事前防范、事中监控和事后应对。本书通过构建"三位一体"的地方政府债务风险宏观审慎监管运行框架，对风险潜伏期、风险爆发期、风险爆发后三个阶段实现全方位的风险监管，并就每个阶段的危机处置措施及效果进行研究。

第四，建立地方政府债务风险事前防范机制。地方政府债务风险事前防范可以对系统性风险的产生起预警作用。违约风险是地方政府债券定价的基础。存在违约可能性的地方政府债券被受到杠杆约束的金融部门持有，违约风险的增加会对金融部门的资产负债表造成冲击，引起金融风险，而金融风险会对地方政府债务风险产生影响，导致地方政府债券收益率价差升高和地方政府债务规模持续扩大。最终，地方政府债务风险、金融风险不断扩散、叠加，形成系统性风险。修正的 KMV 模型能够基于地方财政收入和地方政府应偿债务余额预测地方政府债券的违约概率。地方政府债券的预期违约概率一旦超过安全线，则该种地方政府债券就需要及时转入事中监控系统。

第五，建立地方政府债务风险事中监控机制。本书基于跨时间维度和跨行业维度，从地方财政稳定性、金融部门稳定性、财政金融关联性及宏观经济综合性四个方面选取了债务偿还率、核心资本充足率、地方政府杠杆率和 GDP 增长率等十三个指标，对地方政府债务风险情况进行监控，尝试构建了地方政府债务风险宏观审慎监管指标体系。地方政府债务风险一旦达到较高程度就及时转入事后应对系统。

第六，建立地方政府债务风险事后应对机制。地方政府债务风险事后应对是维护宏观经济稳定运行的最后手段，应当形成一套系统且明确的方案。本书基于处置主体、处置手段与工具、处置资金来源和处置计划四个维度构建地方政府债务风险事后应对机制的基本框架；在地方政府融资主体和银行间市场网络的基础上，构造服从马尔可夫决策过程的清算序列并求得最优解，从而为监管部门有效处置债务风险金融化导致的系统性风险提供意见和建议。

1.3.3 研究方法

（1）文献分析法

文献分析法是学术研究中的一种基本方法。笔者通过收集和阅读国内外关于宏观审慎监管和地方政府债务风险监管的文献，力争全面了解地方政府债务风险监管研究的最新进展，找出现阶段地方政府债务风险监管中存在的问题，为本书开展深入研究提供理论支持与方向指引。

（2）定性分析与定量分析相结合的方法

定性分析和定量分析都是经济学研究中的重要方法。其中，前者强调对事物质的规定；后者则注重运用数理方法，强调对事物量的分析。两者密不可分。本书在介绍地方政府债务双螺旋风险及地方政府债务宏观审慎监管框架的基础上，使用大量数据进行实证分析。具体方法如下：

第一，描述性分析。本书使用了大量的数据和实例对地方政府债务风险监管的现状进行展示和评价，奠定了研究基础。

第二，统计分析。在事前防范机制和事中监控机制的研究过程中，本书运用大量指标来衡量，从而论证了相关监管策略的可行性。

第三，模型分析。本书首先通过动态随机一般均衡模型剖析了地方政府债务风险和金融风险相互传导，形成双螺旋风险并最终引发系统性风险的内在机制，指明了地方政府债务风险宏观审慎监管的必要性；其次使用修正的 KMV 模型建立了地方政府债务风险事前防范机制，实现了对地方政府债务风险传导、演化成系统性风险的预警；最后利用市场网络模型构建了地方政府债务风险事后应对机制的基本框架，为监管部门有效处置债务风险金融化导致的系统性风险提供了意见和建议。

（3）比较分析的方法

本书采用比较分析的方法探讨了微观审慎管理与宏观审慎监管的异同；参考了巴塞尔协议Ⅲ等宏观审慎监管的国际标准，通过横向比较及深入分析，力图为我国地方政府债务风险宏观审慎监管提供有益借鉴；综合运用全面风险管理理论、危机处理4R①理论和历史分析方法深入研究了我国地方政府债务风险监管方式，从而构建了地方政府债务风险宏观审慎监管框架。

---

① 4R 即缩减力（reduction）、预备力（readiness）、反应力（response）、恢复力（recovery）。

1.4 研究框架与主要内容

1.4.1 研究框架

本书的研究框架如图 1-5 所示。

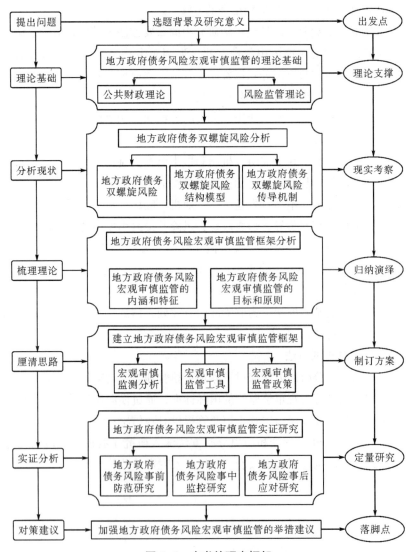

图 1-5 本书的研究框架

1.4.2 主要内容

本书共分为 8 章。具体内容安排如下：

第 1 章为导论。本章介绍了选题背景及研究意义，梳理并评述了国内外有关地方政府债务风险监管和宏观审慎监管的研究成果，在此基础上提出了构建适合我国国情的地方政府债务风险宏观审慎监管框架的观点，明确了本书的研究对象、研究思路和研究方法，指出了主要创新点与不足。

第 2 章为地方政府债务风险宏观审慎监管的相关概念及理论基础。本章以地方政府债务、地方政府债务风险等概念的界定为出发点，梳理了国内外有关地方政府债务风险监管和宏观审慎监管的重要文献；通过研究公共财政理论、风险监管理论，为地方政府债务风险宏观审慎监管研究提供理论依据，初步建立了地方政府债务风险宏观审慎监管的理论研究框架，为后续的研究奠定了理论基础。

第 3 章为地方政府债务双螺旋风险分析。目前国内外学者对地方政府债务双螺旋风险的相关研究仍处于起步阶段。首先，本章从地方政府债务双螺旋风险的特征入手展开研究。地方政府债务双螺旋风险是一种新的，由地方政府债务风险和金融风险相互传导、叠加而形成的风险范式。其次，本章创造性地构建了地方政府债务双螺旋风险结构模型。在该结构模型中，地方政府债务风险和金融风险组成"核苷酸链"结构，家庭部门、生产部门、金融中介部门和政府部门作为四种"碱基"，形成"氢键"。最后，本章运用动态一般均衡模型，分析探讨了地方政府债务双螺旋风险的传导机制，为地方政府债务风险宏观审慎监管提供了理论依据。

第 4 章为地方政府债务风险宏观审慎监管框架分析。本章按照从现象到本质的研究思路，归纳和总结了现阶段地方政府债务风险监管的特征和缺陷，诠释了地方政府债务宏观审慎监管的内涵及特征，并据此提出了构建地方政府债务风险宏观审慎监管框架的构想，指出了地方政府债务风险宏观审慎监管的重点和难点。本章综合借鉴了全面风险管理理论和危机处理 4R 理论，将宏观审慎监管理念运用到地方政府债务风险监管中，通过建立宏观审慎监管运行框架，从事前防范、事中监控和事后应对三个方面对地方政府债务风险进行监管。具体内容如下：在事前防范环节，建立预警体系，基于预警指标，最大限度地控制风险和防范风险；在事中监控环节，基于时间维度和空间维度构建监控指标体系，完成风险识别和风险水平评估；在事后应对环节，强调对风险的及时隔离和有效处置。"三位一体"的地方政府债务风险宏观审慎监管运行框架的构建，能帮助地方政府形成层层防范债务风险的机制，不断完善债务风险监管体系。

第 5 章为建立地方政府债务风险事前防范机制：风险预警实证。本章主要将修正的 KMV 模型应用于地方政府债务风险宏观审慎监管的实证研究，通过对地方政府债券违约概率的预测，实现对风险水平的监控。

第 6 章为建立地方政府债务风险事中监控机制：风险监管实证。本章综合运用层次分析法和模糊评价法，基于跨时间维度和跨行业维度，从地方财政稳定性、金融部门稳定性、财政金融关联性及宏观经济综合性四个方面选取了债务偿还率、核心资本充足率、地方政府杠杆率和 GDP 增长率等十三个指标，对地方政府债务风险情况进行监测，尝试构建地方政府债务风险宏观审慎监管指标体系。地方政府债务风险一旦达到较高水平，就需要及时转入事后应对系统。

第 7 章为建立地方政府债务风险事后应对机制：风险处置实证。本章借鉴金融稳定委员会（FSB）发布的《金融机构有效处置机制的关键属性》中构建有效处置机制的整体框架和核心特征，建立了地方政府债务风险事后应对机制的基本框架，从处置主体、处置手段与工具、处置资金来源和处置计划四个角度进行探讨，基于地方政府融资主体和银行间市场网络构造了服从马尔可夫决策过程的清算序列，实现了风险处置路径的最优化分析，能够有效减小系统性风险给宏观经济带来的损失，为监管部门有效处置债务风险金融化导致的系统性风险提供意见和建议。

第 8 章为加强地方政府债务风险宏观审慎监管的举措建议。本章在总结全书主要观点的基础上，针对地方政府债务风险宏观审慎监管的薄弱环节和关键领域，结合现有法规政策，从建立和完善地方政府债务风险宏观审慎监管框架、合理利用宏观审慎监管工具化解地方政府债务风险和强化地方政府债务风险宏观审慎监管的政策协调三个维度出发，提出进一步加强地方政府债务风险宏观审慎监管的举措建议。

1.5 主要创新点与不足

1.5.1 主要创新点

本书的主要创新点如下：

第一，本书创造性地诠释了地方政府债务双螺旋风险的内涵和特征，构建了地方政府债务双螺旋风险结构模型，并运用动态随机一般均衡模型对地方政府债务风险和金融风险传导形成的双螺旋风险进行了实证分析，揭示了具有内生违约概率的地方政府债券被受到杠杆约束的金融部门所持有，地方政府债券违约概率的上升对金融部门的资产负债表造成冲击。金融风险增大所产生的一般均衡效应使金融部门损失实际净资产。金融风险进而向实体经济传导，导致投资和产出下降，因此金融风险通过直接和间接两个渠道对地方政府债务风险产生影响。本书还论证了地方政府债务风险和金融风险相互作用的结果，即两者累积、叠加，最终将触发系统性风险。这为地方政府债务风险宏观审慎监管奠定了理论基础。

第二，本书明确了地方政府债务风险宏观审慎监管的目标及框架体系，指出了地方政府债务风险宏观审慎监管框架中的重点和难点，并据此构建了包含事前防范、事中监控和事后应对的"三位一体"的地方政府债务风险宏观审慎监管运行框架。该框架综合借鉴了全面风险管理理论和危机处理 4R 理论，是宏观审慎监管思想的融合，使本书的研究更具现实意义，将地方政府债务风险监管研究上升到更为宏观、更为全面的高度。

第三，现有文献对地方政府债务风险宏观审慎监管指标的研究还非常有限。本书综合运用层次分析法和模糊评价法，基于跨时间维度和跨行业维度，从地方财政稳定性、金融部门稳定性、财政金融关联性及宏观经济综合性四个方面选取了债务偿还率、核心资本充足率、地方政府杠杆率和国内生产总值（GDP）增长率等十三个指标，对地方政府债务风险情况进行监测，尝试构建地方政府债务风险宏观审慎监管指标体系。

第四，目前国内对地方政府债务风险应对机制的研究较少，相关实证研究仍处于起步阶段。本书借鉴金融稳定委员会（FSB）发布的《金融机构有效处置机制的关键属性》中构建有效处置机制的整体框架和核心特征，建立了地方政府债务风险事后应对机制的基本框架，从处置主体、处置手段与工具、处置资金来源和处置计划四个角度进行探讨，基于地方政府融资主体和银行间市场网络，构造了服从马尔可夫决策过程的清算序列，通过计算该清算序列的最优解，为有效减小系统性风险给宏观经济带来的损失寻求方案，为监管部门有效处置债务风险金融化导致的系统性风险提供意见和建议。

1.5.2　不足之处

本书的主要不足之处如下：

第一，本书对地方政府债务双螺旋风险的研究仍较为浅显，对地方政府债务风险和金融风险相互传导、相互作用的深度和广度缺乏实证分析，因此笔者有必要在相关领域进行进一步的研究。

第二，本书构建的地方政府债务风险宏观审慎监管指标体系具有一定的主观性。运用层次分析法确定指标权重、运用模糊评价法确定风险水平的方法易受到人为因素的干扰，存在随意性较强的缺陷。指标体系的确定在很大程度上受研究者及被调研专家对研究对象的认识的影响。在赋值时，研究者及被调研专家往往依靠经验，这使得模型存在一定的误差。

第三，本书采用的数据存在局限性。由于我国地方政府债务信息披露制度不完善，相关数据较少公开，因此本书选取的数据都来自公共平台。这一做法可能导致研究结果在一定程度上偏离真实情况，因此笔者有必要在数据、资料更加全面时进行更为深入、细致的研究。

2 地方政府债务风险宏观审慎监管的相关概念及理论基础

2.1 地方政府债务风险宏观审慎监管的相关概念

2.1.1 地方政府债务的概念及宏观效应分析

2.1.1.1 地方政府债务的概念

地方政府债务又称为地方债，指的是各级地方政府或政府性经济实体以提供政府信用和承担还本付息责任为前提，向社会公众及其他组织借贷或担保借贷，是地方政府为履行本级政府职能、筹措财政收入、解决财政赤字问题而采取的一种手段。

地方政府在当前的经济社会中扮演着双重角色，一是经济主体角色，二是公共主体角色①。本书将分别从经济主体角度和公共主体角度阐释地方政府债务的内涵。

从经济主体角度而言，地方政府作为债务人需要履行对债权人的相应义务，需要依据双方签订的协议或合同，承担约定的债务责任。地方政府债务呈现出四个方面的特征：①地方政府债务是基于过往事项或交易而形成的责任与义务，也就是地方政府当前需要承担的责任；②在履行义务的过程中，地方政府会成为预期经济资源流出的会计主体；③当前未约定、未承诺的交易事项都不在地方政府债务范围内；④地方政府债务的金额可以通过货币计量。

从公共主体角度而言，地方政府既要履行合同、法律法规和其他司法解释等规定的义务，又要承担社会公众按照以往的做法、已公布的政策、已公开的

---

① 刘尚希. 财政风险及其防范问题研究 ［M］. 北京：经济科学出版社，2004.

承诺或声明合理预期的相关义务，即推定责任与义务。具体而言，地方政府债务不仅包含以政府信用为依托而产生的主权借款、借入的财政周转金及推定责任与义务下的社会保障支出，还包含紧急财政救助和各种负债违约等；地方政府债务不仅包含地方行政机关及部门的债务，还包含地方政府融资平台公司、公共事业单位、经费补助事业单位及其他单位的债务。

在对地方政府债务进行分类时，目前学术界运用最广、影响力最大的方法当属布里克西（Brixi）于1998年提出的"财政风险矩阵"分析框架。该分析框架依据地方政府债务的法定性，将地方政府债务分为隐性债务和显性债务两种；依据条件的特定性，将地方政府债务分为直接债务和或有债务两种。将两种分类标准相结合，便形成了四类地方政府债务，它们涵盖了地方政府债务的所有情况。本书借鉴该分析框架对我国地方政府债务进行了梳理，具体分类如表2-1所示。其中，直接显性债务是指依据法律规定或合同约定由地方政府偿付且不以任何特定条件为前提的债务，包括一般债券、专项债券、借入的财政周转金和法定的长期预算支出，这部分债务不依附于任何条件而存在，因此容易被预测和管理；直接隐性债务是指尽管不存在法律规定或合同约定，但出于维护地区公共利益或履行推定责任与义务的考虑而需由地方政府承担的债务，主要包括政府购买服务、政府投资基金、无法定责任的公共养老金缺口及政府和社会资本合作项目；或有显性债务是指在特定事项发生的情况下，政府需要支付的法定债务；或有隐性债务是指当某一特定条件具备时，即使不存在法律规定或合同约定，地方政府迫于地区公共利益或公众压力也必须接受的债务，如国有企业及公共部门对未担保违约债务的清偿或救济、地方金融机构的不良资产、自然灾害等突发公共危机事件产生的债务。

表 2-1 我国地方政府债务分类

债务类型	直接债务	或有债务
显性债务	一般债券	地方政府担保的国内金融组织贷款
	专项债券	地方政府担保的外国政府贷款
	借入的财政周转金	国家保险计划
	法定的长期预算支出	—

表2-1(续)

债务类型	直接债务	或有债务
隐性债务	政府购买服务	国有企业及公共部门对未担保违约债务的清偿或救济
	政府投资基金	地方金融机构的不良资产
	无法定责任的公共养老金缺口	自然灾害等突发公共危机事件产生的债务
	政府和社会资本合作项目（PPP）	——

基于此，本书将地方政府债务界定为各级地方政府及其所属机构，以政府信用为依托，按照法律、协议或合同的约定，向社会公开募集资金，并以货币或其他形式的经济资源来偿还或担保的债务。这些债务中既有显性债务又有隐性债务。

2.1.1.2　地方政府债务扩张的宏观效应分析

（1）地方政府债务扩张的正效应

①增加政府投资，促进地方经济发展。

支持"萨伊定律"的古典经济学秉持财政平衡的原则，认为产品和服务由市场提供，社会供给能力的强弱决定了国民收入水平的高低。凯恩斯主义经济学则认为，政府需求对社会总需求具有重要影响，特别是在国内投资和消费需求不足时，社会总需求的缺口主要依赖政府需求特别是政府投资需求来弥补。公共物品被西方经济学进一步定义成可以供那些非特定的消费者共同消费的重要物品。公共物品不具有排他性及竞争性，消费者是可以共同享用的，这便决定了公共物品无法由市场提供，而由政府或公共部门提供，或者由私人部门在政府的某种激励手段的刺激下提供，以解决短缺问题。财政分权理论更好地揭示了与中央政府相比较，地方政府在为辖区内的居民提供各种公共物品时更有效率。但是，公共物品，尤其是地方基础设施类公共物品，往往具有初始资金投入量大、投资周期长、收益回收慢的特点，因此仅将地方政府当期的税收收入作为财政收入来源既难以支撑大型项目的投资，又会带来"代际不公"的问题，同时地方公益事业的发展也会受到制约。

地方政府为了改善民生、促进经济发展，需要投入资金以建设基础设施和为公众提供公共物品。取得资金的方式为债务融资。地方政府将获得的资金投入相关领域，通过处于国民经济上游产业的基础设施建设增加当期社会的总需求，进而在乘数原理的作用下，带动原材料市场、劳动力市场及产品市场的协同发展。

由于三部门经济的总支出为

$$\gamma = C + I + G = \alpha + \beta(Y - T) + I + G$$

式中，G 是政府支出额，T 是税收额，因此可将国民收入进一步表示为

$$\gamma = (\alpha + I + G + \beta T)/(1 - \beta) \tag{2.1.1}$$

第一，政府支出乘数。

通过式（2.1.1）可以了解到，在其他条件不发生变化的情况下，只有政府支出额 G 发生了变化，因此政府支出额从 G_0 变为 G_1 时的国民收入如下：

$$\gamma_0 = \frac{\alpha_0 + I_0 + G_0 - \beta T_0}{1 - \beta}$$

$$\gamma_1 = \frac{\alpha_0 + I_0 + G_1 - \beta T_0}{1 - \beta}$$

$$\gamma_1 - \gamma_0 = \Delta\gamma = \frac{G_1 - G_0}{1 - \beta} = \frac{\Delta G}{1 - \beta}$$

$$K_G = \frac{\Delta\gamma}{\Delta G} = \frac{1}{1 - \beta}$$

由此可见，K_G 表示政府支出乘数。其为正值时，相当于 $\dfrac{1}{1-\text{边际消费倾向}}$。

第二，税收乘数。

在式（2.1.1）中，若其他条件不变，仅税收额 T 出现变动，那么国民收入在税收额为 T_0 和 T_1 时应为

$$\gamma_0 = \frac{\alpha_0 + I_0 + G_0 - \beta T_0}{1 - \beta}$$

$$\gamma_1 = \frac{\alpha_0 + I_0 + G_0 - \beta T_1}{1 - \beta}$$

$$\gamma_1 - \gamma_0 = \Delta\gamma = \frac{-\beta T_1 + \beta T_0}{1 - \beta} = \frac{-\beta\Delta T}{1 - \beta}$$

$$K_T = \frac{\Delta\gamma}{\Delta T} = \frac{-\beta}{1 - \beta}$$

通过上式，我们能够了解到，K_T 为税收乘数。若其为负值，则说明税收变动和国民收入呈现反向变动关系。例如，税收增加可能导致居民可支配收入大幅减少，税收减少则可能增加居民可支配收入。边际消费倾向和 1 减边际消费倾向之比构成了税收乘数。

基于上述公式，笔者对政府支出乘数和税收乘数进行比较，得到 $K_G > K_T$

的结论，即改变政府支出水平相较于改变税收水平，前者对宏观经济的影响更大。根本原因是边际消费倾向的不同导致政府支出乘数出现大于税收乘数的现象。政府支出和税收等量增加必然会对国民收入的增加产生拉动作用。对公共投资而言，其所具有的乘数效应刺激了私人投资需求，进一步拉动了经济增长。地方政府通过债务融资的形式提供公共物品，既弥补了财政支出的资金缺口，又为辖区带来了长期而持续的社会效益和经济效益。可见，我国地方政府长期偏好通过投资来拉动本地区的经济增长，这也是地方政府债务形成的根本原因。

②刺激居民消费支出，拉动地方经济增长。

在现实中，预算不平衡的情况总是不可避免的。地方政府为了拉动辖区经济增长，满足辖区居民对公共物品的需求，往往倾向于摆脱预算平衡约束，这就导致潜在的财政赤字转化为现实的财政赤字。在通常情况下，债务创造和货币创造是消除财政赤字的两种基本途径，而对地方政府而言，不具有货币发行资格的现实使得其只能通过举债的方式从内部或外部获得借款，从而化解收入与支出不平衡的矛盾。公共选择学派认为，地方政府债务在某种程度上对用于偿还负债的当期税收具有替代作用。在大多数情况下，个人的有限理性导致其不会将地方政府的举债融资行为所形成的未来税收现值等同于没有贴现的即期税收。地方政府的举债融资行为一方面在收入效应的作用下使居民产生可支配收入增加的错觉，从而刺激消费；另一方面在替代效应的作用下使居民减少劳动时间，增加休息时间，进而刺激消费。总体来讲，地方政府的举债融资行为具有刺激居民消费需求的作用，即产生公债的资产效应。下面用凯恩斯消费函数对此效应进行诠释。

$$C_t = \alpha + \beta(\gamma_{t-1} - r_t) \tag{2.1.2}$$

其中，C_t 为当期消费，α 为必然存在的自发消费，β 为边际消费倾向，γ_{t-1} 为前一期的收入，r_t 为本期偿还负债所需征收的税款。面对财政支出所产生的财政赤字，地方政府会选择举债融资的方式而不是征税的方式来弥补赤字。若公债持有者并不是完全理性的，则会产生"公债幻觉"。"公债幻觉"是指人们将公债作为金融财富，无法预估地方政府的举债融资行为可能导致未来税收现值增加，并产生当期收入现值会提升的幻觉，进而自发地增加消费。个体行为发展为群体行为，最终达到凯恩斯主义经济学中提到的扩大总需求的效果。同时，地方政府通过债务融资募得资金，并将资金用于投资，所带来的扩张效果也会对居民在形成可支配收入逐步增加的预期方面产生间接影响。政府投资支出及居民消费支出的不断增加形成了可支配收入不断增加的趋势。地方政府也可以从增加社会保障支出的角度出发，让居民形成未来的支出会不断减少的预期，从而让大量居民增加消费支出①。

③提高资源配置效率，发挥宏观调控作用。

在市场经济体制的影响下，地方政府已经拥有优化资源配置、调节各种功能的重要能力；而部分私人投资往往无视社会整体的经济效益，以追求个人利益最大化为目标，较少关注大规模的项目。地方政府可以通过债务融资的形式将个人或企业的闲散资金集中起来利用，并将其转变为有益于社会整体的大型公共项目投资和基础设施建设投资，在对社会资源进行强制性再分配的同时，最大限度地提高资金的利用率，达到优化资源配置的效果。

地方政府通过向本辖区居民提供公共产品和服务创造更多的岗位，在增加就业的同时，起到调节收入分配的作用。地方政府举债融资行为的本质是对社会公众收入进行再分配。从税负公平的角度来看，地方政府通过债务融资弥补公共物品的资金缺口，利用获取的资金为社会的发展供给建设类的可由居民长期使用的物质。这类投入既可以为社会带来可持续的经济效益并惠及后代，又可以使后代税负承担者享受经济长期增长所带来的红利。相比用当期征税来偿还债务这种方式，我们可以非常明显地看出来，地方政府债务融资更加符合收益与费用相配比的重要原则，也更加容易实现代际公平。

（2）地方政府债务扩张的负效应

①地方政府债务扩张可能对私人投资形成挤出效应。

凯恩斯主义经济学认为，政府通过发行公债弥补财政赤字，其效果优于增加税收。新古典主义经济学家巴罗（Robert）② 根据李嘉图的等价定理提出，在公众预期理性的前提下，不管采用哪种类型的融资方式，都无法对消费、投资、产出及利率水平产生重要影响，因此政府负债也不会对任何私人投资产生重要影响。著名的巴罗假说在提出之后因假设前提过于严苛而受到广泛质疑。托宾（Tobin）③ 指出，政府通过发行公债应对财政支出带来的税收减少，能够减轻居民的即期预算约束，产生刺激消费的效果。当经济发展处于非充分就业的状态时，由于各种私人投资是完全小于居民储蓄的，因此社会总投资必然大幅减少。这时，对政府而言，便可以采取举债融资的方式来吸收居民储蓄余

① 庄晓季. 公共债务对实体经济的传导机制及政策启示 [J]. 技术经济与管理研究，2015 (6)：65-69.

② ROBERT J B. Are government bonds net wealth？ [J]. Journal of political economy，1974，82 (6)：1095-1117.

③ TOBIN. Asset accumulation and economic activity[J]. economic journal，1982，92 (365)：474.

额，借助投资的增加来弥补社会总投资的减少，进而达到保持社会总投资稳定的目的。程宇丹等[1]通过研究发现，总体来看，政府债务对投资增长率的影响是呈倒U形的，尤其是对发展中国家而言。政府债务规模决定了政府债务及私人投资之间的关系：当政府的具体债务规模较小时，政府债务就有可能挤入私人投资；当政府的具体债务规模非常庞大时，甚至超过某一特定的阈值时，政府债务会对私人投资产生挤出效应。本书充分借鉴张中华等[2]的观点，对这一现象进行诠释。

第一，假定每个时期的社会生产都需利用两种生产要素：资本和劳动。资本涵盖公共资本和私人资本，即

$$Y_t = A \, K_t^\alpha \, G_t^\beta \, L_t^{1-\alpha-\beta} \qquad (2.1.3)$$

其中，A 表示的是技术水平，K_t 与 G_t 则分别代表的是在 t 期的时候，私人性质的资本储存量及公共性质的资本储存量，α 与 β 则分别代表的是私人方面的实际贡献率及公共资产方面的实际贡献率。同时，通过劳动贡献率，即 $1 - \alpha - \beta > 0$，能够得到 $\alpha + \beta < 1$。

借鉴阿尔吉蒙等（Argimon et al.）[3]、袁志刚等[4]、陈浪南等[5]、陈工等[6]的处理方式，假定当期资本存量等于投资流量，即实现当期私人资本和公共资本完全折旧，则式（2.1.3）可简化变形为如下单位劳动生产函数：

$$y_t = (\mathrm{PI}_t, \ \mathrm{GI}_t) = (\mathrm{PI})_t^\alpha (\mathrm{GI})_t^\beta, \ \alpha > 0 \ \text{及} \ \beta > 0 \ \text{且} \ \alpha + \beta < 1 \quad (2.1.4)$$

其中，y_t 表示第 t 期的单位有效劳动的实际产出水平，PI_t 与 GI_t 分别代表第 t 期的人均私人投资和人均地方政府投资。

第二，我们可以假设要素市场处于一种完全竞争状态。不管是劳动要素，还是资本要素，我们在投入的时候，都需要按照边际贡献索取报酬，也就是

$$W_t = [1 - (\alpha + \beta)] \, y_t, \quad r_t = \alpha (\mathrm{PI})_t^{\alpha-1} (\mathrm{GI})_t^\beta \qquad (2.1.5)$$

其中，W_t 为 t 期的工资率，r_t 为 t 期的利率。

① 程宇丹，龚六堂. 政府债务对经济增长的影响及作用渠道 [J]. 数量经济技术经济研究，2014（12）：22-37.

② 张中华，万其龙. 地方政府债务挤出了私人投资吗？[J]. 现代财经，2018（7）：3-18.

③ ARGIMON I, GONZALEZ J M, ROLDAN J M. Evidence of public spending crowding-out from a panel of OECD countries [J]. Applied economics, 1997, 29（8）：1001-1010.

④ 袁志刚，宋铮. 人口年龄结构、养老保险制度与最优储蓄率 [J]. 经济研究，2004（11）：24-32.

⑤ 陈浪南，杨子晖. 中国政府支出和融资对私人投资挤出效应的经验研究 [J]. 世界经济，2007（1）：49-59.

⑥ 陈工，范德宇. 我国公共投资挤占私人投资了吗？基于动态面板数据模型的实证分析 [J]. 财政研究，2009（12）：9-13.

第三，假定本辖区由若干同质居民个体组成，每个居民的收入都来自向社会提供劳动而获取的报酬，收入除用于消费外，剩余部分全部用于储蓄；居民丧失劳动能力而无法获得劳动报酬时，转而消费前期储蓄，直至花光储蓄、死亡并退出社会经济系统。故有

$$C_t = W_t - X_t - S_t \qquad (2.1.6)$$

$$C_{t+1} = S_t(1 + r_{t+1}) \qquad (2.1.7)$$

其中，C_t 和 C_{t+1} 分别代表辖区居民在 t（年轻）期和 $t+1$（年老）期的消费，S_t 即 t 期所对应的储蓄，r_{t+1} 为 $t+1$ 期所对应的利率，而 X_t 是 t 期所对应的政府税收。

在式（2.1.6）和式（2.1.7）的约束条件下，辖区居民的效用（U）最大化的条件为

$$S_t = \sigma_t(W_t - X_t) \qquad (2.1.8)$$

第四，地方政府通过发行公债的方式弥补财政赤字；辖区居民购买地方政府债券，使资产组合方式多样化。在 t 期辖区居民的部分储蓄转化为政府债务，在 $t+1$ 期辖区居民所对应的私人投资是

$$PI_{t+1} = S_t - \pi_t D_t \qquad (2.1.9)$$

其中，D_t 表示的是在 t 期的时候，人均实际政府债务的具体增量；而 π_t 代表的是在 t 期的时候，辖区居民的私有资产占政府债务融资的实际比重。我们可以把式（2.1.5）与式（2.1.8）代入式（2.1.9）中，能够得到

$$PI_{t+1} = \sigma[1 - (\alpha + \beta)](PI)_t^{\alpha}(GI)_t^{\beta} - \sigma X - \pi_t D_t \qquad (2.1.10)$$

地方政府的实际预算约束是

$$\varphi_t D_t + X_t = GI_t + GC_t \qquad (2.1.11)$$

其中，φ 表示地方政府债务融资中用于财政支出的比重，GC_t 表示 t 期的地方政府消费。

第五，若社会经济系统实现均衡，那么对私人投资而言，其需要保持更为稳健的状态。当 $PI_{t+1} = PI_t$ 时，通过式（2.1.10）及式（2.1.11）能够得到

$$PI^* = \frac{\sigma(GI + GC) + (\pi - \sigma\varphi)D}{\sigma[1 - (\alpha + \beta)](PI)^{*\alpha}(GI)^{\beta} - 1} \qquad (2.1.12)$$

若使稳态私人投资 $PI^* > 0$，则有

$$\alpha < 1 - \sigma\alpha[1 - (\alpha + \beta)](PI)^{*\alpha-1}(GI)^{\beta} < 1$$

对式（2.1.11）进行关于地方政府债务的求导，可得

$$\frac{\partial PI}{\partial D} = \frac{\sigma\varphi - \pi}{1 - \sigma\alpha[1 - (\alpha + \beta)](PI)^{\alpha-1}(GI)^{\beta}} \qquad (2.1.13)$$

由式（2.1.13）可以看出，地方政府在不具备货币创造资格的前提下，通过举债融资的方式弥补财政赤字，减轻了辖区居民的当期税负。但是，不同的债务规模会产生不同的效果。债务规模较小时，举债融资不但可以增加私人投资的资金供给，也能提高私人投资的收益，给私人投资带来"挤入效应"；债务规模较大并超过某一阈值时，举债融资将会挤占私人投资的空间，同时抬高私人投资的成本，这会对私人投资产生"挤出效应"。

通过以上分析可知，地方政府债务增长与私人投资规模之间存在非线性倒 U 形关系。地方政府为了向辖区居民提供公共物品而采取债务融资的形式。在平衡财政收支的同时，地方政府要努力营造良好的私人投资环境，积极促进私人投资增长。地方政府债务规模一旦临近某一特定阈值，就可能对私人投资产生"挤出效应"，进而对社会投资造成冲击，影响经济长期增长的稳定性。

②地方政府债务规模扩张抑制产业结构调整。

卡尔多厘清了经济增长和产业发展的关系，指出制造业的产出增长与经济增长之间存在高度的正相关关系。生产规模的扩大和产出的增加不仅有利于劳动生产率的提升，而且有利于劳动力资源从受规模报酬递减规律制约的部门转移出来。基于这样的经济发展理念，工业化就成为众多后发国家实现现代化的必由之路。在财政分权的制度背景下，地方政府受晋升激励的影响，为提升经济绩效而延续过度工业化的发展模式，偏好于将有限的财政资源投入到能够促进国内生产总值（GDP）和税收显著提升的工业发展中，通过设立各类工业园区来充分释放产业集聚效应。面对工业化进程中巨大的资金需求，以土地出让收入为核心的土地财政发挥了无可替代的杠杆作用。相对于其他市场主体，地方政府所能掌握的最重要的资源就是土地，因此最直接有效的财政增长方式就是"以地生财"。经过多年的发展，事实证明，目前土地财政已成为地方政府名副其实的第二财政①。从具体运作方式来看，多数地方政府会通过地方政府融资平台公司来整合各种土地资源，并利用土地储备进行债务融资。目前，土地出让收入已成为我国地方政府债务的重要组成部分，但在土地资源有限的条件下，土地供应减少会引起地价上涨，导致企业生产成本增加。伴随着房地产行业的稳定发展，与之相关的其他领域也会出现较大幅度的进步，如金融、物流等行业，同时对低附加值的劳动密集型产业形成挤压，带来的后果就是产

---

① 左翔，殷醒民. "土地财政" 模式与地方公共品供给 [J]. 世界经济文汇，2014（4）：88-102.

业结构不合理和二、三产业互动不足①。本书充分借鉴李勇刚等②的研究成果，基于鲍莫尔（Baumol）提出的非均衡增长模型对上述现象进行诠释。

如果某一地区只有两部分产业，即第二产业和第三产业，且第二产业中的主要投入要素是资本、土地、劳动力，而第三产业中的主要投入要素是从第二产业中得到的各种产品及劳动力等，那么这两部分所对应的生产函数及多个要素的实际投入增长率是

$$Y_t = (\omega L_t)^\alpha K_t^\beta F_t^\gamma \tag{2.1.14}$$

$$S_t = [(1 - \omega) L_t]^\mu Y_t^\theta \tag{2.1.15}$$

$$\dot{K} = sY$$

$$\dot{L} = nL$$

$$\dot{F} = mF$$

其中，Y_t 与 S_t 分别代表第二产业的重要产出及第三产业的重要产出，而 L_t、K_t 与 F_t 则分别表示在生产过程中，政府方面需要投入的生产要素，如劳动力、资本、土地等，这些也是非常关键的生产要素。劳动、资本、土地，以及第二产业中的各种产品的具体产出分别是 α、β、γ 与 θ，有 $0 < \alpha < 1$，$0 < \beta < 1$，$0 < \gamma < 1$，$\theta > 0$；ω 表示第二产业中投入的劳动量占劳动总量的比重；s、n 和 m 则表示储蓄率、劳动力和土地增长率。基于此，资本增长率可表示为

$$g_k = \frac{\dot{K}}{K} = \frac{sY}{K} = s(\omega L_t)^\alpha K_t^{\beta-1} F_t^\gamma \tag{2.1.16}$$

对 g_k 中的时间 t 求导，得到资本增长率的变动率为

$$\dot{g}_k = \alpha n + (\beta - 1) g_k + \gamma m \tag{2.1.17}$$

求稳态时，有 $\dot{g}_k = 0$，则

$$g_k = \frac{\alpha n + \gamma m}{1 - \beta} \tag{2.1.18}$$

通过式（2.1.14）、式（2.1.15）及式（2.1.16），我们能够看出第二产业及第三产业所对应的产出增长率为

$$g_Y = \alpha n + \beta g_k + \gamma m = \frac{\alpha n + \gamma m}{1 - \beta} \tag{2.1.19}$$

---

① 郭志勇，顾乃华. 制度变迁、土地财政与外延式城市扩张：一个解释我国城市化和产业结构虚高现象的新视角 [J]. 社会科学研究，2013（1）：8-14.

② 李勇刚，王猛. 土地财政与产业结构服务化：一个解释产业结构服务化"中国悖论"的新视角 [J]. 财政研究，2015（9）：29-41.

$$g_s = \mu n + \theta g_Y = \frac{(1-\beta)\mu n + \alpha\theta n + \gamma\theta m}{1-\beta} \qquad (2.1.20)$$

用 Q 代表第二产业的产出增出率与第三产业的产出增长率的比值，以此更好地对第二产业和第三产业的实际发展速度进行比较，也就是 $Q = \dfrac{g_s}{g_Y}$，可得

$$Q = \frac{g_s}{g_Y} = \frac{(1-\beta)\mu n}{\alpha n + \gamma m} + \theta \qquad (2.1.21)$$

地方政府能影响和控制的稀缺资源就是土地资源。土地财政能够为地方政府提供规模巨大的预算外收入，用于推动当地经济增长。随着土地财政收入的迅速增加，土地产出弹性也呈现出不断增大的趋势，两者为正相关关系。本书将土地产出弹性 γ 看作土地财政规模 r 的尤为重要的增函数，也就是 $\gamma = f(r)$，$f'(r) > 0$。把 $\gamma = f(r)$ 代入式（2.1.21），于是：

$$Q = \frac{g_s}{g_Y} = \frac{(1-\beta)\mu n}{\alpha n + f(r) m} + \theta \qquad (2.1.22)$$

因为多个参数对应的取值是完全不同的，所以 Q 值有以下三种不同情况：

第二产业所对应的产出增长率和第三产业所对应的产出增长率是完全相同的，也就是 $(1-\beta)\mu n = (1-\theta)[\alpha n + f(r)m]$ 时，有 $Q = 1$，$g_s = g_Y$。

第二产业所对应的产出增长率大于第三产业所对应的产出增长率，也就是 $(1-\beta)\mu n < (1-\theta)[\alpha n + f(r)m]$ 时，有 $Q < 1$，$g_s < g_Y$。

第二产业所对应的产出增长率小于第三产业所对应的产出增长率，也就是 $(1-\beta)\mu n > (1-\theta)[\alpha n + f(r)m]$ 时，有 $Q > 1$，$g_s > g_Y$。

由式（2.1.22）可得

$$\frac{\partial Q}{\partial r} = \frac{(1-\beta)\mu n}{[\alpha n + f(r) m]^2} f'(r) \qquad (2.1.23)$$

进而，由式（2.1.19）、式（2.1.20）和式（2.1.23）可得

$$\frac{\partial g_Y}{\partial r} > 0 \qquad (2.1.24)$$

$$\frac{\partial g_s}{\partial r} > 0 \qquad (2.1.25)$$

$$\frac{\partial Q}{\partial r} < 0 \qquad (2.1.26)$$

由式（2.1.24）和式（2.1.25）可知，土地财政在提高二、三产业的产出增长率方面具有促进作用。式（2.1.26）则反映出，土地财政的增加会导致第二产业的产出增长率与第三产业的产出增长率的比值下降。地方政府在推进工

业化的进程中产生了如道路修建、通信保障、能源供给和废物处理等基础设施建设需求。一方面，地方政府的财政收入在用于经常性支出后难以保障建设性投入；另一方面，各地招商引资竞争的加剧引起土地净收益的不断减少，导致土地开发越多、政府土地收益越少的现象。建设资金的匮乏使得地方政府依赖工业化的发展模式且越来越离不开债务融资。地方政府整合土地资源并将其注入地方政府融资平台公司，进而从商业银行等金融机构换来巨额融资贷款，以用于基础设施建设。然而，收益回收周期长、短期收益低的基础设施建设项目投资必然会和还款期限短、利率高的贷款融资形成错配，使得债务偿还期届满时的再融资成为地方政府的必然选择。地方政府对土地财政的依赖不断增强，导致土地价格和生产成本上涨、产业结构不合理、土地供应量持续下降，进而影响地方政府的财政收入。金融机构一旦认为地方政府的还款能力减弱，就必然会采取措施，提升地方政府的再融资成本。最终，地方政府债务融资可能给商业银行带来大量不良资产，对金融系统造成冲击，形成系统性风险。

③地方政府债务扩张可能导致通货膨胀。

地方政府债券作为一种有价证券，具有较强流动性和准货币属性。根据国际货币基金组织对货币的定义，货币分为 M0、M1、M2 三个层次，且三个层次呈现出逐层包含的特征。其中，M0 表示在商业银行体系外流通的存量现金；M1 包含 M0 和商业银行的活期存款；M2 则在 M1 的基础上增加了准货币，将商业银行定期存款、居民储蓄存款和地方政府债券等其他存款纳入进来。一般情况下，地方政府债务融资对象既包括本国居民和企业投资者，也包括外国居民和企业投资者。若地方政府将从本国居民和企业利用自身闲置资金购买的债券中获得的融资用于公共支出，则市场中的货币供应量会等额增加。同时，外国投资者需要将现行外币兑换为本币后才能购买本国地方政府债券，这样又变相导致货币供应量的增加。因此，我们可以将地方政府债务规模视作货币供应量的增函数，即 $M = f(D)$，$f'(D) > 0$。货币供应量随地方政府债务规模的扩大而增加。若社会发展程度较低，社会闲置资源较多，则市场的货币供给量将小于货币需求量，不会造成通货膨胀；反之，若社会发展程度较高，社会闲置资源不足，扩大再生产无法持续，则市场中的货币供给量将大于货币需求量，可能造成通货膨胀。

2.1.2 地方政府债务风险的概念

对于风险的概念，学术界从不同的研究角度给出了不同的解释。以威廉姆斯等（Williams et al.）① 及莫布雷等（Mowbray et al.）② 为代表的学者认为，风险在既定环境下可能导致不确定的结果。罗森布鲁姆（Rosenbloom）③ 通过研究指出，风险指的是导致损失产生的各种不确定性因素。叶青等④认为，风险就是在一定的期限内，各种因素相互影响而形成的多种可能性和不确定性。王明涛⑤对多种风险因素研究后发现，风险是在一段时间内多种不确定性因素综合作用的结果，以及由此带来的各种影响和损失。无论是结果、影响还是损失，都具有很大的不确定性。

一般意义上的债务风险是指债务偿还期届满时，债务人无法偿还债务，造成债权人的借款损失的风险。

张强等⑥认为，地方政府债务风险源于地方政府干预下的不规范投融资行为，这些行为导致地方政府债务增加，从而形成财政隐患。郭琳等⑦指出，地方政府债务风险源自内在和外在两个方面的风险：内在方面的风险指的是地方政府在举借、管理债的过程中面临的风险，而外在方面的风险则指由内在方面的风险衍生出的一系列其他风险。马海涛等⑧认为，地方政府债务风险指的是地方政府难以如期偿还自身债务而引起的风险及由此引发的一系列问题。这种风险使得地方政府财政偏离正常的运行轨迹，但不会导致债务危机。总体来看，国内外对地方政府债务风险的概念界定尚未形成统一、明晰的认识。对地方政府债务风险，我们可以从以下三个方面进行理解：

第一，从财政维度来看，地方政府债务风险主要以财政风险的方式体现出来。具体表现形式为地方政府面临资不抵债和无力偿还到期债务，难以维持财政运行，导致财政危机的出现，从而影响政治经济领域，进而引发社会动荡。

第二，基于宏观经济维度的研究指出，债务规模和财政赤字对经济风险的产生并不具有显著的正相关性。经济风险更多地取决于经济增长率、利率水平和资本运作效率。

① WILLIAMS C A, HEINS R M. Risk management and insurance [M]. New York：McGraw Hill，1985.

② MOWBRAY H, BLANCHARD R H, WILLIAMS C A. Insurance [M]. 4th ed. New York：McGraw Hill，1995.

③ ROSENBLOOM J S. A case study in risk management [R]. Prentice Hall, 1972.

④ 叶青，易丹辉. 中国证券市场风险分析基本框架的研究 [J]. 金融研究，2006 (6)：65-70.

⑤ 王明涛，证券投资风险计量、预测与控制 [M]. 上海：上海财经大学出版社，2003.

⑥ 张强，陈纪瑜. 论地方政府债务风险及政府投融资制度 [J]. 财经理论与实践，1995 (5)：22-25.

⑦ 郭琳，樊丽明. 地方政府债务风险分析 [J]. 财政研究，2001 (5)：64-68.

⑧ 马海涛，吕强. 我国地方政府债务风险问题研究 [J]. 财贸经济，2004 (2)：12-17.

第三，侧重于金融视角的研究认为，地方政府债务风险来自信贷市场在财政转移支付和预算软约束的作用下对地方政府约束效率的降低。融资渠道的多元化加速了地方政府债务风险的累积，债务规模的扩大传导至金融系统，形成金融机构内生的流动性风险，这些都助推了系统性风险的产生。

由此可以看出，地方政府债务风险是指在外部风险与内部风险的共同作用下，地方政府无序扩大债务规模，以致难以履行偿债责任而形成的风险。地方政府债务风险为地方政府财政可持续带来不稳定性和不可预测性。同时，具有顺周期特征的地方政府债务扩张会引起金融机构内生的流动性风险，因此存在诱发财政风险、金融风险甚至系统性风险的可能性，进而给国民经济的发展带来潜在的危害和损失。可见，地方政府债务风险具有隐蔽性和传导性特征。

当前，我国宏观经济体系中存在诸多部门风险，这些风险之间的关联度较高。一个部门的风险爆发会在其他部门产生共振效应，导致风险的跨部门传导和演化，并最终引致系统性风险。坚持政企分开，采取"开前门、堵后门"的方式，在清理存量债务的同时，严控新增债务规模，防范化解重大风险，构建全方位、穿透式的地方政府债务监管体系，这些是现阶段我国地方政府债务风险监管的主要实施路径。其中，新增债务应当通过发行一般债券和专项债券的形式纳入一般公共预算管理和政府性基金预算管理，而存量债务的化解则通过债券置换的方式实现。如前文所述，投资驱动下的地方政府债务扩张具有顺周期特征，地方政府发行的债券被商业银行大量持有，这些现象导致地方政府债务风险向金融风险转化，使得地方政府债务以各种形式存在于金融部门的资产负债表中。地方政府债务风险与金融风险相互关联，构成了双螺旋风险。在这种结构中，地方政府债务风险和金融风险相互传导、彼此强化。具有内生违约概率的地方政府债券被受到杠杆约束的金融部门所持有，地方政府债券违约概率的上升对金融部门的资产负债表造成冲击。金融风险增大所产生的一般均衡效应使金融部门损失实际净资产。金融风险进而向实体经济传导，导致投资和产出下降。因此，金融风险通过直接和间接两个渠道对地方政府债务风险产生影响，导致地方政府债券的收益率价差升高。地方政府被迫选择发行更多的债券以满足投资需求，从而进一步增大债务风险。

双螺旋的概念最初来自生物学。英国物理学家克里克（Crick）和美国生物学家沃森（Watson）于1953年创造性地提出了脱氧核糖核酸（DNA）双螺旋结构。1962年，两位科学家凭此研究成果获得了诺贝尔生理学或医学奖。自此，双螺旋结构受到世人广泛关注，并被运用到其他多个研究领域。

欧债危机发生以后，部分学者开始关注主权债务风险与金融部门风险的传导，并提出了一些观点。但这些观点都是基于对外主权债务违约提出的。目前，国内学者对地方政府债务风险与金融部门风险的关联研究大多集中在地方政府债务风险对金融部门风险的传导方面，而对逆向的传导不够重视，仅有个别学者对双螺旋结构的风险传导机制进行了实证分析。地方政府债务双螺旋风险的内涵、特征及结构方面的理论研究仍然处于思想萌芽阶段。

鉴于此，本书在前人研究的基础上，将地方政府债务双螺旋风险界定为债务风险-金融风险相互传导、叠加的新风险范式。生产部门、家庭部门、金融中介部门和政府部门四个风险主体在地方政府债务扩张的顺周期特征和金融部门内生的流动性风险的共同作用下，助推了地方政府债务风险和金融风险的相互传导。地方政府债券违约概率的上升导致金融风险的增加，而金融部门的资产负债表恶化和净资产损失则直接或间接地增大了地方政府债务风险敞口。

2.1.3　地方政府债务风险宏观审慎监管的概念

早在20世纪70年代末，库克委员会（Cooke Committee）就在会议纪要中提出了宏观审慎的概念。但在当时，这个概念还比较模糊，不能应用于实践，主要强调的是在宏观视野下加强对系统性风险的监管。在宏观审慎的概念提出后的相当长一段时期，宏观审慎代表的是与宏观经济相联系的调控和监管导向[1]，并逐渐演进为对金融系统周期性的关注。2008年的全球金融危机使得各国对加强宏观审慎监管达成了共识。二十国集团（G20）峰会和国际清算银行（BIS）分别对宏观审慎的概念作了界定，有效丰富和发展了宏观审慎理论，形成了跨界的宏观审慎政策。此后，宏观审慎的概念被广泛应用于系统性风险的测评，特别是在金融和宏观经济领域，得到人们的重视、应用和推广[2]。由此可见，宏观审慎的概念是在不断演变着的，其范围不断扩大，内涵不断丰富。究其原因，关键在于人们意识到微观审慎存在不足。巴塞尔协议中的资本监管模式是建立在单个金融机构的稳定性基础上的，但微观稳定不等于宏观稳定，单个金融机构的正常运行难以保证整个社会系统的正常运行。跨行业的风险分散、传导和累积会进一步增强不确定性。

克罗克特（Crockett）[3]是最早对宏观审慎监管下定义的学者。他从时间

---

①　BORIO C. Towards a macroprudential framework for financial supervision and regulation [R]. BIS Working Papers，2007.

②　张健华，贾彦东. 宏观审慎政策的理论与实践进展 [J]. 金融研究，2012（1）：20-35.

③　CROCKETT A. Marrying the micro-and macro-prudential dimensions of financial stability [R]. BIS Speeches，2000.

和空间两个维度对该概念进行了界定。怀特（White）认为，狭义的宏观审慎监管仅指从宏观层面进行审慎的金融监管，而广义的宏观审慎监管指以金融稳定为目标，与货币政策和财政政策相协调的框架体系。国际清算银行对宏观审慎监管的定义如下：宏观审慎监管指基于时间和空间两个维度对风险的内生性和外生性进行监控，预测和防范金融危机，并最终达到防范系统性风险的目的。国内学者学习和借鉴了国外学者的观点，强调了宏观审慎监管的目的和意义，认为我国进行宏观审慎监管是为了实现对系统性风险的有效防范，提出将金融体系看作一个有机系统，注重对系统内部、宏观经济的研究，分析它们之间的关系，并以定性分析法、定量分析法及综合测试手段对金融体系进行及时、有效的检测，做出科学评估，准确识别金融体系的薄弱点，充分认识并重视由金融风险带来的各种影响和后果，掌握金融风险的周期性规律，从而对其进行更具针对性和实效性的监管，不断优化监管指标和监管标准，从而实现金融体系的平稳运行，为经济发展提供有力保障①。

地方政府债务风险需要从微观审慎管理走向宏观审慎监管，原因主要有两个方面：第一，地方政府债务风险具有顺周期特征。地方政府强烈的投资冲动导致投资支出不断增加，地方债务规模持续扩张，这进一步提升了金融部门的杠杆率，增加了诱发系统性风险的可能性。第二，商业银行内生的流动性风险与地方政府债务风险联动，两者相互传导、叠加，最终触发系统性风险。

有鉴于此，本书认为，地方政府债务风险宏观审慎监管指综合运用宏观审慎监管工具对地方政府债务风险进行监测和控制，抑制地方政府债务风险、金融风险的跨部门传导，从而避免系统性风险对宏观经济的稳定运行形成冲击的监管方式和监管理念。地方政府债务风险宏观审慎监管将地方政府融资主体、作为地方政府债务风险载体的各类金融机构及地方政府举债融资活动视作一个整体，重点关注风险的集聚和跨部门传导，通过对各种风险进行监测、分析和评估，找出系统性风险的潜在诱因，并采取有效措施予以干预，避免宏观经济的发展受到负面影响。具体来看，地方政府债务风险宏观审慎监管在时间维度上关注风险的生成和累积，在空间维度上关注风险的跨部门传导。

---

① 中国人民银行济南分行课题组. 宏观审慎管理制度综述及对我国的启示 [J]. 金融发展研究，2011（1）：14-19.

2.2 地方政府债务风险宏观审慎监管的理论基础

2.2.1 地方政府债务能实现公共物品成本的代际公平

公共物品理论有利于政府部门明确职能定位，实现公共财政收支结构的合理构建和公共物品成本的代际公平，促进公共服务机制不断完善。根据西方经济学理论，市场经济具有优越性，但也存在难以弥补的致命缺陷。市场机制更多地作用于对私人物品的配置，而相对忽视对具有正外部性和非排他性的公共物品的提供，难以在一切领域达到帕累托最优。凡是在"市场失灵"的领域，政府都需要通过提供公共物品的方式实现社会福利的最大化。早在18世纪中期，英国哲学家休谟①便以实例研究了公共牧地排水问题，并对由此产生的"搭便车"现象进行了阐述。其观点集中体现在论著《人性论》中。该书通过对"搭便车"现象进行阐述，揭示了人的自利性与公共性之间的矛盾。萨缪尔森②认为，公共支出通常不会影响产品和劳务的使用价值，他人完全可以重复消费该产品和劳务。其观点集中体现在《公共支出的纯理论》一文中。萨缪尔森还指出，公共物品必须具备受益的普遍性、消费的群体性和效用的公众性三个特点。私人物品需要通过市场竞争的方式实现供需均衡，而公共物品只有由政府提供才能实现供需均衡。

但是，在现实社会中并没有理想化的纯公共物品，更多的是介于纯公共物品和私人物品之间的中性物品。布坎南将这种中性物品称为俱乐部产品，认为其公共属性只针对特定人群。随着人们对公共物品的研究不断深入，层次性问题逐渐成为研究的重要方面，性质和地域开始影响公共物品的受益范围。例如，国防是一种公共物品，全国民众都可享有其公共性。又如，路灯只供特定区域的人群使用，因此其体现出鲜明的区域特点和地方属性。所辖区域不同，地方性公共物品也有范围之分，如省道属于省级，而市政设施属于城镇级。不同受益范围的公共物品应当由不同级别的政府部门提供。最佳政权结构论提出，消费者的增多在带来规模经济的同时，也产生了拥挤成本等不利因素，因此应由各级地方政府为所辖范围提供地方性公共物品，并根据谁受益、谁供给

---

① 休谟. 人性论 [M]. 关文运，译. 北京：商务印书馆，1983.

② SAMUELSON P A. The pure theory of public expenditure [J]. Review of Economics and Statustics，1954（4）：387-389.

的原则，明确供给层次，并构建相应的内部财政制度体系，实现效益最大化①。地方性公共物品具有层次性是构建多级行政体系和实施财政分权的根本原因。

根据公共物品的收益期限不同，政府财政支出分为经常性支出和资本性支出。前者可以在支出当年使公众受益，故政府部门可以年度为单位，基于税收确定预算；后者的收益期则往往较长，即当期发生的资本性支出需要在多年后才能使公众受益，如用于高速公路和轨道交通建设、环境整治等的支出。这样一来，公共物品的资本性支出会形成成本和收益的期限错配，即由当前居民支付公共物品的成本，而由未来居民无偿享用公共物品。这就造成了代际不公的社会问题。资本性支出不应完全由当前税收支付，而应以政府债务的形式承担。政府应使用当前税收和未来税收偿还债务，实现资本性支出在当前居民和未来居民间的分摊，最终达到公共物品成本的代际公平。这就使地方政府举债融资行为有了理论基础，同时使地方政府债务有了相应的应用方向。

2.2.2 地方政府的财政支出为地方经济发展提供有力支撑

所谓财政分权，指的是在中央政府的领导下，地方政府获得一定的税收征收和财政支出权限，能够自行决定预算结构和规模，为当地民众提供相应的地方性公共物品及服务②，从而履行社会管理职能。在这个过程中，如何界定并发挥地方政府的自主权是实现财政分权的关键。财政分权受到政治体制、经济状况和社会发展等因素的影响，并表现出鲜明的差异性，即财政分权模式在不同国家表现出不同特征。

财政分权理论兴起于20世纪50年代中期的美国，其标志为《公共支出的纯理论》③一文的发表。从发展历程来看，财政分权理论共经历了两个阶段。这两个阶段分别形成了第一代财政分权理论和第二代财政分权理论。第一代财政分权理论以公共物品的地域性特征为基础，指出地方政府由于具备地域优势，因此能够更为及时准确地了解辖区居民的公共需求，能够为他们提供更具针对性的公共物品，从而更好地履行公共服务职能。可见，财政分权有助于明确中央政府和地方政府的职能分工：地方政府负责为本辖区提供公共物品及服务，而中央政府则为全国提供公共物品及服务，从而达到提高公共物品使用效

① 张召娣. 地方性公共产品分权式供给研究 [J]. 地方财政研究, 2006 (2)：26-30.
② 周中胜. 国外财政分权理论研究的进展与启示 [J]. 国外社会科学, 2011 (2)：76-82.
③ TIEBOUT C M. The pure theory of public expenditure [J]. The journal of political economy, 1956 (64)：416-424.

率、提升服务能力、改善民生福利的目的。以市场维护观点为代表的第二代财政分权理论重视对政府有效治理体系的构建，并期望通过这种构建达到为民众谋福利和激励官员的目的。第二代财政分权理论认为，地方官员出于维护自身利益的考虑，可能在公共物品的交易过程中出现寻租行为，而联邦制会加剧行政区域间的竞争，进而给地方官员的利益获得带来不同程度的影响，促进地方政府保护本地市场。

第一代财政分权理论的主要贡献在于，该理论指出，多层级政府相较于单一中央政府在公共物品的供给中更加高效。同时，多层级政府以融资的方式筹集建设所需资金，从而形成地方债务。这种方式与使用当期财政收入的方式相比，更加合理。斯维亚涅维奇（Swianiewicz）[1] 对影响地方政府融资行为的因素进行了总结，认为以下四点是导致地方政府借债的主要原因：第一，将税收作为公共投资的主要资金来源会带来代际不公的问题；第二，以借债的方式投资公共物品有助于地方经济加速发展，且运营成本更低；第三，即使地方财政收支能够实现跨期平衡，收支现金流也很难同步，这极有可能导致地方政府在特殊财政年度面临赤字的情况，而借债能够暂时弥补收支缺口；第四，市场化的融资手段能够促使地方政府提高财政管理水平，保持财政收支平衡。需要注意的是，不同地区在经济发展水平、自然资源、人均收入和公共支出成本等方面的差异会造成地区间的财政不平等[2]。当上级政府利用转移支付对地方财政赤字进行补偿时就会导致纵向财政失衡现象，进而形成公共池塘资源和预算软约束问题。

第二代财政分权理论以蒙蒂诺拉等（Montinola et al.）[3] 的研究主张为核心，其创新之处在于引入了激励相容原理和机制设计学说。该理论认为，一个高效率的市场离不开一个好的政府。政府与官员的关系适用于理性经济人假设。由于官员是以自身效用最大化为目标的，因此约束机制的缺失会导致官员利用职权进行寻租，从而牟取私利。可见，政府需要对治理结构进行优化升级，同时建立激励机制，提供提升市场效率的支持性政治系统，从而有效实现官员与居民福利之间的激励相容。

① SWIANIEWICA P. Local government borrowing：risks and rewards［M］. Budapest：Open Society Institute，2004.

② MARTINEZ. The assignment of expenditure responsibilities［R］. Unpublished Manuscript, Georgia State University，2001.

③ MONTINOLA G，QIAN Y，WEINGAST B R. Federalism，Chinese style：the political basis for economic success in China［J］. World politics，1995，48（10）：50-81.

近年来，财政分权理论和实践方面的研究得到长足发展。这些研究持续聚焦财政分权与经济增长之间的关系及相互作用机制。其中，大部分研究认为，财政分权对经济增长具有促进作用；小部分研究指出，地方政府的权力滥用和非理性行为极易导致经济发展和财政分权相悖。目前，学者已从更为广阔的视角对财政分权进行研究，更多地关注财政分权对公共物品投入、区域经济发展、环境整治等社会问题的影响。

财政分权理论在一定程度上说明了地方政府投资的必然性和合理性。地方政府由于相对了解本辖区居民对地方性公共物品的偏好，因此在稀缺资源配置、地方性公共物品供给方面比中央政府更有效率。进一步地，合理划分中央政府与地方政府的职能，并以此为基础科学地建立各级政府财政收支体系，这是财政分权理论的理想主张。然而，在现实中，这种理想主张往往难以实现。尽管公共物品在使用中具有不同程度的非排他性和非竞争性，但由于资源具有稀缺性的特点，因此地方政府难以明确需要生产的公共物品的类型。地方政府通常通过增加数量的方式来满足民众对公共物品的需求，同时最大限度地避免民众在选择时陷入两难境地。在现行财政政策的限制下，通过市场化手段进行融资，从而为公共物品提供资金支持就成为地方政府的必然选择。综上，中央政府和地方政府之间的事权和财权错配，地方政府的支出责任不断增加、财政收支矛盾日益突出等，使得地方政府唯有通过举债融资的办法实现对资金缺口的弥补。

2.2.3 地方政府与中央政府的利益冲突形成财政预算软约束

委托代理理论是在非对称信息博弈理论的基础上发展起来的现代管理理论，是在生产专业化程度不断提高、经营管理需要更为科学的指导思想的条件下形成的。传统的经营管理已经难以适应社会分工的发展需求，因此由专业的代理人代为管理成为大势所趋。但这也导致委托人不能及时获取有效信息、代理人容易产生道德风险等问题，使得委托人的权益受到损害。委托代理理论的核心是委托人在信息孤岛的环境中，如何以最优化契约实现对代理人的有效激励，从而缓解甚至消除双方的矛盾和冲突。无论是代理人还是委托人，他们都希望在委托活动中实现自身利益的最大化，这就导致了利益冲突。委托人虽然享有获得相关信息的权利，但他通常难以及时获取这些信息。由于委托人不会事必躬亲，因此这导致其难以及时、准确地掌握代理人的代理行为，而代理人具有信息优势，可能会在代理过程中出现违背委托意愿的行为，使委托人的利益受到损害，即形成道德风险。作为理性经济人的代理人和委托人在这个过程中博弈，我们称这种博弈为代理人问题。代理人和委托人在解决这个问题的过程中所支付的成本称为代理成本①。信息不对称程度的高低决定了代理成本的大小。

地方政府在公共物品的管理过程中扮演着双重代理角色。一是地方政府和中央政府形成委托代理关系。地方政府是代理人，开展相应的生产活动，实现公共物品的供给；而中央政府是委托人，期望公共物品能够得到普及和推广。地方政府的主要目标从表面上看是达成中央政府的目标，从本质上看是实现自身利益的最大化。为了达成总体目标，中央政府采取指标考核的办法对地方政府加以约束。但是由于地方事务具有复杂性，因此中央政府往往难以及时了解地方财政在公共物品方面的具体支出。这就使得中央政府和地方政府之间形成了较为严重的信息不对称，进而导致中央政府无法对地方财政预算做出合理判断，使得地方政府存在做出道德风险行为的可能性。为实现本地经济增长和通过中央政府考核，地方政府可能会盲目扩大债务规模。在边际资本回报率递减的作用下，财政支出和经济增长并没有带来财政收入的相应提高，举债融资行为就成为地方政府解决财政收支不平衡问题的必然选择，从而形成财政预算软约束。尽管公共物品在使用过程中具有不同程度的非排他性和非竞争性，但资源的匮乏使地方政府难以做出科学、全面的决策，也难以满足民众对公共物品的需求。随着经济社会的不断发展、居民生活水平的日益提高，民众对公共物品的需求逐渐呈现出个性化、多元化的特征，这进一步增加了地方政府的选择难度。对此，地方政府通常以增加数量的方式实现对公共物品的持续供给。通过市场化手段进行融资，从而为公共物品提供资金保障便成为地方政府的首选方式。二是地方政府与当地民众形成委托代理关系。地方政府受到当地民众的委托，实现并保障公共物品的供给。在这个过程中，民众的意愿是得到优质的公共物品，而地方政府则希望凭借良好的政绩实现自身利益最大化。在我国的特定人事制度下，自上而下的任命方式决定了地方政府在提供公共物品时更倾向于优先完成中央政府安排的工作。同时，纳税人难以对地方政府工作人员的寻租行为进行有效监督，且当地居民在"财政幻觉"的作用下未强烈反对增加财政支出的行为，这进一步促进了地方政府举债融资。

2.2.4 地方政府债务风险监管有利于地方政府债务可持续增长

作为风险管理理论的起源地，美国早在 20 世纪 30 年代便开始应用该理

---

① 岳世忠，蔡立民. 基于委托代理理论视角下的公司治理与内部控制研究 [J]. 开发研究，2014（6）：80-83.

论。在经营管理实践中，风险管理理论不断得到丰富和发展。在 20 世纪 60 年代，风险管理便成为独立的管理学科。在实行改革开放之后，我国开始学习、借鉴该理论，将其广泛应用于家庭资产管理等领域及金融、保险等行业。随着公众对地方政府债务问题的日渐重视，风险管理理论也开始应用于地方政府债务风险分析。

传统的风险管理是以不利风险（纯粹风险）为对象的，目的是降低企业在经营和发展过程中受到不利风险影响的程度。在实践中，企业主要依靠风险回避和风险转移等手段来规避风险，因此保险成了最重要的风险管理工具，由此而来的机会成本问题对企业风险管理决策提出了更高要求。受此影响，风险管理由商业应用领域拓展至政府管理领域，并在市政管理方面得到广泛运用。托德等（Todd et al.）研究了美国 9 个州的市政管理相关情况，指出风险管理的成效取决于官员的风险管理意识和能力。他们认为，需要大力增强官员的风险管理意识，明确官员在风险管理方面的责任和职能，以确保财政预算得到有效执行和落实，并避免各种意外因素的影响，从而提升市政服务的能力与水平[1]。

目前，风险管理研究更倾向于关注公司价值方面。美国反虚假财务报告委员会下属的发起人委员会（COSO）总结了企业风险管理的含义，指出企业风险管理是为实现企业战略目标而实施的，由公司董事、管理人员及其他相关人员共同参与的，以识别影响企业战略发展的潜在风险为重点的，对风险进行有效控制的过程。从以上论述中我们可以看出，风险管理有利于企业的经营管理，从而帮助企业创造更大的价值。实施企业资源管理（ERM）的企业通常能实现规模化和效益化发展，其涉及的行业和领域更广，其财务管理能力和融资能力也逐渐得到提升和强化。

内部控制体系的理念首见于 COSO 于 1992 年公布的《企业内部控制–整体框架》。该报告对企业内部控制体系的概念、组成要素等进行了阐述，认为一个完整的企业内部控制体系主要由五部分组成，各部分既相互独立又彼此影响。内部控制体系的发展经历了由平面控制体系到三位一体控制体系两个阶段。平面控制体系主要由会计系统、控制环境及活动组成，而三位一体控制体系在平面控制体系的基础上增加了两个控制因素。内部控制报告和信息披露是内部控制研究的重点。威利斯（Willis）认为，内部控制报告有利于投资者全面、及时地了解企业的现状，从而提高对企业的信任度和忠诚度，促进投资者

---

① 王东. 国外风险管理理论研究综述 [J]. 金融发展研究, 2011 (2): 23-27.

和企业加强沟通交流。麦克马伦等（Mcmullen et al.）从信息披露的角度揭示了外部投资者对企业内部控制的间接影响。近年来，学者更加关注企业风险管理和利益相关者之间的关系。相关研究发现，企业风险管理有利于保障利益相关者的当前权益和长远利益，具有积极意义和重要价值。

风险管理理论的核心在于最大限度地降低风险。结合地方政府债务风险监管的要求，监管部门能够快速甄别风险类别，比较不同风险下的投资收益和投资成本，合理安排风险处置的先后顺序，以达到降低风险、减小损失的目的。风险管理包括下面几个环节：

（1）风险识别

风险识别是风险管理的基础。不同行业、不同领域的差异使得风险识别的难度不尽相同。通常，环境复杂程度和风险识别率呈正相关关系。

地方政府债务风险识别涉及社会中的多个行业、领域及政府部门，因此难度非常大。在这个过程中，我们可以运用问卷调查、归纳演绎、财务分析和外部环境分析等方法，提升风险识别的能力和水平。

（2）风险衡量

风险衡量指以风险识别为基础，通过深入分析，对风险发生的可能性及风险的影响程度进行度量。风险衡量需要我们依托经验和数据，结合影响风险的各种变量进行分析，以预测风险发生的概率及损失程度。预测结果对风险处置具有重要的参考意义。

目前，由于地方政府债务信息披露机制不健全，相关数据的搜集较为困难，因此我们很难全面了解、测度地方政府债务规模和地方政府债务风险水平。

（3）风险处置策略制定

风险处置的对象是经过风险识别的项目；风险处置的顺序是先处置高风险，再处置低风险；风险处置的方法是采取各种防范和补救措施。

对于地方政府债务风险控制，目前的研究成果大多借鉴了企业的风险控制方法，包括风险规避、风险转移和损失控制等。尽管很早以前就有专家呼吁建立健全财政偿债准备金制度，但至今我们没有找到一套行之有效的方案。

（4）效果评价

效果评价分为事中评估和事后评估。效果评价是指对风险管理的效果进行分析和评估，并根据评估结果对风险管理方案予以修正和完善。

对地方政府债务风险管理进行效果评价，能够掌握地方政府的风险控制能力和风险处置能力，从而有效评估风险管理机制，促进地方政府债务可持续增长。

2.2.5　地方政府债务风险具有内生的不稳定性和脆弱性

明斯基（Minsky）作为金融脆弱论的代表人物，在著作《金融不稳定假说》中重点阐述了金融脆弱性假说。他认为，繁荣和萧条在经济周期中的交替使金融体系具有内生的脆弱性。这种脆弱性在引发系统性风险的同时，会对实体经济产生较大的负面影响。他借鉴凯恩斯的不确定性经济理论、投资理论及费雪的债务通缩理论，按照风险程度将融资方式分为三类：第一类是抵补性借款。在这类融资方式中，债务人根据未来的现金流量确定债务总额，以保证到期时的债务本息额低于其当期收入，这种方式的风险最小。第二类是基于投机行为的借款。尽管从总量上看，从该类融资中取得的预期收入将大于债务总额，但在特定条件下，当期收入不足以偿还到期债务本息的情况可能出现，而应对方法往往是变卖资产或重组债务结构。第三类是庞氏借款。这类融资方式的风险最大。债务人通常将融资用于投资回收期相对较长的项目，而将债务的偿还寄希望于项目未来能够产生足够的收益。在此之前，债务人需采用借新账还旧账的方式维持信用，这就容易导致不良借款的出现。克莱格尔（Kregel）在明斯基的观点基础上提出了著名的"安全边界"理论，指出金融机构往往根据债务人在经济繁荣时期形成的良好信用记录确定安全边界，而较少对投资项目进行审查，使得许多不满足贷款条件的债务人得到融资或本应承担更高贷款利息的债务人以较低成本得到融资，从而增强了金融体系的脆弱性。

在经济上行时期，财政收入的增加和土地价格的上涨会提升地方政府的偿债能力。在财政分权制度下，"财政机会主义"的泛滥会刺激地方政府扩大债务规模，基于投机行为的融资和庞氏融资的比例会大幅增加，而投机行为是否可持续则取决于宏观经济政策的变化和资产价格的变动。宏观经济政策收紧、利率上升、中央隐性担保率下降都有可能导致市场出现负面情绪。这具体表现为商业银行的贷款业务收紧；地方政府融资主体的资产价格下降，资产流动性降低甚至枯竭；地方政府无法偿还到期债务，进而引起商业银行清算；地方政府债务风险蔓延至金融系统，演化为金融风险，两者累积、叠加，从而触发系统性风险。由此可见，地方政府债务风险具有内生的不稳定性和脆弱性。

2.2.6　宏观审慎监管能够避免风险的跨部门传导和累积

审慎管理指运用风险管理、内部控制、关联交易等审慎经营原则对监管对象的风险管理能力进行监控。在金融管理实践中，监管部门习惯于运用审慎管理理念进行监督和管理，以保障金融体系的稳定运行，从而形成了由宏观审慎监管、微观审慎管理组成的审慎管理体系。宏观审慎监管和微观审慎管理既对立，又统一。

微观审慎管理关注金融体系中的微观个体，重视局部风险控制，但往往忽视了个体风险的外部性。参加社会分工的个体与其他个体形成直接或间接的关系。这种个体间的关系作用于个体存在的风险，使风险的分散、传导和累积变得更加复杂。个体行为的理性不一定会导致集体行为的理性。例如，我国现有的分业监管体系尽管可以保证单个行业的整体稳定，但金融业混业经营模式普遍存在，金融机构和实体企业存在较高的关联度，各种金融衍生工具被广泛运用，这些使得个体风险容易传导给其他机构，造成整个市场的不稳定，从而引起系统性风险。可见，个体风险足以影响金融稳定。综上，如果缺乏宏观审慎监管，我们将难以有效控制风险的跨行业传播与扩散。

相较于微观审慎管理对金融体系中个体风险的关注，宏观审慎监管更注重从金融体系整体和长远发展的角度对风险进行管控。宏观审慎监管并不是对微观审慎管理的简单叠加，而是以防范系统性风险为目的，在实现微观稳定的基础上，最大限度地保障金融体系的战略性、长远化稳定。具体来说，宏观审慎监管相比于微观审慎管理上升到更加宏观的层面。宏观审慎监管基于必要的微观审慎管理，对宏观经济和金融体系之间的相关性及金融体系内部各要素之间的相关性进行深入研究，充分运用预警手段、预测方法对金融体系进行科学评估，预知其脆弱性，从而明确区域或行业中的风险传导机制，达到高效监督的目的，促进金融体系的稳定运行，为经济社会的发展提供有力保障。

通常情况下，宏观审慎监管可分为跨行业维度的监管和跨时间维度的监管。前者以行业和系统性机构为风险识别对象，并通过风险控制实现对他们的有效管理；后者将顺周期性作为风险识别对象，通过监督和管控风险，达到稳定市场的目的，避免金融体系在脆弱性的影响下同实体经济相互作用，减少风险传导、累积，进而消除可能引发系统性风险的因素。

审慎管理需要相关政策的配合。货币政策尤其是信贷政策，会直接且显著地影响地方政府债务。在信贷规模持续扩大的情况下，地方政府债务会表现出持续增加的趋势。各种信贷资金借助"影子银行"在金融体系内"空转"，这不仅无法为实体经济提供金融支持，还会导致企业的融资难度增大，甚至提高融资杠杆率。

为实现对各类风险的有效控制，我们通常采用两种方法：一是制定有针对性的货币政策，严格限制私人信贷规模，从而达到抑制通货膨胀的目的；二是加大货币融资力度，减少政府财政赤字，从而加剧通货膨胀。

审慎管理特别是宏观审慎监管，需要部门间的协调配合。各部门只有明确职能、履行职责，才能更好地控制风险，从而实现宏观经济的稳定运行。

2.3 本章小结

本章通过界定地方政府债务风险宏观审慎监管的相关概念和梳理相关理论来说明宏观审慎监管是当前地方政府债务风险监管的现实选择和有益补充。财政分权制度和信息不对称所形成的预算软约束导致地方政府在举债融资过程中积累诸多风险。在外部风险与内部风险的共同作用下，地方政府债务规模无序扩张，使地方政府难以履行其偿债责任，给地方财政可持续发展带来不稳定性和不可预测性。同时，由于具有顺周期特征的地方政府债务扩张会导致金融机构形成内生的流动性风险，诱发财政风险、金融风险甚至系统性风险，进而危害国民经济的发展，因此地方政府债务风险具有隐蔽性和可传导性。传统的微观审慎管理存在对流动性风险监管不足的问题，系统性风险的内部性和外部性决定了金融体系具有脆弱性，这些无疑对监管机构提出了更高要求。仅凭单一的微观审慎管理或宏观审慎监管都无法对地方政府债务风险进行全面监控。我们只有利用微观审慎管理与宏观审慎监管相结合的方式，才能行之有效地解决地方政府债务风险监管问题。相关部门应以防范系统性风险为目的，在确保宏观经济稳定运行的同时，针对地方政府债务风险监管的薄弱环节和关键领域，建立跨部门合作的制度框架，明确自身在地方政府债务风险宏观审慎监管中的地位和责任，最大限度地减少风险的形成和传导。相关部门应在保证财政可持续的前提下，利用适度的财政风险平衡金融风险和地方政府债务风险，努力实现财政政策与货币政策相协调，进一步完善地方政府债务风险宏观审慎监管相关政策。

3 地方政府债务双螺旋风险分析

一系列地方政府债务风险监管规定的出台改变了地方政府传统的融资方式和融资途径，使得地方政府债务纳入预算管理，也使得债务规模，特别是显性债务规模得到有效控制。然而，地方政府的投资冲动导致地方政府债务扩张具有顺周期特征，地方政府债券被商业银行大量认购导致金融部门形成内生的流动性风险，这些使地方政府债务风险不断强化。债务风险与金融风险相互传导和叠加，一旦达到阈值，就可能引发系统性风险。

3.1 地方政府债务双螺旋风险

3.1.1 地方政府债务双螺旋风险的内涵

地方政府债务风险会对宏观经济的稳定运行造成冲击。在地方政府债务金融化的背景下，地方政府债务风险向金融部门传导并演变为金融风险，金融风险又通过直接渠道或间接渠道反作用于地方政府债务风险。两种风险相互传导、彼此强化，最终引起系统性风险的爆发。

历经多年的研究，国内外学者对地方政府债务风险已经有了较为充分的认识，且有部分学者注意到主权债务风险的跨部门传导问题。目前，地方政府债务风险向金融风险传导的问题已被很多国内学者关注，而金融风险向地方政府债务风险传导的问题则被忽视，只有个别学者研究了两种风险的相互传导问题，并提出了地方政府债务双螺旋风险的概念，但未对地方政府债务双螺旋风险的内涵、特征等进行深入研究。

结合前文的论述，本书认为，地方政府债务双螺旋风险的内涵包括三个方面：

①地方政府债务双螺旋风险是一种地方政府债务风险、金融风险相互传

导、叠加的新风险范式。两种风险相互传导、彼此强化，最终引发系统性风险。

②地方政府债务双螺旋风险的形成是一个复杂的过程。生产部门、家庭部门、金融中介部门和政府部门四个风险主体在地方政府债务扩张的顺周期性和金融部门内生的流动性风险的共同作用下，助推地方政府债务风险和金融风险相互传导、叠加。

③地方政府债券违约概率的上升会直接冲击持有债券的金融部门，造成其资产负债表恶化，导致金融风险上升，促使地方政府债务风险向金融风险传导。同时，金融部门的资产负债表恶化和净资产损失会使杠杆约束增强，直接或间接地促使金融风险向地方政府债务风险传导。

综上所述，本书认为，地方政府债券违约概率的上升会导致金融风险的增加，而金融部门的资产负债表恶化和净资产损失则会直接或间接地增大地方政府债务风险敞口。

3.1.2　地方政府债务双螺旋风险的特征

3.1.2.1　地方政府债务双螺旋风险具有顺周期性

地方政府债务是地方政府的事权和财权不对称的产物。地方经济的发展离不开地方政府投资，而地方政府在投资时面临巨大的资金缺口，这使得地方政府债务规模不断扩大。基于梁琪①的地方政府债务可持续性研究，笔者认为，地方政府债务的累积受资金使用成本、经济增长率、通货膨胀率及当期财政收支情况的影响。当债务名义利率低于 GDP 名义增长率时，地方政府债务可持续；反之，地方政府债务不可持续。

顺周期性通常表现为金融部门和实体经济基于时间序列形成正相关关系。两者相互作用，增大了经济周期的波动幅度，增强了金融体系的不稳定性。地方政府债务规模的顺周期性变动，会使商业银行形成内生的流动性风险，进而导致资产抛售、银行挤兑等现象的出现，从而影响经济系统的稳定性，甚至触发系统性金融风险。

为减小 2008 年全球金融危机对国内经济的冲击，我国实施了一揽子财政刺激计划。地方政府大力开展基础设施建设，拉开了地方政府债务扩张的序幕。彼时，我国地方政府的融资主要来自金融机构的贷款。在中央政府的政策

---

① 梁琪，郝毅. 地方政府债务置换与宏观经济风险缓释研究［J］. 经济研究，2019（4）：18-32.

鼓励和地方政府的信用担保下，地方政府债务的资金使用成本维持在较低水平。同时，积极的财政政策刺激经济高速增长，地方政府债务名义利率低于GDP 名义增长率。因此，这一阶段的地方政府债务是可持续的。然而，出于对日益增大的地方政府债务风险的担忧，我国自 2010 年起加大了对金融市场的整治力度。在地方政府债务中，来自商业银行的信贷受到较大约束，这迫使地方政府融资平台公司等地方政府融资主体利用"影子银行"业务扩大隐性债务规模。"影子银行"业务在地方政府存量债务中的占比不断攀升，使得地方政府的资金使用成本日益增加。随着我国经济进入高质量发展阶段，经济增速减缓明显，加上地方政府的土地出让收入因房地产市场的降温而减少，这些进一步增加了地方财政赤字。地方政府债务名义利率高于 GDP 名义增长率，因此，这一阶段的地方政府债务是不可持续的。2015—2019 年我国地方财政赤字情况如表 3-1 所示。

表 3-1　2015—2019 年我国地方财政赤字情况　　单位：亿元

年份	2015	2016	2017	2018	2019
金额	5 000	7 800	8 300	8 300	9 300

数据来源：2015—2019 年的政府工作报告。

地方政府债务风险具有顺周期性，金融风险同样具有顺周期性。金融机构具有监管资本套利的动机、"影子银行"业务的设立和发展等增强了金融系统的脆弱性。在经济繁荣时期，"影子银行"能够提供充足的流动性，促进经济增长，但在经济下行期间，"影子银行"为规避风险而缩减业务规模，导致利差上升、流动性减弱，最终引起系统性风险的爆发。

由此可见，地方政府债务风险和金融风险均具有内生的顺周期性和不稳定性。经济增速放缓，会在扩大地方政府债务规模的同时，引起金融部门利差上升和市场流动性枯竭，增大风险敞口，导致系统性风险在地方政府融资主体和金融部门中产生累积效应。

3.1.2.2　地方政府债务双螺旋风险具有隐蔽性

规范地方政府举债，严防区域性、系统性风险，是我国当前深化财税体制改革的一项重要任务。2015 年以后，地方政府通过商业银行进行贷款的融资渠道被阻断，地方政府债务中的新增债务被纳入预算进行规范管理，存量债务以置换债券的形式由商业银行认购。从短期看，地方政府存量债务置换可以有效降低资金使用成本，减小经济下行所带来的地方政府债务累积风险，增强地方政府债务的可持续性，但会降低商业银行的资产收益率，拉长资产回报期限，增加资产负债表压力。从长期看，地方政府存量债务置换的债券，其利率低于商业银行的贷款利率，在信贷规模不变的前提下，地方政府存量债务置换数量的增加会导致实体经济信贷供给数量的减少，从而降低商业银行的预期收益，提高实体经济的贷款利率，增加实体经济的资金使用成本，进而造成投资和产出下降，对经济增长形成负面效应。

龚翔[1]指出，我国的"影子银行"业务利用金融创新的交易结构设计，实现了原本无法从商业银行融资的主体与商业银行相关联。商业银行成为"影子银行"业务的资金源头，而无法获得商业银行贷款的融资主体成为最终受益者。张平等的研究发现，"影子银行"业务规模的变化和地方政府债务规模的变化之间形成了长期均衡的关系，即在债务负担率高的地区，"影子银行"业务的占比也高，这些地区的财政风险和金融风险存在交叉传染的可能性。

2015年1月，修订后的《中华人民共和国预算法》实施。此后，利用商业银行的债券工具和非银金融机构融资成为地方政府规避举债监管的主要方式，地方政府隐性债务规模急剧扩大。截至2017年，地方政府隐性债务总额为22.23万亿元，考虑概率后的区间为［10.43万亿元，16.33万亿元］[2]。相较于"影子银行"业务的高杠杆、高回报，地方政府债务因还款周期长、回报率低而在债务期限和投资回报方面形成错配。地方政府债务风险一旦因受到经济波动的影响而增大，就容易对投资市场造成冲击，导致恐慌情绪蔓延。在"羊群效应"的作用下，挤兑行为出现、流动性紧张加剧，金融风险从"影子银行"传导至商业银行，进而引发系统性风险。

3.1.2.3 地方政府债务双螺旋风险具有传导性

商业银行对地方政府债券的大量认购和地方政府隐性债务中充斥的"影子银行"业务使地方政府融资主体和金融机构编织起一张业务网络。在业务网络中，个体相互联系。单一个体形成的风险会造成其他个体在风险暴露上具有相似性，从而产生溢出效应，进而在整个网络中传导，最终引发系统性风险。

地方政府债券被商业银行大量持有，使商业银行成为地方政府债务风险的载体。投资冲动下的地方政府债务规模扩张具有内生的顺周期性。宏观经济环境一旦发生变动，地方政府债券的违约概率就会上升，从而对商业银行的资产负债表造成冲击，导致地方政府债务风险向金融部门传导。一方面，资产负债

---

① 龚翔，周强龙. 影子银行与货币政策传导 [J]，经济研究，2014 (5)：91-105.

② 吉富星. 地方政府隐性债务的实质规模与风险研究 [J]. 财政研究，2018 (11)：62-70.

表的恶化会减弱金融部门融通资金的能力，对资产收益率提出更高要求，造成地方政府债券价格下跌，迫使地方政府扩大发债规模，直接增大地方政府债务风险敞口；另一方面，即使没有实际发生地方政府债券违约，金融风险增大所产生的一般均衡效应也会导致金融部门损失净资产，金融风险进一步传导至实体经济，造成投资和产出下降，长期影响地方财政收入，使地方政府债务不可持续。

长期以来，我国政府干预金融机构的借贷行为。金融市场中的国有经济和非国有经济面临非对称的信贷配给方式，即前者享有信贷配给的优先权和低利率，而后者需按照市场利率竞争剩余信贷资源。地方政府债务的增加会导致实体经济的信贷供给减少。随着地方政府债券违约概率的上升，商业银行会因资产负债表的恶化而提出更高的资产收益率要求，并在垄断竞争的贷款市场利用定价权力提高实体经济的信贷利率，这就使地方政府债务对实体经济的信贷产生挤出效应。

相对于传统的金融机构，"影子银行"具有流动性转换、高杠杆、期限错配和信用转换四个引发系统性风险的特征。张平①指出，我国的"影子银行"业务以信托产品、融资租赁、理财产品和城投债为载体向地方政府传导风险，其中证券公司和信托公司的产品对地方政府债务风险的溢出效应最大。地方政府举借资金，目的是支持地方经济的发展，投资对象大多是还款周期长、收益率低的纯公共物品或半公共物品，这与"影子银行"业务追求短期还款、快速回报相矛盾。在投资到期时，若长期项目的收益低于预期，则金融机构的资产池内连续滚动的短期借款可能出现无法偿付的状况，从而引发流动性风险。同时，地方政府受自有资本有限的影响，在期限错配和流动性转换的作用下，通过金融创新形成高杠杆。随着地方政府债务规模的不断扩大，杠杆率不断提高，地方政府的资金使用成本也日益攀升，从而形成资本市场泡沫。资产价格一旦下跌，投资者就很容易出现挤兑行为，进而对金融系统造成冲击。

① 张平.我国影子银行风险助推了地方政府债务风险吗？[J].中央财经大学学报，2017（4）：3-13.

3.2 地方政府债务双螺旋风险结构模型

双螺旋结构模型是基于双螺旋理论构建的，用于说明两种相互关联、相互影响的因素所产生的作用对目标对象的影响。双螺旋结构模型最初以脱氧核糖核酸（DNA）双螺旋结构的形式出现在生物遗传学领域，用于展现基因分子的配对互补关系及相关信息的存储、复制、传递和反馈过程。由于该过程与企业管理过程相似，因此双螺旋结构模型被广泛应用于企业管理、教育培训等领域。美国学者威尔逊指出，生物遗传性决定了人类在社会生活中的各种行为和表现，因此我们可以使用双螺旋结构模型对各种社会现象进行分析。

3.2.1 DNA 双螺旋结构模型的确立

脱氧核糖核酸（DNA）是一种由腺嘌呤、鸟嘌呤、胞嘧啶和胸腺嘧啶四种碱基，以及一分子脱氧核糖和磷酸组成的分子。这些元素的排列方式不同，导致了脱氧核糖核酸分子的多样性。1953 年，英国物理学家克里克（Crick）和美国生物学家沃森（Watson）创建了 DNA 双螺旋结构模型，并因此与威尔金斯一起获得了 1962 年的诺贝尔生理学或医学奖。他们指出，DNA 具有由脱氧核糖和磷酸组成的两根位于螺旋外侧的反平行骨架，即核苷酸链；四种碱基按照 A 与 T、C 与 G 的方式，配对组成氢键并位于螺旋中央。整个结构就像一把沿轴心旋转的梯子，两条螺旋携带相同的遗传信息①。DNA 双螺旋结构被誉为生物遗传发展史上最稳定的螺旋结构，被广泛地运用到交叉学科的研究中。

3.2.2 地方政府债务双螺旋风险结构模型的构建

地方政府、金融中介部门、投资者和实体经济形成了紧密的业务关联，四者共同构建了一个错综复杂的业务网络。地方政府债务风险和金融风险在跨部门的传导中相互作用、相互影响，最终引起系统性风险。

3.2.2.1 "碱基"和"氢键"的构成

地方政府债务双螺旋风险的构成要素如下：由地方政府债务风险和金融风险组成"核苷酸链"，由家庭部门（C）、生产部门（E）、金融中介部门（F）

---

① 周光召. 发展学科交叉 促进原始创新：纪念 DNA 双螺旋结构发现 50 周年 [J]. 物理，2003（11）：707-711.

和政府部门（G）作为四种"碱基"，形成"氢键"。地方政府债务双螺旋风险的平面结构如图3-1所示。

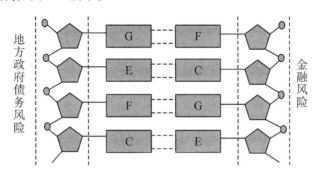

图3-1　地方政府债务双螺旋风险的平面结构

（1）"核苷酸链"结构

地方政府债务风险和金融风险形成了地方政府债务双螺旋风险结构模型中的两条"核苷酸链"。两种风险相互传导、相互叠加，在深度上旋进，螺旋式上升，并因风险敞口的增大而进入下一个循环阶段，直至引发系统性风险。

（2）"碱基"系统

家庭部门、生产部门、金融中介部门和政府部门是地方政府债务双螺旋风险结构模型中的四种"碱基"。相对独立的"碱基"可以被视作一个不可分割的整体，即"碱基"系统。其决定了旋进的广度。

地方政府的投融资行为决定了地方政府债务的形成和规模。地方政府的财政收支和债务情况受到上级部门的监督。存量债务主要通过债券置换的方式由商业银行认购，而新增债务则纳入预算管理，这些都增大了地方政府隐性债务规模。

金融中介部门包括商业银行和"影子银行"。在地方政府债务风险的影响下，金融中介部门形成金融风险，并通过直接渠道或间接渠道影响地方政府债务风险。商业银行的资产负债表恶化使其对资产收益率提出更高要求，引起地方政府债券利差上升，导致地方政府不得不通过扩大债务规模来满足融资需求。"影子银行"业务提升了地方政府的资金使用成本，增大了地方政府债务风险。同时，地方政府债务累积对实体经济信贷供给的持续挤占及地方政府债券违约概率的上升在一般均衡效应的作用下造成投资和产出下降，这些都会导致地方财政收入减少，使地方政府债务不可持续。

生产部门由资本品生产商和最终商品生产商组成，两者均以生产成本最小化为目标。其中，前者提供资本和劳动力，用于生产最终商品；而后者生产最终商品，用于家庭消费和政府支出，并根据预期收益最大化的贴现值确定其价格。

家庭部门存在工人和银行家两种类型的个体。其中，工人提供劳动，银行家提供金融中介服务。在预算约束既定的条件下，家庭部门通过消费、投资和劳动来最大化自身效用。

（3）"氢键"要素

在地方政府债务双螺旋风险结构模型中，四种"碱基"的相互作用离不开"氢键"要素在风险传导中的影响。"氢键"要素包括制度、宏观经济政策、信息和流动性等。这些要素在地方政府债务双螺旋风险结构模型中不断加速地方政府债务风险和金融风险的相互传导、相互叠加，最终引发系统性风险。

3.2.2.2 地方政府债务双螺旋风险的动态旋进

由于地方政府债务风险和金融风险处于复杂的系统中，因此我们必须利用系统的观点对这两种风险的传导过程进行推演，使这两种风险的交互影响在模型中得到体现。

如图3-2所示，地方政府债务双螺旋风险系统旋进半径与地方政府融资主体及金融机构的集聚程度有关，即地方政府融资主体及金融机构的集聚程度越高，则地方政府债务双螺旋风险系统旋进半径越大。由此可以看出，地方政府债务风险和金融风险相互作用，形成螺旋式上升的风险结构。在风险集聚和风险传导的不同阶段，两种风险既存在旋进运动状态，又存在直线运动状态。

根据地方政府债务双螺旋风险的动态旋进路径，我们可以提出两个假设：

第一，地方政府债务风险的动态传导是地方政府债务风险与金融风险螺旋运动、相互作用的结果。在t_0时刻到t_1时刻，地方政府债务风险和金融风险相互传导、相互叠加，不断累积，最终导致系统性风险的爆发。

第二，地方政府债务风险与金融风险存在耦合关系。地方政府债务风险与金融风险在旋进过程中形成相互传导、相互叠加的动态关系。因此，它们并不是独立存在的。地方政府债务风险和金融风险相互作用，呈现出交替上升的状态，从而形成耦合关系。

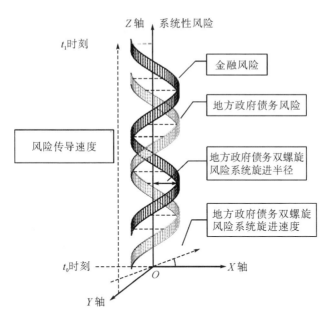

图 3-2　地方政府债务双螺旋风险的动态旋进路径

3.3　地方政府债务双螺旋风险的传导机制——基于对DSGE 模型的透视

贯彻落实政企分开的要求，采取"开前门、堵后门"的方式，在清理存量债务的同时，严控新增债务规模，防范化解重大风险，构建全方位、穿透式的地方政府债务监管体系是现阶段我国实施地方政府债务风险监管的重要路径。其中，新增债务只能通过一般债券和专项债券的形式发行，并分别纳入一般公共预算管理和政府性基金预算管理，而地方政府存量债务的化解则通过债券置换的方式实现。商业银行大量认购地方政府债券，使自身成为地方政府债务扩张所致风险的载体。新增债务融资渠道的收窄促使"影子银行"业务快速发展，导致金融风险加速累积。地方政府债务风险与金融风险相互传导、相互叠加，从而增大了风险敞口，给防范系统性风险增加了难度。

3.3.1　地方政府债务风险与金融风险形成双螺旋风险

当前，在我国的宏观经济体系中，诸多部门之间的关联度较高。一个部门的风险爆发会在其他部门产生共振效应。风险的跨部门传导和演化可能引起系统性风险。如前文所述，投资驱动下的地方政府债务具有顺周期性。地方政府发行的债券被商业银行大量持有，导致地方政府债务风险向金融机构传导，使地方政府债务以各种形式存在于金融部门的资产负债表中。陈等（Chen et al.)① 的研究表明，2012 年后我国地方政府的融资需求同"影子银行"业务的扩张呈正相关关系。在地方政府债券发行额度越大的省份，"影子银行"业务的规模也越大，而"影子银行"的资金大多流向了地方政府融资平台公司，成为地方政府隐性债务的一部分。

地方政府债务风险与金融风险不仅体现在金融部门的资产负债表中，也体现在债券市场中。通过编制金融债指数与城投债（地方政府债券）指数（见图 3-3），我们可以看出，两者的价格走势具有极高的相似度。由此，我们可以得出，金融风险与地方政府债务风险高度相关。这种风险关联导致双螺旋风险的形成，即地方政府债务风险和金融风险相互传导、相互叠加。地方政府发行的具有违约概率的地方政府债券被受到杠杆约束的金融部门所持有，则违约概率的增大会对金融部门的资产负债表造成冲击，从而提升金融风险。金融风险上升产生的一般均衡效应致使金融部门损失实际净资产。地方政府债务风险进而向实体经济传导，导致投资和产出下降。金融风险则通过直接渠道或间接渠道对地方政府债务风险产生影响，使地方政府债券收益率价差升高。

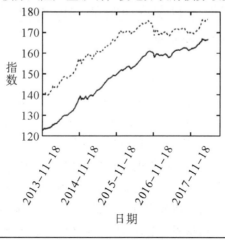

图 3-3　金融债指数与城投债指数

数据来源：中国经济金融研究数据库（CSMR）。

---

① CHEN Z, HE Z, LIU C. The financing of local government in China：stimulus loan wanes and shadow banking waxes ［R］. NBER Working Paper, 2017.

3.3.2　动态随机一般均衡模型的构建

为了更加全面地反映地方政府债务风险与金融风险形成的双螺旋风险的传导机制，本书尝试采用非线性的宏观金融建模方法，构建一个动态随机一般均衡模型。传统的宏观建模往往依赖非随机稳态附近的线性化求解，而该方法在2008年的全球金融危机后受到挑战。相较于处于正常波动区间的经济，金融危机爆发时的经济已同稳态附近严重背离，具有非线性特征和非对称性特征，因此其放大效应更为明显。有学者开创性地运用连续时间方法求出非线性动态系统的解析解，刻画出金融危机时期的高度非线性特征和非对称性特征。格特勒等（Gertler et al.）①②③通过一系列研究构建了包含金融中介部门的动态随机一般均衡模型，强调了商业银行的流动性约束所发挥的作用，对金融风险的形成及金融风险向实体经济传导进行了理论探讨。

本书参考格特勒等（Gertler et al.）的模型，充分借鉴熊琛等④的研究成果，构建了包含金融中介部门和政府部门的非线性动态随机一般均衡（DSGE）模型，假定经济部门由生产部门、家庭部门、金融中介部门和政府部门组成。其中，生产部门由资本品生产者和最终产品生产者组成；家庭部门包括通过向社会提供劳动来换取报酬的工人和提供金融中介服务的银行家；在金融中介部门中，无论是商业银行，还是"影子银行"，它们都愿意利用自有资本和吸收的家庭存款来购买、持有地方政府债券，金融中介部门的资产负债表在金融市场摩擦的影响下面临杠杆约束，金融中介部门的融资能力受到杠杆率的限制；政府部门的支出资金主要来自税收，政府部门的支出缺口主要通过发行债券来弥补，地方政府债券具有内生性的违约概率，且全部被金融中介部门持有。

（1）生产部门

生产部门包括资本品生产者和最终产品生产者。前者生产的资本品 K_t 和付出的劳动 L_t 被用来制造最终产品 Y_t，后者生产的最终产品 Y_t 则用于自身投

---

① GERTLER M, KIYOTAKI N. Banking, liquidity and bank runs in an infinite horizon economy [J]. American economic review, 2015, 105（7）：2011-2043.

② GERTLER M, KIYOTAKI N, PRESTIPINO A. Wholesale banking and bank runs in macroeconomic modeling of financial crises [A] //Handbook of macroeconomics. Amsterdam：Elsevier, 2016.

③ GERTLER M, KIYOTAKI N, PRESTIPINO A. A macroeconomic model with financial panics [R]. NBER Working Paper, 2017.

④ 熊琛, 金昊. 地方政府债务风险与金融部门风险的"双螺旋"结构：基于非线性DSGE模型的分析 [M]. 中国工业经济, 2018（12）：23-41.

资、家庭消费和政府支出。生产部门的生产函数为

$$\ln Y_t = \ln z_t + \alpha \ln K_t + (1 - \alpha) \ln L_t \qquad (3.3.1)$$

其中，z_t 表示生产率冲击，服从下列随机过程：$\ln z_t = \rho \ln z_t + \varepsilon_t$。$\varepsilon_t$ 的均值为零、标准差为 σ_z，并服从独立同分布（IID）的正态分布。在生产技术水平保持不变的前提下，最终产品生产者按照生产成本最小化的目标确定资本及劳动。最终产品生产者的最优决策的一阶条件为 $R_t^k = \alpha Y_t / K_t$ 及 $\omega_t = (1 - \alpha) Y_t / L_t$。其中，$R_t^k$ 表示资本品的租借价格，ω_t 表示劳动报酬。资本品生产者通过购买最终产品获得投资品 I_t，同时利用收购的已折旧资本品生产新资本品 K_{t+1}，其过程如下：

$$K_{t+1} = (1 - \delta) K_t + \varphi(\frac{I_t}{K_t}) K_t \qquad (3.3.2)$$

其中，$\varphi(\chi) = a_1 \chi^{(1-\xi)} + a_2$，代表投资调整成本。资本品生产者的决策基于

$$\max \left[P_t^k \varphi(\frac{I_t}{K_t}) K_t - I_t \right] \qquad (3.3.3)$$

其中，P_t^k 为 t 时期的资本品价格。资本品生产者的最优决策的一阶条件为

$$P_t^k = \varphi'\left(\frac{K_t}{I_t}\right) \qquad (3.3.4)$$

（2）家庭部门

家庭部门由向社会提供劳动的工人和提供金融中介服务的银行家组成。每期期末的家庭部门消费由工人和银行家共同分担。为了实现自身效用最大化，家庭部门会在每期都选择消费 C_t、提供劳动供给 L_t 及存款 D_t，即

$$E_0 \sum_{t=0}^{\infty} \beta^t \left(\ln C_t - \chi \frac{L^{1+\upsilon}}{1 + \upsilon} \right) \qquad (3.3.5)$$

且式（3.3.5）服从下列预算约束：

$$C_t + \frac{D_{t+1}}{R_t} = \omega_t L_t + \Pi_t + D_t - \tau_t \qquad (3.3.6)$$

其中，χ 为劳动负效用比例，υ 为劳动供给弹性系数，R_t 为无风险利率，ω_t 为劳动报酬，Π_t 为家庭部门通过其他部门获取的利润，τ_t 为 t 时期的地方政府税收。家庭部门的最优决策的一阶条件为

$$\ln \omega_t - \ln C_t = \ln \chi + \upsilon \ln L_t \qquad (3.3.7)$$

$$E_t(\Lambda_{t, t+1} R_t) = 1 \qquad (3.3.8)$$

其中，$\Lambda_{t, t+1} = \beta C_t / C_{t+1}$。$\Lambda_{t, t+1}$ 表示家庭部门的随机贴现因子。

（3）金融中介部门

金融中介部门的运营活动通过银行家来开展。银行家每期运用累积的自有资本 n_t 和吸收的来自家庭部门的存款 d_{t+1} 进行投资，选择持有企业资产 k_{t+1} 和地方政府债券 b_{t+1}。其中，企业资产和地方政府债券的价格分别为 P_t^k 和 P_t^B。为排除银行家完全依赖累积的自有资本来运营的可能性，本书假设银行家会在每期以 $1-\psi$ 的概率替换为等量居民。新的银行家将从家庭部门获得的转移支付作为初始运营资本，则银行家受到的资金流约束为

$$P_t^k k_{t+1} + P_t^B b_{t+1} = n_t + \frac{d_{t+1}}{R_t} \tag{3.3.9}$$

式（3.3.9）所示的资金流约束表明，银行家购买企业资产和地方政府债券的资金来其自有资本和吸收的家庭部门存款。为实现终身净资产贴现值的最大化而确定既定价格资产的持有数量是银行家面临的最优化问题。

$$V_t = E_t \Big[\sum_{j=1}^{\infty} \Lambda_{t,\,t+j} \psi^{j-1} (1-\psi) n_{t+j} \Big] \tag{3.3.10}$$

参考格特勒等（Gertler et al.）[①] 的观点，本书假设银行家在每期都可以按照一定的比例对持有的企业资产和地方政府债券进行分配和挪用，且可挪用部分为 λ。只有当可挪用资产总值大于继续经营所能获得的预期终身净资产贴现值时，挪用行为才会发生。道德风险的存在会限制金融中介部门的融资能力。金融中介部门为保证有效运营，必须受到激励相容约束的限制，则有：

$$V_t(n_t) \geqslant (\lambda_k P_t^k k_{t+1} + \lambda_B P_t^B b_{t+1}) \tag{3.3.11}$$

规定激励相容约束条件，目的在于将继续经营所能获得的预期终身净资产贴现值作为银行家可挪用资产总值的上限。这样，银行家面临的最优化问题可通过下列贝尔曼方程表示：

$$V_t(n_t) = \max_{k_{t+1},\, b_{t+1},\, d_{t+1}} E_t \{ \Lambda_{t,\,t+1} [(1-\psi) n_{t+1} + \psi V_{t+1}(n_{t+1})] \} \tag{3.3.12}$$

金融中介部门受到资金流约束、激励相容约束及自由资本累积约束的限制：

$$n_t = R_t^F P_{t-1}^k k_t + R_t^B P_{t-1}^B b_t - d_t \tag{3.3.13}$$

其中，R_t^F 和 R_t^B 分别表示银行家因持有企业资产和地方政府债券而获得的收益。其中，R_t^B 根据政府决策确定，而 R_t^F 为

$$R_t^F = \frac{(R_t^K + (1-\delta) P_t^k)}{P_{t-1}^k} \tag{3.3.14}$$

① GERTLER M, KARADI P. A model of unconventional monetary policy [J]. Journal of monetary economics, 2011, 58 (1): 17-34.

对金融中介部门的动态规划求解，则金融中介部门的最优决策的一阶条件为

$$\lambda_k \mu_t = E_t \Omega_{t+1} [R_{t+1}^F - R_t] \qquad (3.3.15)$$

$$\lambda_B \mu_t = E_t \Omega_{t+1} [R_{t+1}^B - R_t] \qquad (3.3.16)$$

其中，μ_t 表示与激励相容约束相联系的拉格朗日乘子。金融中介部门的融资能力受限于激励相容约束。当 $\mu_t > 0$ 时，在激励相容约束的作用下，金融中介部门的融资能力受到限制；当 $\mu_t = 0$ 时，激励相容约束处于松弛状态，金融中介部门的融资能力不会受到限制。μ_t 的决定式为

$$\mu_t = \max \left\{ 1 - \frac{E_t \Omega_{t+1} R_t N_t}{(\lambda_k P_t^k K_{t+1} + \lambda_B P_t^B B_{t+1})} \right\} \qquad (3.3.17)$$

其中，金融中介部门持有的企业资产总额和地方政府债券总额分别为 K_{t+1} 和 B_{t+1}；N_t 为自有资本总额。式（3.3.17）表示金融中介部门的现金流受到激励相容约束条件（$\mu_t > 0$）的限制，银行家能够挪用的资产总值不能超过金融中介部门继续经营所获得的预期终身净资产贴现值，Ω_{t+1} 为金融中介部门的随机贴现因子，则有

$$\Omega_{t+1} = \Lambda_{t,\ t+1} (1 - \psi + \psi A_{t+1}) \qquad (3.3.18)$$

用 A_t 表示自有资本的边际价值：

$$A_t = \frac{E_t \Omega_{t+1} R_t}{1 - \mu_t} \qquad (3.3.19)$$

基于式（3.3.19）可得，金融中介部门的随机贴现因子取决于家庭部门的贴现因子及下期自有资本的边际价值。自有资本的原始收益 R_t 及金融中介部门的融资约束决定了自有资本的边际价值。如前文所述，当激励相容约束条件成立（$\mu_t > 0$），金融中介部门的资金流受到限制，则相较于自有资本的原始收益，自有资本的边际价值更大。

通过式（3.3.15）和式（3.3.16）可知，企业资产和地方政府债券的收益率取决于银行家对资产定价的一阶条件。若 $\mu_t > 0$，金融中介部门的资金流受到约束，则银行家会要求更高的资产收益。由式（3.3.18）可知，无论是当期的融资能力受到限制，还是预期未来的融资能力可能受到限制，都会使银行家要求更高的资产收益率。本书将激励相容约束的拉格朗日乘子 μ_t 定义为金融中介部门的流动性约束乘子。该乘子作用于金融中介部门的资产收益率，通过影响金融中介部门的流动性状况体现潜在的流动性风险。

综上所述，金融风险的上升使金融中介部门提出更高的资产收益率要求，这导致地方政府债券价格下降。地方政府为满足融资需求而不得不多发行债券。这在扩大了地方政府债务规模的同时，增加了地方政府债务风险，也诠释

了金融风险向地方政府债务风险传导的机制。

（4）政府部门

如前文所述，本书仅考虑了地方政府支出，而忽略了中央政府支出及负债。地方政府的支出资金主要来自税收，而支出缺口主要通过发行债券来弥补。地方政府债券具有内生性的违约概率，且全部被金融中介部门持有。此处假定地方政府的支出服从下列随机过程：

$$\ln(g_t) = \rho_g \ln(g_{t-1}) + (1 - \rho_g) \ln g^* + \varepsilon_{g,t} \qquad (3.3.20)$$

其中，ρ_g 表示冲击的持续性，g^* 代表稳态地方政府支出权重。参考查特吉等（Chatterjee et al.）[1] 的做法，本书假定地方政府债券为长期债券，每期有部分债券 π 到期，未到期的存量债券需支付利息 B_r。地方政府债券收益率取决于地方政府债券价格和地方政府债券违约风险，而地方政府债券价格 P_t^B 在宏观经济和供需关系的影响下上下波动。地方政府债券收益率的表达式为

$$R_t^B = (1 - l_{t+1}D) \left\{ \frac{\pi + (1 - \pi)(B_r + P_{t+1}^B)}{P_t^B} \right\} \qquad (3.3.21)$$

其中，l_{t+1} 表示地方政府债券违约概率，取值为 $[0, 1]$。取值越趋近于 1，表明违约概率越大。$(1 - l_{t+1}D)$ 表示地方政府债券违约后的清偿率。该值越大，表示地方政府债券持有者在地方政府债券违约后获得的补偿越多。从式（3.3.21）可以看出，无论是地方政府债券价格下跌，还是地方政府债券违约，都会造成地方政府债券持有者，即金融中介部门的资产负债表受到冲击，从而增加金融风险。此过程说明了地方政府债务风险向金融风险传导的机制。

这里，笔者设定 l_{t+1} 满足逻辑斯谛分布的随机过程，以确定地方政府是否违约：

$$l_{t+1} = \begin{cases} 1, & \text{如果} \varepsilon_{l,t+1} - S_{t+1} \geqslant 0 \\ 0, & \text{如果} \varepsilon_{l,t+1} - S_{t+1} \leqslant 0 \end{cases} \qquad (3.3.22)$$

其中，$\varepsilon_{l,t+1}$ 表示造成违约的外部冲击，S_{t+1} 为违约随机过程变量，则此时的违约概率 $P(l_{t+1} = 1) = \exp(S_{t+1})/[1 + \exp(S_{t+1})]$。阿雷拉诺（Arellano）[2] 的研究表明，主权债务是否违约取决于宏观经济状态的好坏。基于此，本书将地方政府债券违约定义为一个内生性的过程，即

① CHATTERJEE S, EYIGUNGOR B. Maturity, indebtedness, and default risk [J]. American rconomic review, 2012, 102 (6): 2674-2699.

② ARELLANO C. Default risk and income fluctuations in emerging economies [J]. American economic review, 2008, 98 (3): 690-712.

$$S_{t+1} = (1 - \rho_s) s^* + \rho_s S_t - \kappa \log\left(\frac{K_{t+1}}{K_t}\right) \times 100 + \varepsilon_{s,\,t+1} \qquad (3.3.23)$$

其中，ρ_s 代表冲击持久性；s^* 为稳态违约概率；κ 以社会资本存量代表宏观经济状态，进而体现宏观经济状态对地方政府债券违约概率的影响。两者同向运动，即宏观经济状态越差，则地方政府债券违约概率越高。企业产出水平的高低由社会资本存量及劳动量的多少所决定，故社会资本存量的变动情况决定企业产出水平的变动情况，从而体现宏观经济状态。

地方政府税收满足下列规则：

$$\tau_t = t^* + \gamma_\tau B_t \qquad (3.3.24)$$

其中，t^* 为发行稳态参数，γ_τ 表示地方政府税收对地方政府债务的反应弹性。假定地方政府每期都需要通过发行新债券来偿付到期债券的本息及减少财政赤字，则有

$$P_t^B [B_{t+1} - (1 - \pi) B_t (1 - l_t D)] = (1 - l_t D)[\pi + (1 - \pi) B_r] B_t + g_t Y_t - \tau_t$$

$$\qquad (3.3.25)$$

3.3.3 模型求解与参数校准

3.3.3.1 模型求解

本书采用全局非线性求解方式得到竞争性均衡的解。动态随机一般均衡模型通常使用基于扰动法的一阶条件、二阶条件求解，但此类方法无法用于解决现实中常见的非可导或非连续问题，如不等式约束（occasionally binding constraints）等。如果模型需要求解的问题存在明显的不连续情形，如债务违约或银行挤兑，那么我们需要针对函数进行迭代求解。

3.3.3.2 参数校准

对模型中的参数进行校准，主要方法是使相关参数下的模型非随机稳态值与真实数据计算的值保持一致。本书中，待确定的参数有 α、a_1、a_2、ξ、β、χ、υ、δ、g^*、t^*、γ_t、B_r、π、D、ψ、λ_k、λ_B、ω。本书中的样本数据期间为2009年第3季度至2017年第3季度。地方政府支出数据和五年期国债收益率数据来自中国香港环亚经济数据有限公司（CEIC）的中国经济数据库，季度宏观经济数据来自常等（Chang et al.）[1] 的整理，城投债到期收益率数据来自

---

① CHANG C, CHEN K, WAGGONER D F, et al. A treands and cycles in China's macroeconomy [R]. Social science electronic publishing, 2016.

万得（Wind）数据库①。

本书参考土国静等②的做法，将资本占比 α 设定为 0.5③，使资本调整成本中的参数 a_1 和 a_2 在取值时满足零和稳态下的资本品价格为 1 的条件；参考博科拉（Bocola）④的做法，将 ξ 设定为 0.5；参考庄子罐等⑤的做法，将家庭部门贴现率 β 的取值设置为 0.99，以确定非随机稳态下的无风险利率，而将非随机稳态下的劳动供给值设定为 0.33，以确定家庭部门效用函数中劳动负效用的权重 χ；参考黄志刚等⑥的做法，将家庭部门劳动供给弹性的倒数 v 取值为 0.33⑦；根据样本数据期间我国地方政府消费性支出和投资性支出总额占 GDP 比重的均值，将 g^* 设定为 0.2，通过总资源约束校准财政规则中的稳态参数 t^*；参考博科拉（Bocala）的做法，将财政规则中地方政府税收对地方政府债务的反应弹性 γ_t 设定为 1，即地方政府债务和地方政府税收呈线性关系，保持等额同向变动状态。

本书参考 AAA 级城投债平均到期收益率与国债平均到期收益率的价差，确定地方政府债券收益率的季度价差。鉴于样本数据期间，前者的均值为 1.74%，因此将后者设定为 0.44%。未到期的地方政府债券的付息参数 B_t 由稳态时的地方政府债券价格决定，其值为 1。金融中介机构持有地方政府债券的期限取决于地方政府发行城投债的平均期限，当平均期限为五年时，则地方政府债券的到期比例 π 为 0.05。有学者在研究中将年度违约率设定为 37.88%，本书据此设定 D 为 9.78%。

本书参考青木等（Aoki et al.)⑧的做法，将金融中介部门的每期生存参数 ψ 设置为 0.96，将地方政府债务余额占金融中介部门总资产的比重校准为 0.14；

① 考虑到我国是在 2014 年后大规模发行地方政府债券的，故本书在基准分析时用城投债收益率代替地方政府债券收益率。

② 王国静，田国强. 金融冲击和中国经济波动 [J]. 经济研究，2014（3）：20-34.

③ 样本数据期间，我国的劳动收入占比为 31.8%，作者据此推算的资本占比远高于文献中的常用值。

④ BOCOLA L. The pass-through of sovereign risk [J]. Journal of political economy, 2016, 124 (4)：879-926.

⑤ 庄子罐，崔小勇，龚六堂，等. 预期与经济波动：预期冲击是驱动中国经济波动的主要力量吗？[J]. 经济研究，2012（6）：46-59.

⑥ 黄志刚，许伟. 住房市场波动与宏观经济政策的有效性 [J]. 经济研究，2017（5）：103-116.

⑦ 国内文献中，该数据的差异较大。本书的取值处于国外文献中的常见取值范围。本书的研究结果与赵扶扬等使用中国数据进行贝叶斯估计得到的研究结果相似。

⑧ AOKI K, BENIGNO G, KIYOTAKI N. Monetary and financial policies in emerging markets [R]. Unpublished paper, London School of Economics, 2016.

国内文献通常将商业银行的杠杆稳态值设置在 10 左右，而本书参考格特勒等（Gertler et al.）的研究，将金融中介部门定义为包括商业银行在内的所有金融机构。金融中介部门直接购买企业股权，而企业的杠杆率较低，故本书中设置的金融中介部门的杠杆率较低，杠杆稳态值设为 3。本书根据国内五年期公司债的平均利差，将金融中介部门的企业资产收益率价差稳态值设定为 0.5%，并根据金融中介部门的杠杆率、金融中介部门的企业资产收益率价差稳态值和地方政府债券收益率价差稳态值分别确定金融摩擦参数 λ_k、λ_B 及新进入金融中介部门的转移支付 ω。

本书对地方政府支出占比利用自回归（AR）模型（1）进行估计，据此将地方政府支出的冲击持久性 ρ_g 设定为 0.71，将地方政府支出的冲击标准差 σ_g 设置为 0.016；参考朱军等[①]的估计，将生产率的冲击持久性设定为 0.74，将生产率的冲击标准差设置为 0.005 4。

3.3.4 模拟结果与分析

3.3.4.1 政策函数

本部分通过对模型进行求解，构建其他变量处于随机稳态时的政策函数，以反映地方政府债务风险与金融中介部门流动性风险的关系。在图 3-4 中，纵轴代表地方政府债券收益率价差，横轴代表金融中介部门资产负债表状况。由图 3-4 可知，随着曲线从左下方向右上方延伸，在金融中介部门资产负债表状况不断恶化的同时，地方政府债券收益率价差也在不断攀升。图 3-5 中反映的是金融中介部门流动性约束乘子与地方政府债券违约概率的相关性，即随着曲线从左下方向右上方延伸，地方政府债券违约概率（地方政府债务风险）和金融中介部门流动性约束乘子（金融中介部门流动性风险）同时上升，说明两者呈正相关关系。

从上述政策函数中我们可以看出，地方政府债务风险和金融中介部门流动性风险呈同向变动趋势。两种风险相互传导、相互作用、相互强化。

---

① 朱军，李建强，张淑翠. 财政整顿、"双支柱"政策与最优政策选择 [J]. 中国工业经济，2018（8）：24-41.

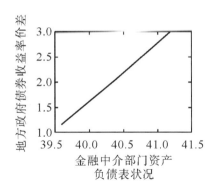

图 3-4　地方政府债券收益率价差作用于
金融中介部门资产负债表状况的政策函数

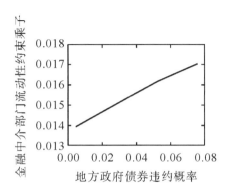

图 3-5　地方政府债券违约概率作用于
金融中介部门流动性约束乘子的政策函数

3.3.4.2　地方政府债券违约情形模拟

本部分从随机稳态的模型经济出发，对地方政府债券违约情形进行模拟，并分别基于地方政府债券收益率价差、金融中介部门净资产、金融中介部门流动性约束乘子及产出水平四个指标考察地方政府债券违约对金融中介部门和实体经济的影响。从图3-6中我们可以看出，在地方政府债券违约当期，地方政府债券收益率价差和金融中介部门流动性约束乘子的变动轨迹类似。地方政府债券收益率价差在当期下降后，会在下期得以回升。金融中介部门净资产因地方政府债券部分违约而损失6.5%；实体经济也受到地方政府债券违约的影响，违约当期的产出水平下降0.43%，地方政府债券违约对产出水平的影响既存在短期效应，又存在长期累积效应，在第30期，随机稳态的产出水平可能下降7.41%。

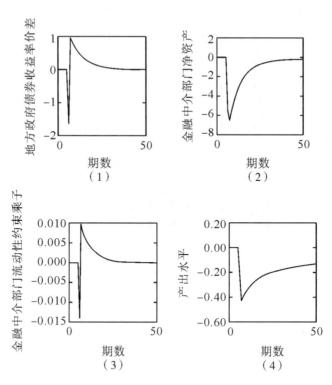

图 3-6　地方政府债券违约情形模拟①

据此我们可以推论，地方政府债券违约会造成金融中介部门资产负债表恶化，进而在长期对实体经济形成冲击，导致极大的产出损失。

3.3.4.3　地方政府债务双螺旋风险的传导机制

本部分运用地方政府债券违约概率冲击的脉冲响应函数对地方政府债务风险与金融风险形成的双螺旋风险进行分析和探讨。从图 3-7 中我们可以看出，如前文所述，地方政府债券违约既会导致金融部门资产负债表受到冲击，又会造成实体经济产出水平下降。金融中介部门由于持有大量地方政府债券而成为地方政府债务风险的载体。其若规避地方政府债券违约所带来的潜在损失，就会对地方政府债券价格形成冲击。对地方政府而言，地方政府债券违约与地方政府债券价格做反向变动，与地方政府债券收益率价差作同向变动。地方政府债券价格下跌会迫使地方政府发行更大额度的债券，以弥补财政支出缺口，进而导致地方政府债务规模扩大。对金融中介部门而言，尽管违约没有实际发

---

①　地方政府债券收益率价差和金融中介部门流动性约束乘子显示的是偏离随机稳态的值，其余变量显示的是偏离随机稳态的百分比。

生，但其资产负债表会因地方政府债券违约概率的上升而恶化，进而引发金融风险，并在一般均衡效应的作用下造成金融中介部门损失净资产，同时引起衡量金融中介部门流动性风险水平的流动性约束乘子升高。金融风险进一步向实体经济传导，导致投资水平和产出水平下降。

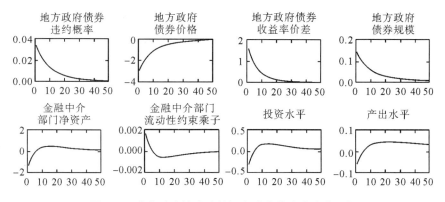

图 3-7　地方政府债券违约概率冲击的脉冲响应函数

图 3-8 显示，由于金融中介部门持有大量地方政府债券，因此地方政府债券违约概率的上升会造成金融中介部门的资产负债表恶化，甚至使金融中介部门损失部分净资产，导致杠杆约束随金融中介部门流动性约束乘子的上升而增大。最终，金融风险会通过金融中介部门的资产负债表和一般均衡效应两个方面影响地方政府债务风险。前者具体表现为，金融中介部门的资产负债表恶化使金融中介部门的融资能力受到流动性约束乘子的限制。金融中介部门进而对持有的地方政府债券提出更高的收益率要求，导致地方政府债券价格下跌、地方政府债券收益率价差升高，这是直接渠道。金融中介部门的净资产损失会造成实体经济的投资水平和产出水平下降，引起地方政府债券违约概率升高，进而使得地方政府债券收益率价差增大，这是间接渠道。两种渠道相互影响，加快了金融风险向地方政府债务风险传导。

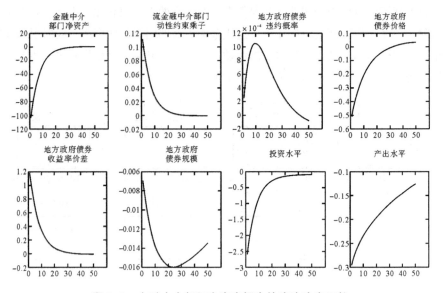

图 3-8　金融中介部门净资产损失的脉冲响应函数

综上所述，地方政府债务双螺旋风险的形成源于地方政府债务风险和金融风险的跨部门传导及叠加。地方政府债券违约概率的上升造成金融中介部门的资产负债表恶化，这是两种风险相互传导的关键，也是地方政府债务双螺旋风险形成的关键。地方政府债务双螺旋风险一旦形成，就会在政府部门和金融中介部门之间传导、强化，对实体经济产生长期影响，最终导致系统性风险的爆发。因此，建立地方政府债务风险宏观审慎监管体系，重点关注风险的跨部门传导，有效防范系统性风险，是我国现阶段地方政府债务风险监管中必不可少的环节。

3.4　本章小结

首先，本章明确了地方政府债务双螺旋风险的内涵及特征。地方政府债务双螺旋风险是一种地方政府债务风险、金融风险相互传导、叠加的新风险范式。生产部门、家庭部门、金融中介部门和政府部门四个风险主体在地方政府债务扩张的顺周期性和金融中介部门内生的流动性风险的共同作用下，助推地方政府债务风险和金融风险相互传导、相互叠加。地方政府债券违约概率的上升导致金融风险上升，而金融中介部门的资产负债表恶化和净资产损失则直接或间接地增大了地方政府债务风险敞口。

其次，借鉴生物学相关理论及 DNA 双螺旋结构，本书创造性地构建了地方政府债务双螺旋风险结构模型。在该模型中，地方政府债务风险和金融风险组成"核苷酸链"，家庭部门、生产部门、金融中介部门和政府部门作为四种"碱基"，形成"氢键"。

最后，本章运用动态随机一般均衡模型分析、探讨了地方政府债务双螺旋风险的传导机制，说明了地方政府债务扩张的顺周期性，展示了地方政府债务风险金融化引致系统性风险的过程，指出了地方政府债务风险宏观审慎监管的必要性。

4 地方政府债务风险宏观审慎监管框架分析

4.1 现阶段我国地方政府债务风险监管面临的挑战

4.1.1 现阶段我国地方政府债务风险监管的特征

为应对 2008 年全球金融危机带来的冲击，保证本地区经济稳定增长，各地政府纷纷通过举债融资的方式弥补财政支出缺口，地方政府债务规模持续扩大，地方政府债务风险日益凸显，这引起了社会各界的高度重视。自 2014 年起，中央政府先后出台多项政策文件对地方政府债务问题进行监督和管理，取得了显著成效。地方政府的融资行为逐步规范，地方财政风险得到有效控制。中央政府以实现财政和经济可持续发展为目标，逐步建立起对地方政府债务进行有效监管的机制。当前，我国地方政府债务风险监管的主要方法包括逐步确立地方政府在市场化债务融资中的主体地位，积极规范地方政府的举债融资行为，加快建立完善的创新融资体制，大力推进地方政府融资平台公司的市场化转型。

4.1.1.1 逐步确立地方政府在市场化债务融资中的主体地位

长期以来，地方政府承担着向本辖区居民提供各种公共物品、促进地区经济增长的重要职能。地方政府筹措各项财政支出资金的渠道随财政制度的变迁不断调整，地方政府在市场化债务融资中的主体地位也在不断变化。地方政府融资平台公司作为我国财税分权制度下融资机制创新的产物，突破了地方财政预算软约束，为地方政府推动区域基础设施建设、推进新型城镇化建设提供了资金保障，在减轻宏观经济下行压力、应对外部危机冲击、拉动有效需求、促进国民经济增长等方面发挥着积极作用。然而，随着我国经济发展进入新常态，地方政府融资平台公司长期缺乏有效监管的问题开始凸显。随着地方政府债务规模的不断扩大，地方政府债务风险愈发难以控制。有鉴于此，2016年后，国务院陆续出台了一系列规定，划清了地方政府与地方政府融资平台公司的边界，确立了省级地方政府在市场化债务融资中的主体地位，实现了地方政府职能的加速转变。

以1994年为界，以往实行的国家财政包干制度逐渐转变为以中央与地方事权为基础的分税制度。我国的财政收入进一步划分为中央固定收入、地方固定收入及中央和地方共享收入（见图4-1）。中央政府与省级政府通过签订财政合约的形式，明确了省级政府上缴的财政收入比例。此做法在扩大地方政府财政自主权和增加地方财政收入的同时，赋予了地方政府更大的提供公共物品的责任，刺激了地方政府增加财政收入。此外，各地经济发展水平参差不齐，造成地区间税收差距的"马太效应"愈发凸显，导致地区间发展不平衡的矛盾日益突出。在此影响下，中央财政收入大幅削减。1985—1993年，中央财政收入的比重下降了42.7%。

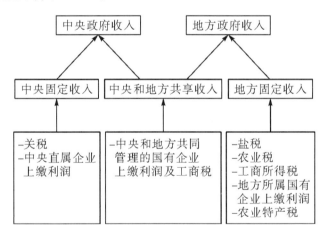

图4-1　分税制改革前的财政收入构成

为了防止中央财政状况进一步恶化，增强宏观调控能力，1994年我国开始推行分税制改革，以实现财权上移、事权不变的目标。分税制改革在有效改善中央财政状况的同时，削减了地方财政收入，改变了地方政府的财政激励行为和投资行为。扩大营业税和土地相关税费的税基成为地方政府增加财政收入现实路径。地方政府的投资偏好由1994年之前的建立国有企业转变为1994年之后的完善基础设施①。然而，1994 年颁布的《中华人民共和国预算法》限制了地方政府债券的发行，从制度层面减少了地方政府的市场化债务融资渠道。

1997 年，亚洲金融危机的爆发给我国经济的稳定发展造成了巨大冲击。为有效应对亚洲金融危机爆发所带来的影响，我国于 1998 年开始实施积极的财政政策，以期通过增加财政支出的方式促进经济社会的发展，刺激各级政府的投资需求。地方政府为突破政策对债务融资主体的约束，开始依赖某种具备现代法人治理结构的实体，以实现同国内外金融市场的对接，并对投资项目进行专业化管理。利用土地资产划拨等方式成立融资平台，进而获取商业银行的信贷，成为地方政府进行债务融资的重要渠道。

2008 年，美国次贷危机的发生在世界范围内产生了广泛影响，导致了全球性的金融危机。为了减小金融危机带来的冲击，我国政府实施了 4 万亿救助计划以刺激国内经济发展。为了获得中央财政的支持，地方政府纷纷向中央提出项目投资计划，包括基础设施建设投资预算及相应的配套方案。然而需要指出的是，在这 4 万亿救助计划中，资金的 30% 来自中央财政，10% 来自地方国有企业发行的公司债券，其余部分由地方政府通过其他融资方式自行筹集②。2009 年 3 月，人民银行与银监会联合发布的《关于进一步加强信贷结构调整促进国民经济平稳较快发展的指导意见》更是为地方政府融资平台公司的快速发展提供了有力的政策支持。地方政府融资平台公司的建设驶入"快车道"。截至 2009 年年底，我国的地方政府融资平台公司已接近 4 000 家，地方政府融资平台公司的未偿贷款总额达到 5 万亿元。

地方政府融资平台公司的激增和地方政府债务规模的持续扩大，引起了社会各界的普遍担忧和有关部门的高度重视。为加强监管和防范潜在风险，国家加大了对地方政府融资平台公司的整治力度。自 2010 年以来，国务院、财政部、审计署等部门相继出台了一系列文件，加强对地方政府债务，特别是对地方政府融资平台公司的监管。银监会也对地方政府融资平台公司实施名单制管理。截至 2017 年 9 月 30 日，在银监会的管理下，已有 2 000 多家地方政府融资平台公司退出名单。一系列政策的颁布和实施对有效抑制地方政府融资平台公司的无序扩张，切实规范管理地方政府融资平台公司，积极防范潜在的财政金融风险起到了显著作用。

---

① 杨天宇，荣雨菲. 分税制改革与中国地方政府的基础设施投资偏好：基于财政激励假说的实证分析 [J]. 经济理论与经济管理，2016（2）：59-70.

② 孙晓娟. 我国地方政府融资平台的风险和对策 [J]. 经济研究参考，2011（47）：20-23.

2014 年修订的《中华人民共和国预算法》和同年发布的《关于加强地方政府性债务管理的意见》（国发〔2014〕43 号）明确规定通过省级政府在国务院批准的限额内发行地方债券是地方政府唯一合法的融资渠道，从而取消了地方政府融资平台公司的融资功能。2017 年，财政部等六部委联合发布的《关于进一步规范地方政府举债融资行为的通知》（财预〔2017〕50 号）则在国发〔2014〕43 号）的基础上进一步规范了地方政府的举债融资行为，赋予了地方政府参与市场化融资的权利，包括允许地方政府出资建立或参股各类基金公司和担保公司，寻求市场化运作的融资渠道，并依法在出资范围内承担有限责任。

自 2017 年以来，在供给侧结构性改革不断深化和监管政策日趋严格的背景下，我国的基本建设投资增速从 15% 左右降到 5% 以下，降幅明显。地方政府面临两难的局面：一方面，面对经济下行的压力，传统的基本建设投资对经济发展的支撑功能再次凸显；另一方面，地方政府债务日益变得不可持续，地方政府存量债务难以化解，部分地方政府融资平台公司甚至出现资金链断裂的现象。为有效改变这一局面，中国银保监会办公厅和国务院办公厅在 2018 年先后发布了《中国银保监会办公厅关于进一步做好信贷工作 提升服务实体经济质效的通知》（银保监办发〔2018〕76 号）和《国务院办公厅关于保持基础设施领域补短板力度的指导意见》（国办发〔2018〕101 号），在不改变金融去杠杆总体要求的前提下，允许金融机构按照市场化原则，适当满足地方政府融资平台公司的合理融资需求，避免必要的在建项目的资金断裂。需要指出的是，上述文件的出台并没有动摇地方政府在市场化债务融资中的主体地位。这是因为其主要目的在于，维持存量隐性债务的资金周转，为地方政府融资平台公司的市场化转型奠定物质基础。

4.1.1.2　积极规范地方政府的举债融资行为

1994 年实行的分税制改革确定了我国财政分权体制的框架，从制度层面解决了中央财政在国内生产总值和国家财政收入中所占比例过低的问题。收入相对集中、支出分权显著的特点逐渐显现。分税制改革实行以来，地方政府的支出比重增幅明显大于地方政府的收入比重增幅，因此地方政府仅仅依靠中央转移支付难以弥补财政支出缺口。收支失衡所带来的压力迫使地方政府，特别是基层政府通过寻求财政收入之外的融资方式来满足日益增长的民生投入需求和应对突发的外部冲击。地方政府在"拨改贷"[①]的政策下，求助于本辖区内

---

① "拨改贷"一般指基本建设投资拨款改贷款。

的商业银行，以走出资金融通的困境，并通过积极申请境外金融机构如世界银行的贷款和国外政府的资金援助来拓展融资渠道，逐渐形成了以商业银行信贷和城投债为主，企业债券、融资租赁等为辅的多样化融资方式。种类繁多的融资方式和日益增长的融资规模对资金利用、项目运作等提出了更高要求。受限于债务融资主体的角色，地方政府必须依赖某种具备现代法人治理结构的实体实现与国内外金融市场的对接，并对投资项目进行专业化管理，这给地方政府融资平台公司提供了快速发展的机会。地方政府融资平台公司隐含的地方政府信用担保使得市场对地方政府融资形成了刚性兑付预期，有利于资金流入。各类"影子银行"业务快速增长，在使地方政府避开商业银行表内信贷监督及减小债务本息偿还压力的同时，导致地方政府债务风险不断累积，助推了系统性金融风险的形成。在我国的资本市场中，以商业银行信贷为主的间接融资长期居于主导地位，而以企业债券和非金融企业股票为主的直接融资的比例不高。大量商业银行表外资金通过信托、理财等"影子银行"业务流入地方政府融资平台公司，使直接融资占社会融资的比重不断下降，而间接融资占社会融资的比重不断上升。但在（财预〔2017〕50号）实施后，该现象得到改变（见图4-2）。

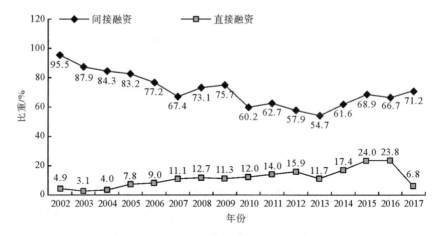

图4-2　2002—2017年直接融资和间接融资占社会融资的比重

资料来源：中国人民银行官方网站数据、中国统计年鉴。

在传统的金融业融资领域中，商业银行信贷是我国地方政府债务融资中最主要的资金来源。《关于基本建设投资试行贷款办法的报告》和《基本建设贷款试行条例》的执行标志着地方政府通过商业银行信贷弥补财政缺口的方式开始被运用。经过多年的发展，由地方政府、地方政府融资平台公司和商业银行等金融机构形成的"三位一体"的资金运作模式业已成熟（见图4-3）。在该模式下，地方政府以财政拨款、划拨土地、股权融资和产权交易融资等方式为地方政府融资平台公司注入资金，并以项目形式为地方政府融资平台公司向商业银行申请的贷款提供担保；地方政府融资平台公司则将商业银行发放的贷款用于地方政府的基础设施项目建设和地方政府的公共物品提供①。

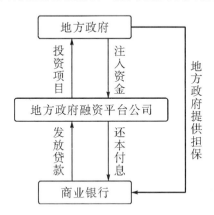

图4-3　"三位一体"的资金运作模式

一方面，由于地方政府往往与本辖区内的商业银行有较高的关联度，因此其获得资金的成本相对较低，程序简便、手续简单；另一方面，相较于其他性质的贷款，由政府担保的贷款更安全，更容易受到商业银行的青睐。这样一来，能够满足借贷双方利益需求的商业银行贷款就成为地方政府最重要的项目资金来源。

鉴于地方政府中普遍存在将公益性资产、储备土地注入地方政府融资平台公司以增强资本实力的现象，2012年12月，财政部等多部委联合发布了《关于制止地方政府违法违规融资行为的通知》（财预〔2012〕463号），规定不得将公益性资产和储备土地作为资产注入融资平台公司，不得承诺将储备土地预期出让收入作为融资平台公司偿债资金来源，只有经过法定的出让或划拨程序才可以将土地注入融资平台公司。2014年修订的《中华人民共和国预算法》和同年出台的国发〔2014〕43号文件，彻底取消了融资平台公司的政府融资职能，将政企债务分离。地方政府债务融资不能再依托商业银行贷款或其他非

---

① 潘文轩. 地方政府投融资平台运行风险及其化解：以偿债风险为中心［J］. 地方财政研究，2010（4）：4-8，13.

标业务①，发行地方政府债券成为地方政府进行市场化融资的唯一合法渠道。

为了加强对地方政府债务的管理，财政部在 2016 年印发了《地方政府一般债务预算管理办法》（财预〔2016〕154 号）及《地方政府专项债务预算管理办法》（财预〔2016〕155 号），根据项目有无稳定收益，将地方政府债券分为一般债券和专项债券，并将其分别列入一般公共预算和政府性基金预算进行管理②。截至 2019 年 3 月，全国发行地方政府债券 20.78 万亿元，其中一般债券 10.86 万亿元，专项债券 9.92 万亿元。2012—2017 年地方政府债券发行情况如表 4-1 所示。

表 4-1　2012—2017 年地方政府债券发行情况　　单位：亿元

年份	1 年期	3 年期	5 年期	7 年期	10 年期
2012				144.5	
2013			1 757	326	
2014			1 599.8	915.6	327.6
2015		6 532.38	12 061.55	10 553.44	9 191.02
2016		11 291.83	19 222.99	16 753.74	13 189.85
2017	100	−7 951.43	14 735.07	11 933.72	8 744.08

资料来源：根据万得（Wind）数据库整理。

按照募集资金用途的不同，我们可以将地方政府债券分为新增债券和置换债券。前者主要用于新增项目投资，后者则主要用于存量债务置换。2015 年 5 月，财政部联合多部委发布《关于 2015 年采用定向承销方式发行地方政府债券有关事宜的通知》（财库〔2015〕102 号），正式启动地方债置换工作。文件要求地方政府在财政部下达的置换债券限额内采用定向承销方式发行一定额度的地方债，用于置换部分存量债务，特别是商业银行贷款所形成的存量债务。当年，置换债券发行规模达到 3.2 万亿元。截至 2019 年 3 月，置换债券发行规模达到 14.43 万亿元。

目前，我国的地方政府债务管理呈现出明显的贷转债③特征。除了允许采取定向承销方式对存量债务中的商业银行贷款进行置换外，财政部还于 2017

---

① 非标业务是指金融市场中面向非标准化资产的业务，这些资产包括信托收益权、资管收益权等。

② 刘尚希.中国财政政策报告（2018）[M].北京：社会科学文献出版社，2018：328-378.

③ 贷转债指将原来地方政府融资平台公司的理财产品、商业银行贷款等期限短、利率高的债务置换成期限限长、低率低的债券。

年先后协同国土资源部和交通运输部分别发布了《地方政府土地储备专项债券管理办法（试行）》（财预〔2017〕62号）及《地方政府收费公路专项债券管理办法（试行）》（财预〔2017〕97号），对专项债券的发行管理、额度控制、执行监督等方面作出明确规定，用土地储备债券和收费公路专项债券取代以往的商业银行贷款。这样既减小了金融风险，又增加了地方政府自主权，避免了项目因资金不足而逾期的风险。这两份文件的出台实际上在债务风险和金融风险间建立了一堵"防火墙"，勾勒出金融企业与地方政府合作的四条政策红线，要求财政部门和金融监管部门在各自监管权限内进行分类管理，以防范系统性风险的爆发。金融企业与地方政府合作的四条政策红线如表4-2所示。

表4-2　金融企业与地方政府合作的四条政策红线

项目	具体内容
红线一	除购买地方政府债券外，不得直接或通过地方国有企事业单位等间接渠道为地方政府及其部门提供任何形式的融资
红线二	不得违规新增地方政府融资平台公司贷款
红线三	不得要求地方政府违法违规提供担保或承担偿债责任
红线四	不得提供债务性资金作为地方建设项目、政府投资基金或政府和社会资本合作（PPP）项目资本金

4.1.1.3　加快建立完善的创新融资体制

改革开放实行以来，我国经济保持高速增长，人民生活水平日益提高，这使得地方政府债务规模不断扩大，传统的融资渠道已经难以满足地方政府持续扩张债务的需求。2016年，《中共中央 国务院关于深化投融资体制改革的意见》（中发〔2016〕18号）发布，明确提出鼓励政府和社会资本合作，允许政府通过特许经营、购买服务等方式扩大公共物品供给和服务供给。广泛吸纳社会资金参与基础设施项目建设的创新融资方式成为各级地方政府关注的焦点，也催生了政府和社会资本合作（PPP）模式等新型项目融资模式。

中发〔2016〕18号被视作我国投融资体制改革的纲领性文件。该文件的出台标志着在我国投融资领域推进的供给侧结构性改革完成了顶层设计，构建了当前和今后一个时期的投融资体制框架：一是加快建立规范的地方政府举债融资机制，支持省级政府依法发行用于公共领域重点项目建设的地方政府债券；二是大力发展直接融资渠道，充分发挥政策性、开发性金融机构的作用，以增加项目资金来源；三是鼓励金融机构积极尝试以适当方式依法持有企业股权；四是努力健全政企合作机制，设立政府引导、市场化运作的产业投资基金以吸引社会资本参与。

政府和社会资本合作（PPP）是指政府采用市场化竞争的方式，选择投资能力和运营管理能力均较强的社会资本方开展合作，双方基于平等互利的原则达成契约关系并明确权利与义务。政府依据社会资本方提供的公共服务开展绩效评价并向其支付相应费用，保证其合理收益。从广义上讲，PPP模式泛指公共部门和民间部门为提供公共物品或服务而形成的各种合作模式。从狭义上看，PPP模式又称特许经营模式。在特许经营模式下，民间部门按照特许合同规定的合作责任、风险及收益，与公共部门一起提供公共物品。特许经营模式主要包含建设-经营-转让（build-operate-transfer，BOT）、移交-经营-移交（transfer-operate-transfer，TOT）、设计-建设-融资-经营（design-build-finance-operate，DBFO）等多种模式①。

地方政府通常以采购的形式对公共服务项目进行招标，并与中标企业签订PPP项目合同，组建特殊目的公司。特殊目的公司在融资过程中往往被金融机构要求出具政府担保。一般来讲，投资越多、技术专业化程度越高、收费越容易、地方性越强的项目，民间资本介入程度越高；反之，民间资本介入程度越低②。首次修订的《中华人民共和国预算法》自2015年1月1日起正式实施，之后PPP项目投资需求持续增长。截至2017年9月，按照要求，经审核纳入全国PPP综合信息平台项目库的项目达到14 000多个，总投资额为17.8万元。PPP项目虽然在有收益的半覆盖型投融资平台上发挥着更大的作用，但也为地方政府带来了更大的担保责任和隐性债务风险。

PPP模式是对公共服务供给机制的重大创新，但在其运用过程中也出现了一些不规范的行为。一是政府采购异化。PPP项目具有流程长、要求高的特征，且融资额度不得超过地方年度预算支出的10%。此前，相关政策未对政府购买服务明确界定，导致该方式成为一些地方政府违规举债的重要渠道。二是明股实债问题屡有发生。在项目融资过程中，金融机构充当引入的社会资本方的名义股东，其投资回报与项目经营业绩无关。金融机构通过与资金需求方签署回购协议来获取固定收益，这从本质上讲是一种债务融资方式。在该模式下，地方政府承担兜底责任，而社会资本方往往只负责项目建设，这严重违背

① 张启智. 城市公共基础设施投融资方式的选择与政府职能定位 [J]. 内蒙古师范大学学报，2007（2）：104-107.

② 邵颖红. 公共项目投融资分析：理论、方法及应用 [M]. 北京：电子工业出版社，2011：199-200.

了利益共享、风险共担、长期合作的基本原则。

地方政府利用PPP项目和建设基金变相举债，导致各种隐性举债方式层出不穷。2017年，针对PPP项目和建设基金的全面清查拉开了序幕。《关于进一步规范地方政府举债融资行为的通知》（财预〔2017〕50号）和《关于坚决制止地方以政府购买服务名义违法违规融资的通知》（财预〔2017〕87号）印发，严禁地方政府以投资、政府和社会资本合作等名义变相举债或以任何形式为融资平台公司等提供担保，同时强调政府购买服务应严格执行预算管理制度，不得将原材料、燃料、设备、产品等货物，以及建筑物和构筑物的新建、改建、扩建及其相关的装修、拆除、修缮等建设工程作为政府购买服务项目；严禁将铁路、公路、机场、通讯、水电煤气，以及教育、科技、医疗卫生、文化、体育等领域的基础设施建设，储备土地前期开发，农田水利等建设工程作为政府购买服务项目；严禁将建设工程与服务打包作为政府购买服务项目；严禁将金融机构、融资租赁公司等非金融机构提供的融资行为纳入政府购买服务范围。2017年年末，以财政部办公厅发布的《关于规范政府和社会资本合作（PPP）综合信息平台项目库管理的通知》（财办金〔2017〕92号）为代表的强监管组合拳系列文件掀起清理整肃违规PPP项目的高潮，提出分类管理、统一新项目入口标准和组织开展集中清理已入库项目的三大举措，将防范化解地方政府债务风险，特别是隐性债务风险上升到打好攻坚战的高度。

广义的PPP模式的重要特征是地方政府融资平台公司广泛参与，地方政府与地方政府融资平台公司之间形成委托与被委托的关系。财政部在《关于规范金融企业对地方政府和国有企业投融资行为有关问题的通知》（财金〔2018〕23号）中对金融企业向地方政府和地方政府融资平台公司提供融资的行为进行了规范，提出了两大市场化融资原则：一是对融资主体的资本金按照"穿透原则"加强审查，确保融资主体的资本金来源合法合规，融资项目满足规定的资本金比例要求；二是应审慎评估融资主体的还款能力，确保其自有经营性现金流能够覆盖应还债务本息。这从根本上断绝了地方政府与金融企业之间的现金流关系或潜在现金流关系（见图4-4）。《财政部关于进一步加强政府和社会资本合作（PPP）示范项目规范管理的通知》（财金〔2018〕54号）则从探索PPP项目库建设出发，力图建立以收益覆盖为首要目标，以政企隔离为前提条件，提质增效、精准管理的创新融资监管模式。

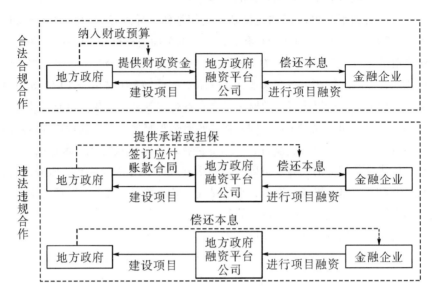

图 4-4 地方政府与金融企业之间的现金流关系

4.1.1.4 大力推进地方政府融资平台公司的市场化转型

地方政府融资平台公司作为我国财政分权制度的特殊产物，长期通过向商业银行贷款、发行债券和从金融机构获得非标融资等方式为地方政府融资，在国民经济中扮演着极为重要的角色，在拉动地方经济发展、推动公共建设方面发挥着巨大作用。2014 年，《中华人民共和国预算法》的修订和国发〔2014〕43 号的实施从制度上消除了地方政府融资平台公司的融资功能，使地方政府融资平台公司的发展进入新的历史阶段。面对我国宏观经济和区域经济快速发展带来的巨大资金缺口，以及商业银行信贷受到的严格限制和监管，地方政府采用融资租赁、购买服务等方式变相举债，且举借方式变得更加隐蔽。研究发现，一方面，地方政府融资平台公司的数量和地方经济的发展程度呈正相关关系，如在我国经济较为发达的东部沿海地区，地方政府融资平台公司的数量占全国地方政府融资平台公司总数的近一半；另一方面，地方政府融资平台公司的层级分布与地方经济的发展水平相关，如湖南省和江西省的市县级政府融资平台公司的数量分别占本省政府融资平台公司总数的比重均超过 70%，而贵州省、云南省的这一数据更是接近 80%。

2017 年后，中央加大了对地方政府隐性举债方式的监管力度。PPP 项目、建设基金和非标融资都要接受非常严格的监管，加之金融去杠杆的影响，部分地方政府融资平台公司面临资金链断裂的风险。基于这种情况，国家对监管政策进行了调整，要求金融机构适当支持地方政府融资平台公司的合理融资需求，但未动摇打破刚性兑付的理念，继续坚持积极推动地方政府融资平台公司转型发展的总体思路。

总体来看，目前我国对地方政府融资平台公司的监管主要体现在三个方面。一是政企分开。严禁地方政府融资平台公司以任何形式为地方政府举债或为地方政府提供融资功能，地方政府不得违规干预地方政府融资平台公司的日常经营活动和市场化融资。二是资产注入。地方政府不得将储备土地和公益性资产注入地方政府融资平台公司，不得采取定向挂牌方式将尚未启动或完成拆迁的土地违规出让给地方政府融资平台公司。三是融资担保。地方政府不得为地方政府融资平台公司提供任何形式的担保、承诺，也不得以越权签订应付（应收）账款合同或融资租赁等形式为地方政府融资平台公司融资。

地方政府融资平台公司迄今仍然是国内地方政府融资的主要渠道。特别是对经济欠发达的地区而言，做大做强地方政府融资平台公司具有极为重要的现实意义：有利于地方政府融资平台公司成为地方政府在基础设施建设领域的人才聚集高地、经验积累载体和对接各方资源的枢纽；有利于地方政府为城镇化项目融资；有利于以土地资源为主的各类公共资源的集聚、培养和转化；有利于PPP项目的实施主体、现金流不足时的风险缓释主体、代表地方政府进行监管的执行机构及PPP项目失败时代表地方政府处理遗留问题的公共机构的运作[①]。从地方政府融资平台公司的转型发展趋势来看，随着融资监管政策的趋严，中小型地方政府融资平台公司的融资将会变得极其困难，地方政府通过地方政府融资平台公司建立的借新还旧的滚动偿债模式将难以持续。

4.1.2 现阶段我国地方政府债务风险监管的缺陷

近年来，经过各级政府的不懈努力，地方政府债务风险管理工作取得了显著成效。从政企债务隔离，到"开前门、堵后门"；从清理违规PPP项目，到对资本金按照"穿透原则"进行审核；从制订地方政府债务风险处置预案，到启动地方政府违规举债问责机制，全方位、穿透式的地方政府债务风险监管体系业已形成。然而，现阶段的地方政府债务风险监管关注单个地方政府融资主体，将重点放在地方政府融资主体的债务规模和既有融资方式上，而对个体间甚至跨行业的风险传导及依托各类金融创新而形成的隐性地方政府债务相对忽视。

---

① 张永亮. 一文看懂地方政府融资现状、问题及对策［EB/OL］.（2017-11-21）［2021-10-31］. http://www.sohu.com/a/204727328_577410.

4.1.2.1 顺周期的风险监管缺乏前瞻性和预防性

顺周期通常表现为金融部门和实体经济基于时间序列产生的正相关反馈机制相互作用，从而增大经济周期的波动幅度，增强金融体系的不稳定性。地方政府债务风险的顺周期变动会形成商业银行内生的流动性风险，进而导致资产抛售、银行挤兑等现象的发生，破坏经济系统的稳定性，甚至触发系统性金融风险。尽管人们早就认识到金融体系内部具有顺周期特征，并运用资本监管、贷款损失准备金和杠杆率等顺周期工具来实现顺周期监管，然而，对具有顺周期特征的地方政府债务扩张的监管仍稍显不足。

毛锐等①利用 2009 年第 1 季度至 2016 年第 4 季度的数据开展研究。结果表明，GDP、地方政府投资支出与地方政府债务发行规模在一定程度上存在共动关系。从三者的波动时序看，地方政府投资支出的波动相较于 GDP 和地方政府债务发行规模具有先行性。2013 年第 1 季度后，GDP 的波动与地方政府投资支出的波动高度一致，而地方政府债务发行规模的波动与前两者出现了一定程度的背离。地方政府投资支出的波动和地方政府债务发行规模的波动在绝大多数时段表现出顺周期特征，地方政府投资支出的波动与 GDP 的波动相关系数分别为 0.87 和 0.84，该结果与我国地方政府利用投资支出进行基础设施建设，以刺激经济发展的现实相一致。这是因为地方政府投资支出对生产部门的边际产出具有正外部性。随着生产率的提高，家庭部门和生产部门均增加投资而减持债券，这样就会导致社会产出增加、债券存量下降。当地方政府发行的债券供给量固定时，家庭部门对债券需求的减小会使债券价格下跌，持有大量债券的商业银行的资产净值自然也大幅下降。在流动性约束的作用下，商业银行增持债券，导致信贷供给减少，从而挤出资本品生产部门的投资并降低其资产净值水平，但商业银行增加债券持有量所带来的资产净值增加效应大于投资减少所带来的资产净值减少效应。由此可以看出，地方政府投资支出规模的扩张决定了地方政府债务的顺周期特征。从中长期看，经济增长可以有效减小地方政府债务规模，提升商业银行资产净值，降低商业银行杠杆率。然而，地方政府投资支出的增加，在扩大地方政府债务规模的同时，也会带来商业银行杠杆率的上升。

根据明斯基时刻理论，宏观金融的脆弱性源于高杠杆。系统性金融风险往往是从杠杆率上升开始的，整个经济系统会面临陷入去杠杆周期的风险。地方

---

① 毛锐，刘楠楠，刘蓉. 地方政府债务扩张与系统性金融风险的触发机制 [J]. 中国工业经济，2018 (4)：19-38.

政府融资主体在自有资本既定的条件下，通过融资方式的创新使得净负债在期限转换和流动性转换的交替中推动了信用创造，形成了高杠杆。当前，地方政府在融资时多以土地使用权及其收益作为抵押或质押担保物。在经济繁荣期，土地资产价格上升，商业银行信贷放宽，顺周期监管的约束力减弱，会进一步促进经济发展甚至导致泡沫形成；在经济衰退期，土地资产价格及其收益下降，商业银行信贷收紧，顺周期监管的约束力增强，地方政府债务风险增大，系统性金融风险凸显。

从资本监管的角度看，商业银行一般从违约概率、违约损失、违约相关性等维度建立地方政府融资主体的风险计量指标。然而，这些指标本身具有顺周期特征。经济繁荣时期，风险计量指标放松标准，地方政府融资主体的贷款规模提升，地方政府债务风险敞口增大；经济下行时期，风险计量指标提高标准，地方政府融资主体的贷款规模减小，地方政府融资主体的融资渠道减少，资金周转更加困难，地方政府债务风险的发生概率增大。

从贷款损失准备金的角度看，在经济繁荣时期，以土地运作收入为主要还款来源的地方政府融资主体的资产估值普遍较高，其潜在的不良贷款率较低，商业银行只需提取相对较少的贷款损失拨备以防范风险；在经济衰退时期，以土地运作收入为主要还款来源的地方政府融资主体的资产估值普遍较低，其潜在的不良贷款率较高，商业银行必须计提相对较多的贷款损失拨备以应对风险。这将削弱商业银行的长期抗风险能力，进而直接影响整个金融系统的稳定性。

从杠杆率的角度看，杠杆率具备顺周期特征。杠杆率和地方政府融资主体的资产价值呈正相关关系，两者随经济波动而同向变动。共振的结果是增大了经济波动的幅度，扩大了引发地方政府债务危机的风险敞口。

基于此，我们可以看出，对防范地方政府债务风险而言，顺周期监管的前瞻性和预防性不足，因此在宏观审慎监管的框架下实施逆周期监管很有必要。

4.1.2.2 债务风险金融化加速风险的跨部门传导

2014 年修订的《中华人民共和国预算法》和同年出台的国发〔2014〕43 号从制度上明确了地方政府举债融资的唯一合法渠道，即通过省级政府在国务院批准的限额内发行债券。新增地方政府债务只能以一般债券和专项债券的形式发行，并分别纳入一般公共预算和政府性基金预算进行管理，而存量地方政府债务的化解则是通过债券置换的方式实现的。2015—2017 年，新增债券规模达到 8.97 万亿元，置换债券规模达到 14.43 万亿元。从 2017 年年末在中央国债登记结算有限责任公司（简称"中央结算公司"）托管的地方政府债券来看，地方政府债券的主要持有者是以商业银行为代表的金融机构，而非金融机构持有的地方政府债券比例几乎可以忽略不计（见表4-3）。地方政府债券以各种形式广泛存在于金融机构的资产负债表内，导致地方政府债务风险和金融机构风险高度关联，产生传导、累积、叠加的共振效应。

表4-3 2017年年末地方政府债券持有者结构

持有者	持有额/亿元	占比/%
商业银行	127 555.77	86.53
特殊结算成员	17 896.95	12.14
信用社	948.7	0.64
基金公司	749.83	0.51
证券公司	114.04	0.08
境外公司	96.3	0.07
保险公司	52.06	0.04
非银行金融机构	1	0
非金融机构	0	0

资料来源：中国债券信息网。

根据霍姆斯特姆等（Holmastrom et al.）的研究①，商业银行会对部分流动性资产进行计提，并将其作为应对潜在挤兑所导致的流动性危机的抵押物。本书充分借鉴毛锐等②的研究成果，把流动性抵押资产设定为商业银行所持有的地方政府债券，并将商业银行内生的挤兑概率引入流动性约束。若家庭部门事前知晓商业银行持有大量地方政府债券，则部分地方政府违规举债或出现债务违约行为的相关信息将会影响家庭部门对该地区地方政府债务水平的主观判断，进而使得家庭部门据此判断商业银行的资产风险水平，最终影响家庭储蓄存款的挤兑概率。由此，挤兑概率为

$$\omega_{t+1} = \frac{(1-\mu)(\varphi_t - 1) B_t^{\text{stock}}}{T_t + (\varphi_t - 1) B_t^{\text{stock}}} \qquad (4.1.1)$$

其中，μ 表示中央政府对地方政府债券违约的担保率，取值为 [0, 1]；φ_t 为 t

---

① HOLMSTROM B，TIROLE J. Financial intermediation，loanable funds，and the real sector [J]. Quartely journal of economics，1997（112）：663-691.

② 毛锐，刘楠楠，刘蓉. 地方政府债务扩张与系统性金融风险的触发机制 [J]. 中国工业经济，2018（4）：19-38.

时期地方政府债券的实际含息价格；B_t^{stock} 为 t 时期商业银行持有的地方政府债券存量；T_t 为 t 时期家庭部门的一次性总付税。

尽管按照《国务院办公厅关于印发地方政府性债务风险应急处置预案的通知》（国办函〔2016〕88 号）的要求，中央政府不得为地方政府债务承担任何担保责任，但在财政不完全分权的体制下，地方政府无法偿还的到期债务不适用破产保护规则，因此中央政府依旧扮演着地方政府债务的最后救助人角色，这相当于中央政府向地方政府提供了隐性担保。中央政府的隐性担保能够有效降低商业银行的挤兑概率，从而减小商业银行的流动性风险，但会带来预算软约束下的"公共池"问题，导致地方政府在举债融资时形成道德风险。在中央政府为地方政府债券提供隐性担保的条件下，家庭部门的预期债券违约损失相当于中央政府未担保的份额，即 $\vartheta = 1 - \mu$。

此外，出于保证系统均衡的存在及唯一性的考虑，中央政府采取金融审慎监管和流动性约束收紧的方式应对地方政府债务风险分摊的担保，要求商业银行持有的担保资产应高于家庭部门的期望挤兑额。故商业银行的流动性约束条件为

$$(\varphi_t - 1)\, B_t^b \geqslant \omega_t\, D_t + \sigma\, \mathrm{mac}_t \tag{4.1.2}$$

其中，B_t^b 表示 t 时期商业银行对地方政府债券的需求量；D_t 表示家庭部门的期初储蓄额；σ 表示中央银行要求商业银行额外持有的担保资产，该变量的均衡值由中央政府的隐性担保率 μ 和商业银行对地方政府债券的需求量 B_t^b 共同决定；mac_t 为中央银行对应的金融审慎政策。

长期以来，地方政府利用投资，特别是基础设施建设投资，带动辖区内的经济增长。在预算软约束的条件下，地方政府只有增加债券供给，才能满足日益增长的投资需求。根据式（3.5.1），家庭部门对地方政府债券的预期风险随地方政府债券存量的增长而不断上升，家庭部门进而通过减持地方政府债券的方式规避风险，导致实际收益降低。在这种情况下，商业银行只有增持地方政府债券，才能在地方政府债券存量不变的条件下达到流动性要求。商业银行对地方政府债券的需求增加，刺激了地方政府债券发行规模的扩大，从而使得地方政府债务风险进一步提高，形成风险循环叠加的闭环。当商业银行的挤兑概率趋近临界点时，系统性风险就可能爆发。

4.1.2.3　缺乏统一有效的债务监管机构

迄今我国还没有成立起拥有足够权限的，能对地方政府债务进行有效监管的正式机构。财政部曾在 2008 年设置了地方政府债务管理处，专门负责地方政府债务管理。但由于法规依据、人员配备和资源配置的不完善，因此该机构

无法行之有效地构建完整规范的地方政府债务管理体系，以对全国范围内的地方政府债务实行监督和管理。2017 年成立的国务院金融稳定发展委员会是国务院统筹协调金融稳定和改革发展重大问题的议事协调机构，其职责包括指导地方金融改革与发展，对地方政府业务进行监督和问责。其并不承担地方政府债务风险处置工作，只要求地方政府按照中央统一规则，强化属地风险处置责任。2023 年 3 月，中共中央、国务院印发了《党和国家机构改革方案》，组建中央金融委员会，不再保留国务院金融稳定发展委员会及其办事机构。中央金融委员会的职责如下：负责金融稳定和发展的顶层设计、统筹协调、整体推进、督促落实，研究审议金融领域重大政策、重大问题等。目前，财政部门是地方财政预算的直接主管部门。地方政府债券发行经历了中央代发代还、自发代还和自发自还三个阶段。在 2014 年修订的《中华人民共和国预算法》发布实施以后，地方政府可以通过省级政府在国务院批准的限额内自行发债，并报本级人民代表大会批准；PPP 项目和政府投资基金由各级地方政府通过预算来安排；城投债业务接受国家发展和改革委员会、中国证券监督管理委员会和国家金融监督管理总局的交叉监管；政信合作类信托理财产品受国家金融监督管理总局和中国证券监督管理委员会的监管；融资租赁、担保、典当等业务则由各部委和地方政府监管。

中国人民银行、国家金融监督管理总局和中国证券监督管理委员会（简称"证监会"）构成了我国金融业的监管主体。监管目标和工作内容的差异是这些监管主体在构建信息共享和政策协调机制时面临的主要问题。要实现宏观审慎监管框架下的协调、交流和合作，各部门还需要进一步明确职责与分工，共同完善相关机制。

专门的地方政府债务风险监管机构的缺乏导致监督和管理的缺位，这不仅不利于地方政府债务风险的控制和处置，而且在债务举借、利用和偿还等环节引起诸多问题。

首先，权责不对应造成政策执行受阻。尽管金融监管部门拥有风险监管的权力，并负责制定各项监管政策，但地方政府融资主体举借债务的决策权掌握在地方政府、地方政府融资平台公司和项目责任单位的手中，因此在本位主义的影响下，决策、审批程序大多较为简单，这就造成政策落实不到位、政策实施效果不佳。

其次，分业监管模式形成监管盲区。实现监管的专业化和专门化是实行分业监管的目的之一。分业监管模式下，各监管部门大多将工作重心放在各自所处的行业领域，缺乏沟通和交流，对一些概念界定模糊或处于监管交集区域的监管对象往往存在监管缺失或合作不到位的情况。一方面，这变相造成部分地方政府多头立项、多处备案，甚至利用监管盲区违规举债，除了向商业银行借贷，还向其他单位、个人集资；另一方面，分业监管对地方政府债务的监管目前主要针对的是显性债务，而隐性债务集中在无法发行地方政府债券的市县级地方政府，且具有融资渠道多样化、融资方式隐蔽化、融资规模海量化等特征。尽管自2017年起中央政府加大了对地方政府隐性债务的监管和排查力度，并公布了部分省（自治区、直辖市）的隐性债务规模，但这相较于整体隐性债务规模而言仅为"冰山一角"。造成这一现象的主要原因在于，隐性债务大多通过政府购买、PPP项目建设、产业发展及基金引导等形式形成；融资途径较为多样，包括金融机构的表内外贷款、各种类型的保理及资管计划等；融资方式隐蔽，且多涉及明股实债、抽屉协议等违规行为。隐性债务并不存在于限额管理和预算管理之中，但地方政府可能需要承担偿还责任。如果财政部门对地方政府融资主体的有关债务，特别是隐性债务的规模、结构和风险缺乏及时、有效的了解，就可能使得监管部门往往在债务危机出现后才被迫介入，并借助财政预算扣款方式偿债，从而增加地方财政压力，进一步增大地方政府债务风险敞口。

最后，监管主客体的定位模糊导致监管错位。地方政府过度依赖财政部门对债务的外部监管而相对忽视对自身的内部监管、对地方政府融资主体及其有关责任人缺乏有效的制约措施等现象都易引起道德风险。举债主体和投资主体在责、权、利方面的划分不够清晰，导致很多地方政府融资平台公司经营效益低下，负责人的风险控制能力不足、债务偿还意识淡薄，部分地方政府融资平台公司依赖地方财政偿还债务，从而致使地方政府债务规模无序扩大、财政部门的监管资源被大量耗费。

4.1.2.4 地方政府债务风险事后应对机制有待完善

针对系统性风险的传导、影响等形成的地方政府债务风险事后应对机制是宏观审慎监管体系中必不可少的组成部分，但目前我国的地方政府债务风险监管框架还有待完善，监管层也缺少监管手段，制度建设还不能满足地方政府债务风险事后应对的需要。尽管国务院办公厅在2016年11月颁布了《关于印发地方政府性债务风险应急处置预案的通知》（国办函〔2016〕88号），要求地方政府按照分级负责、及时应对、依法处置三项原则对地方政府债务风险进行应急处置，将地方政府融资平台公司的存量担保债务与存量救助债务从地方政府债务中剥离出来；要求各级政府成立政府性债务管理小组（非常设机构），并根据政府性债务风险等级，坚持快速响应、分类施策、协同联动、稳妥处置的原则，负责组织、协调、指挥风险事件应对工作，严守不发生区域性系统性风险的底线，切实防范和化解财政金融风险，维护经济安全和社会稳定。然而，该文件对救助主体和救助对象的确认、救助责任的划分、救助程序的安排未作出具体规定，无法行之有效地用于干预系统性风险。综上，建立宏观审慎监管视角下的地方政府债务风险事后应对机制势在必行。

4.2 地方政府债务风险宏观审慎监管是应对地方政府债务双螺旋风险的必然选择

4.2.1 地方政府债务风险宏观审慎监管的内涵

所谓监管，即对经济主体的行为进行规范与管理。西方经济学将经济主体的经济活动对其他社会成员造成的非市场化影响定义为外部性。当经济主体的经济活动使其他社会成员无须支付费用即可得到利益时，这种非市场化影响被称为"正外部性"或"外部经济"；反之，当经济主体的经济活动使其他社会成员遭受未支付费用的损害时，这种非市场化影响被称为"负外部性"或"外部不经济"。

负外部性问题会导致资源配置的低效率，引起市场失灵。负外部性存在于地方政府债务风险中，具体表现为地方政府在债务到期后无力偿还，引起财政风险；具有顺周期特征的地方政府债务风险传导至金融体系，引发金融风险。两种风险累积、叠加，达到临界点，从而触发系统性风险。如果地方政府盲目扩大债务规模、完全依赖自律管理，那么将无法消除负外部性，因此我们需要通过财政货币政策和宏观审慎监管减弱负外部性效应。从本质上讲，地方政府债务风险监管是对地方政府债务风险的集聚和传导进行管理，目的是防范系统性风险。地方政府债务风险监管既具有微观性，也具有宏观性，是维护国家金融秩序和宏观经济稳定运行的现实需求。

2008 年，全球金融危机的爆发使各国监管当局认识到单个金融机构的稳定不足以保证整个金融系统的健康运转。传统的以单个金融机构为对象的微观审慎管理不但对防范系统性风险作用有限，而且存在增大系统性风险的可能性[1]。需要注意的是，宏观审慎监管并不是一个新概念。早在 20 世纪 70 年代

---

① BORIO C. Towards a macroprudential framework for financial supervision and regulation [R]. BIS Working Papers, 2007.

末，库克委员会的会议纪要中就提出了"宏观审慎"的概念。但在当时，这个概念还比较模糊，不具备实践条件，其主要强调的是在宏观视野下加强对系统性风险的监管。20 世纪 80 年代之前，金融监管经历了加强监管→放松监管→重新加强的演变过程，强调维护单个金融机构的稳健经营及完善对存款人的保护措施，提出了微观审慎管理的理念。其中，"审慎"体现了金融监管的前瞻性，监管对象主要为传统的银行业。由于金融市场发展程度和全球化水平均较低，因此微观审慎管理总体能够维护金融体系的稳定。1979 年，英格兰银行从构建金融体系的监管框架出发，指出信贷总量增长的持续性、单个金融机构成长的不一致性、对主权债务风险及流动性风险重视不够是加强审慎管理的原因。英格兰银行认为，基于单个金融机构的微观审慎管理会导致对整个金融体系的监管缺失，进而使人们低估整体金融风险，因此应从微观审慎和宏观审慎两个层面对金融体系进行全面监管。

1986 年，国际清算银行（BIS）正式提出宏观审慎监管的概念，旨在确保金融体系和支付机制的整体稳健。在此基础上，国际货币基金组织（IMF）尝试运用宏观审慎指标（MPIs）对各国金融体系的薄弱环节导致的脆弱性进行分析、研究和判断，总结形成了一套金融部门评估规划（FSAP）。然而，受制于各国经济环境的不同、金融风险的差异等客观原因，国际社会并未在宏观审慎监管的概念、内涵、理念与作用等方面达成一致。

2008 年，全球金融危机的爆发使世界各国及国际货币基金组织（IMF）、国际清算银行（BIS）等国际组织清醒地认识到微观审慎管理的不足。国际社会尽管在如何构建新的金融监管体系方面还存在争议，但对加强宏观审慎监管已达成共识。2009 年 4 月，二十国集团领导人峰会（G20 峰会）发布了《加强合理监管，提高透明度》的报告，明确提出将宏观审慎监管作为微观审慎管理的重要补充，建立金融稳定委员会（FSB），并在国际范围内开展宏观审慎监管的合作与协调工作，以保证全球金融稳定。同年 7 月，巴塞尔银行监管委员会（简称"巴塞尔委员会"）考虑到巴塞尔协议 II 在处理信用风险方面鼓励采用内部评级法，导致监管资本准则和规范具有很强的顺周期性[①]，因此以宏观审慎原则为指导，对巴塞尔协议 II 中原有的监管政策进行了大幅修改，形成了巴塞尔协议 III。巴塞尔协议 III 于 2010 年 11 月在 G20 峰会上正式通过，这意味着广泛开展宏观审慎监管已成为世界各国的共识，同时也表明了国际社会在全球范围内控制系统性风险、维护金融体系稳定的决心。

---

① 彭建刚，梁凌，谭德俊，等. 商业银行经济资本管理研究［M］. 北京：中国金融出版社，2011.

G20 峰会和 BIS 先后对"宏观审慎"进行定义，使其逐步超出金融监管的范畴。"宏观审慎政策"从而出现，并用于泛指应对系统性风险的各种政策考量及与经济和金融稳定相关的所有主题①。由此可见，宏观审慎监管的理念在不断演变，其范围不断扩大、内涵不断延伸。究其原因，关键在于人们认识到微观审慎管理的局限性。

对于宏观审慎监管的理念，相关研究取得了共识。宏观审慎监管相较于微观审慎管理更加注重对整体风险的监管，而不局限于对单个金融机构的风险进行管理，同时关注金融机构、行业间的相互作用和风险传导。中国人民银行在《2010 年中国金融稳定报告》中认为，宏观审慎监管把防范系统性风险作为根本目标，将金融业视为一个有机整体，既防范因金融体系内部相互关联而可能导致的风险传递，又关注金融体系在跨经济周期中的稳定状况，从而有效监管整个金融体系的风险，最终达到维护金融稳定、促进经济平稳健康发展的目标。

目前，宏观审慎监管的理论研究和实践基本集中在金融领域，用于防范银行系统性风险。地方政府债务风险具有的顺周期特征及债务风险金融化引起的债务-金融风险跨部门传导都可能导致系统性风险爆发，这就使得地方政府债务风险监管必须从微观审慎走向宏观审慎。地方政府债务风险宏观审慎监管的内涵主要体现在三个方面：

（1）实时监测风险的积聚和传导，及时发出风险预警

地方政府债务风险宏观审慎监管应将地方政府融资主体、作为地方政府债务风险载体的各类金融机构及地方政府举债融资活动视作一个有机整体。一方面，相关部门应对地方政府债务的存量和增量进行有效控制和监督，避免具有顺周期特征的地方政府债务扩张形成地方政府债务风险，并作用于金融风险，防范多种风险累积、叠加为系统性风险；另一方面，相关部门应在创新融资机制的同时，规范地方政府的举债融资行为，减少依托政信合作等方式形成的地方政府隐性或有债务，从而避免地方政府债务风险金融化。相关部门应建立跨部门的风险预警指标体系，对可能引致系统性风险的各类指标进行定量评估，一旦发现风险，就立即发出预警，并采取相应的宏观审慎监管措施。

（2）综合运用各类宏观审慎监管工具，强化风险应对机制

每种宏观审慎监管工具都具有多重属性并可能产生多种效果，地方政府债务双螺旋风险更会增强这些效果的不确定性。地方政府债务风险宏观审慎监管

① 张健华，贾彦东. 宏观审慎政策的理论与实践进展 [J]. 金融研究，2012（1）：20-35.

工具的选择取决于监管目的。从监管目的出发，一切具有防范系统性风险和维护宏观经济稳定运行功能的事物都可以纳入地方政府债务风险宏观审慎监管工具的范畴。总体来讲，地方政府债务风险宏观审慎监管工具致力于测量和化解地方政府债务双螺旋风险，以及阻止系统性风险在时间维度和空间维度延伸。具体而言，地方政府债务风险宏观审慎监管应包含对地方政府债务双螺旋风险的定量监管和定性监管，应在时间维度建立逆周期的监管机制，在空间维度监控具有顺周期特征的地方政府债务扩张及金融系统内生的流动性风险，避免多种风险累积、叠加为系统性风险。相关部门应积极构建防范地方政府债务风险的长效机制，完善处置地方政府债务风险的具体措施，运用偿债准备金等工具，强化最后贷款人的职能，利用多种宏观审慎监管工具和措施，化解地方政府债务双螺旋风险乃至潜在的系统性风险。

（3）合理出台宏观审慎监管政策，建立跨部门协作的制度框架

综合运用多种宏观经济政策，能够有效防范和控制系统性风险。相关部门应厘清地方政府债务风险宏观审慎监管政策与其他宏观经济调控政策的关系，关注宏观经济运行环境，合理设计宏观审慎监管政策并根据宏观审慎监管分析结论和风险预警提示及时调整，在促进经济增长的同时维护宏观经济的稳定运行。实现防范系统性风险、维护宏观经济稳定运行的目标，离不开各监管机构的共同努力，因此，地方政府债务风险宏观审慎监管必须建立起多方合作的制度框架，以明确各方的地位和职责。

4.2.2　地方政府债务风险宏观审慎监管的特征

地方政府债务金融化造成地方政府债务风险和金融风险相互传导、叠加，使监管面临复杂多变的局面。因此，地方政府债务风险宏观审慎监管应具备以下主要特征：

（1）地方政府债务风险宏观审慎监管应关注风险的关联性

面对地方政府日益增长的融资需求，金融机构推出多种金融服务和衍生品。地方政府融资主体和金融机构之间构建了一张交错的业务网，跨部门的风险传导成为宏观经济稳定运行的重大威胁。这是因为，无论金融风险爆发于单个市场参与者还是某个子市场，都会使投资者对同类机构和关联市场丧失信心，进而引起整个市场的杠杆率上升和流动性枯竭，导致市场的稳定性面临巨大挑战。因此，监管机构应从宏观经济稳定运行的角度出发，将宏观审慎的思想融入日常监管。

（2）地方政府债务风险宏观审慎监管应关注风险的内生性

微观审慎管理着眼于对单个机构的行为进行管控，然而，即使单个机构的行为是安全的，当多个机构的行为叠加时，也可能对整个行业或系统造成负面影响。商业银行对地方政府债务的大量认购和"影子银行"业务的泛滥使地方政府债务风险转化为金融风险，金融机构成为地方政府债务扩张所致风险的载体，地方政府的投资冲动使地方政府债务扩张呈现顺周期特征。经济形势一旦恶化，地方政府债务风险就会对金融部门的资产负债表形成冲击，导致杠杆率上升并影响实体经济；而金融部门的资产负债表恶化导致的金融风险则会通过直接渠道或间接渠道向地方政府债务风险传导，引起地方政府债券的收益率价差增大及违约风险上升。因此，地方政府债务风险宏观审慎监管应在经济上行时期就加强逆周期调控，防止系统性风险在经济下行时期突然爆发。

（3）地方政府债务风险宏观审慎监管应关注风险的外部性

为满足地方政府的投资需求而形成的与地方财政收入错配的地方政府债务，其风险程度受到宏观经济状况的影响。宏观经济的稳定运行有利于地方政府债务风险的控制，而宏观经济形势的恶化则会导致地方政府债务风险上升。地方政府债务风险在地方政府债务金融化的作用下，传导至金融部门，与金融风险叠加，引起潜在的系统性风险，进而影响宏观经济的稳定运行。因此，地方政府债务风险宏观审慎监管政策应与其他宏观经济调控政策相协调，以减小宏观经济环境对地方政府债务风险监管的负面影响。

（4）地方政府债务风险宏观审慎监管必须建立信息共享机制

对地方政府债务风险宏观审慎监管进行分析是实施地方政府债务风险宏观审慎监管的基础和前提，它既能为采用何种宏观审慎监管政策及工具提供依据，也能为制定宏观调控政策提供参考。由于地方政府债务风险具有顺周期性和跨部门传导的特征，因此分业监管模式下的监管机构难以掌握相关指标、数据，必须建立信息共享机制。

4.2.3　地方政府债务风险宏观审慎监管与微观审慎管理的比较

4.2.3.1　传统的微观审慎管理的局限性

地方政府债务风险微观审慎管理是指综合运用债务率、偿债率、资产负债比率、担保比率、流动比率及新增逾期债务率等财务指标对单个地方政府融资主体的债务风险进行监测的方法，目的是控制单个地方政府融资主体的债务风险的外部性。近年来，地方政府债务风险的增大，特别是地方政府债务金融化导致地方政府债务双螺旋风险的出现，使人们逐渐意识到微观审慎管理思想在地方政府债务风险监管中存在局限。

一方面，对流动性风险的监管存在缺陷。资产规模和资产负债比率是微观审慎管理中用于衡量地方政府融资主体的流动性风险的重要指标。在地方政府融资主体，特别是城投类融资平台公司的资产构成中，土地使用权的比重超过40%。地方政府为了增加地方政府融资主体的账面资产总额，往往将道路、桥梁、水利设施等公益性资产纳入资产负债表，以达到降低地方政府融资主体的资产负债比率的目的。此外，由于国家严控商业银行对地方政府融资平台公司的信贷投放，因此地方政府融资平台公司开始尝试通过银政合作模式开展办理信托贷款、发行理财产品等"影子银行"业务，以满足公益性项目建设的融资需求。这些项目往往具有投资回报率低、回报周期长的特点，与商业银行的短期借款形成了期限错配。项目到期时，收益一旦低于预期，就将造成短期借款的本息无法偿付，引发流动性风险。由此可见，大多数地方政府融资主体，特别是地方政府融资平台公司的资产流动性较差，而关注资产负债状况的微观审慎管理在防范流动性风险上存在不足。

另一方面，顺周期问题难以解决。地方政府融资平台公司在自有资本既定的条件下，通过融资方式创新，使净负债在期限转换和流动性转换的交替中实现信用创造，形成了高杠杆。当前，地方政府融资多将土地使用权及其收益作为抵押、质押担保物。当经济处于繁荣时期，土地资产价格上升，商业银行的信贷放松，微观审慎管理的约束力弱化，这些进一步促进经济发展甚至导致泡沫形成；当经济处于衰退时期，土地资产价格下降，商业银行的信贷收紧，微观审慎管理的约束力强化，这些导致地方政府债务风险增大、系统性风险凸显。微观审慎管理是一种自下而上的监管方式，只关注企业的资产负债表，而忽视了宏观经济运行、市场波动和中央政策调控等因素的影响。微观审慎管理随经济波动而变化，并在一定程度上增大了经济波动的幅度。

4.2.3.2 微观审慎管理和宏观审慎监管的区别

按照克罗克特（Crockett）[1] 的观点，金融稳定包括微观和宏观两个层面的稳定。以单个金融机构为监管对象的微观审慎管理只能保证微观层面的稳定，不足以保证宏观层面的稳定，因此防范系统性风险离不开宏观审慎监管。这是因为，微观审慎管理关注的是单个金融机构对外生性风险的反应，却忽视了单个金融机构的行为可能导致其他机构乃至整个金融体系产生内生性风险。

---

[1] CROCKETT A. Marrying the micro and macro-prudential dimensions of financial stability [R]. BIS Review, 2000.

亚历山大等（Alexander et al.）① 提出，宏观审慎监管理念不同于以往的监管理念，原因在于：一是宏观审慎监管关注金融机构的集体行为而非金融机构的个体行为，主要衡量金融体系的解体导致的实体经济损失；二是宏观审慎监管强调系统性风险依赖金融体系，认为金融机构的集体行为极易导致市场动荡及对宏观经济形成强劲冲击。

地方政府债务风险微观审慎管理和宏观审慎监管在多个维度存在明显差异，区别主要体现在监管对象、监管目标和监管方法等方面。地方政府债务风险宏观审慎监管与微观审慎管理的差异如表4-4所示。

表4-4　地方政府债务风险宏观审慎监管与微观审慎管理的差异

项目	地方政府债务风险 微观审慎管理	地方政府债务风险 宏观审慎监管
监管对象	单个地方政府融资主体	地方政府融资主体和金融机构形成的经济系统
直接目标	防范单个金融机构的风险	防范系统性风险
最终目标	保护投资人和债权人的利益	维护经济稳定
风险性质	外生性	外生性和内生性
个体间共同风险暴露的相关性	无关联	关联程度较高
监管方法	以单个金融机构为对象，采取自下而上的监管方法	以经济系统为对象，采取自上而下的监管方法
监管手段	根据各种监管指标的变化情况，发现和评估单个地方政府融资主体存在的风险	①跨行业维度：研究风险在地方政府融资主体和金融机构之间的传导和相互作用； ②跨时间维度：关注风险随时间的推移而不断累积、叠加

（1）监管对象不同

微观审慎管理以单个地方政府融资主体为监管对象，认为风险具有外生性；只要控制好单个地方政府融资主体的风险就能够保证整个经济系统良好运转；单个地方政府融资主体的危机不足以对整个经济系统造成影响，也不会对土地资产价格和实体经济形成冲击；地方政府融资主体之间、地方政府融资主体与金融机构之间的共同风险暴露不具有相关性，单个地方政府融资主体的审

---

① ALEXANDER K，DHUMALE R，EATWELL J. Global governance of financial systems ［M］. Oxford：Oxford University Press，2006.

慎行为必将导致经济系统的总体稳定。

宏观审慎监管则否定了由个体到整体的安全传输路径，认为部分内生性风险来源于单个地方政府融资主体的具体行为。例如，单个地方政府融资主体在量入为出的原则下，按照财政收入水平积极扩大地方政府债务规模，这是理性的。但如果所有地方政府融资主体都采取类似行为，那么将导致地方政府债务规模快速扩张、资产泡沫迅速集聚，甚至引起严重的通货膨胀和经济危机。可见，单个地方政府融资主体的最优策略和理性行为不一定能确保资源的优化配置和宏观经济的稳定运行。故宏观审慎监管强调风险兼具外生性和内生性。其以地方政府融资主体和金融机构形成的经济系统为监管对象，认为地方政府融资主体的一致行为会导致整体风险，地方政府融资主体和金融机构间的共同风险暴露具有强相关性，且可能触发系统性风险，从而对金融市场、实体经济造成冲击和破坏。因此，我们只有在保证微观审慎的基础上采用宏观审慎监管的办法，才能保证经济系统的整体稳定。

（2）监管目标不同

无论是微观审慎管理还是宏观审慎监管，它们的目标都具有多层次性。其中，微观审慎管理的直接目标是防范单个金融机构的风险，最终目标是力图在危机发生后保护投资人和债权人的利益；而宏观审慎监管的直接目标是防范系统性风险，最终目标是维护经济稳定。

（3）监管方法不同

微观审慎管理主要针对的是每个独立的地方政府融资主体的风险，秉持将个体加总为整体、从局部延伸至全局的理念，采取自下而上的监管方法，利用各种监管指标的变化趋势，发现和评估单个地方政府融资主体存在的风险，而忽视了个体间的广泛联系。宏观审慎监管则关注经济系统运行中存在的"合成谬误"问题，要求实现动态平衡，研究风险在地方政府融资主体和金融机构之间的传导和相互作用，重视风险随时间的推移而累积，从跨行业维度和跨时间维度共同监测风险。

4.2.3.3 微观审慎管理和宏观审慎监管的联系

尹继志[①]认为，虽然宏观审慎监管和微观审慎管理具有差异，但是两者并不是割裂的，而是有机统一的。作为审慎监管的两大支柱，微观审慎管理和宏观审慎监管在金融体系中既相互对立又相互联系，形成了一种互补关系。

首先，两者的目标都是防范风险、维护经济稳定。微观审慎管理偏重防范

---

① 尹继志. 宏观审慎监管：内容与框架［J］. 南方金融，2010（12）：47-51.

个体风险，规避单个地方政府融资主体的债务风险；而宏观审慎监管则强调防范系统性风险。

其次，两者的手段类似。微观审慎管理通过监测单个地方政府融资主体的财务指标，特别是资产负债表的指标来控制和防范债务风险，从而保证地方政府债务的可持续；宏观审慎监管则综合运用各种财务指标构建风险预警机制，针对地方政府的整体债务水平进行监管。从某种程度上讲，我们可以认为，宏观审慎监管是在微观审慎管理的基础上演变而来的。

最后，两者的功能互补。微观审慎管理注重防范个体风险，而忽视了地方政府融资主体与金融机构之间的关联，因此无法有效解决顺周期问题。宏观审慎监管强调采取逆周期的措施，关注金融体系的整体风险，但对单个地方政府融资主体的债务风险重视不够。

由此可见，微观审慎管理与宏观审慎监管不可分割。如果将两者割裂开来，就将严重影响监管的有效性。微观审慎管理为宏观审慎监管打下坚实的基础，宏观审慎监管则为微观审慎管理提供全局性、前瞻性的视野。因此，有关部门应当灵活运用微观审慎管理和宏观审慎监管，形成两者互为依存的监管框架。

4.3　地方政府债务风险宏观审慎监管的目标和框架

党的十九大报告把防范化解重大风险放在打好三大攻坚战的首位。2019年，习近平总书记[①]在省部级主要领导干部坚持底线思维着力防范化解重大风险专题研讨班上明确指出："既要有防范风险的先手，也要有应对和化解风险挑战的高招；既要打好防范和抵御风险的有准备之战，也要打好化险为夷、转危为机的战略主动战。"2023 年 3 月 30 日，中共中央政治局就学习贯彻习近平新时代中国特色社会主义思想进行第四次集体学习。习近平总书记在主持学习时强调："要善于运用这一思想防范化解重大风险，增强忧患意识，坚持底线思维，居安思危、未雨绸缪，时刻保持箭在弦上的备战姿态，下好先手棋，打好主动仗，对各种风险见之于未萌、化之于未发，坚决防范各种风险失控蔓延，坚决防范系统性风险。"经过近年来的集中整治，我国金融重点领域的突

---

① 习近平. 决胜全面建成小康社会夺取新时代中国特色社会主义伟大胜利［M］. 北京：人民出版社，2017。

出风险得到有序处置，系统性风险上升的势头得到有效遏制，防范化解重大金融风险取得重要阶段性成果。当前，我国金融风险趋于收敛，风险总体可控，不发生系统性金融风险的底线守住了。但我们同时应该看到，防范化解重大金融风险的任务仍然十分繁重，必须居安思危，下好先手棋，打好主动仗。

地方政府债务风险宏观审慎监管以地方政府债务双螺旋风险为研究对象，以防范地方政府债务金融化带来的系统性风险、维护宏观经济的稳定运行为目的，研究地方政府债务风险与宏观经济的联系及地方政府债务风险与金融风险的关联性，通过定性分析和定量分析的手段，识别地方政府债务风险与金融风险的跨行业传导，监测评估具有顺周期特征的地方政府债务扩张引致的地方政府债务风险，有针对性地建立地方政府债务风险宏观审慎监管指标体系和地方政府债务风险事后应对机制，构建地方政府债务风险宏观审慎监管体系，形成层层防范机制，以期达到防范系统性风险、实现宏观经济稳定运行的最终目标。

4.3.1 地方政府债务风险宏观审慎监管目标

确立地方政府债务风险宏观审慎监管目标是有效监管地方政府债务风险的重要前提。在传统的审慎监管思想中，"双峰"理论由泰勒（Taylor）[1] 提出，他认为金融监管目标具有"双峰"特征，相关部门应建立目标型的监管模式，从审慎监管和行为监管两个维度实行监管。一方面，监管机构在审慎监管的原则下，要求金融机构稳健经营，关注金融机构的关联度和风险在金融机构间的传导，以维护金融体系的稳定及防范系统性风险；另一方面，监管机构对金融机构的行为实施监管，对金融机构的机会主义行为予以纠正，预防欺诈和不公平交易行为的发生，保护投资者和消费者的利益。有学者从宏观审慎监管的视角出发，将金融监管的目标分为一般目标和具体目标。其中，一般目标包括稳定、效率和公平三个方面的内容，而具体目标则涵盖国情和需求两个方面的内容。需要强调的是，宏观审慎监管目标与微观审慎管理目标既对立又统一，确立宏观审慎监管目标并不是对微观审慎管理目标予以否定，而是在坚持微观审慎管理目标的基础上，进一步强化宏观审慎监管，从而确保整个金融体系的稳定。可见，两者是相辅相成、互为补充的。

宏观审慎监管目标具有多层次性，可以分为最终目标、直接目标和操作目标。其中，最终目标是维护宏观经济的稳定运行，降低系统性风险爆发带来的

---

① TAYLOR M. Twin peaks: a regulatory structure for the new century [M] London: CSEI, 1995.

宏观经济成本。直接目标是防范和应对不同来源的系统性风险。操作目标则可以从两个维度进行诠释：一是跨部门维度，二是跨时间维度。前者强调地方政府债务风险与金融风险的相互传导、叠加，关注特定时点的地方政府融资主体与金融机构相互关联、共担风险而形成的网络结构及其变化；后者主要关注地方政府债务扩张的顺周期性，即在金融体系和实体经济相互作用的影响下，地方政府债务风险形成并不断演化，进而触发系统性风险。

4.3.2　地方政府债务风险宏观审慎监管原则

国际清算银行（BIS）的研究认为，宏观审慎监管机构只有具备三个方面的核心能力，才能确保政策得到有效实施：第一，必须具备搜集数据和分析数据的能力，包括企业、市场、宏观经济及国际环境等层面的详细数据，以便在系统性风险爆发之前对其进行预测或预警；第二，必须具备使用适当的政策工具应对已识别的系统性风险的能力；第三，必须具备积极落实货币政策、财政政策及其他监管机构政策并施加影响的能力。对此，相关部门应针对地方政府债务风险的特殊性，结合地方政府债务风险监管的现状，构建地方政府债务风险宏观审慎监管框架。相关部门应以地方政府债务风险监管的现实情况和发展需要为前提，在具备前述三个方面的核心能力的基础上，充分提高执行效率，遵循适当原则，设计出适应性好、透明度高、灵活性强的地方政府债务风险宏观审慎监管框架。具体而言，这些原则主要包括：

（1）适应性原则

如前文所述，相较于传统的金融监管，地方政府债务风险宏观审慎监管具有特殊性，其监管对象不再集中于行业内部。地方政府债务风险宏观审慎监管更多地关注地方政府债务扩张的顺周期性和地方政府债务风险的跨部门传导。我们不能一味地照搬传统的金融监管模式和手段，必须有所创新和突破。因此，在设计地方政府债务风险宏观审慎监管框架时，我们应该根据地方政府债务风险宏观审慎监管的特殊性，将重点放在防范地方政府债务风险的跨部门传导上。

（2）统一性原则

对该原则的诠释，我们可以从两个方面展开：一是确定一家监管机构，专门负责地方政府债务风险宏观审慎监管工作。这家监管机构在职责权限范围内，不仅要有动用相关资源监测和分析财政、金融、经济等方面的数据的能力，还要有落实地方政府债务风险宏观审慎监管政策，甚至影响宏观经济的货币政策、财政政策和产业政策等的积极性；二是该监管机构要具备与其他部门高效沟通的能力，通过共享信息，及时、准确、全面、有效地掌握相关情况，切实避免出现监管真空和监管重叠。坚持统一性原则既有助于降低监管机构的管理协调成本和危机救助成本，又有利于减小地方政府债务风险宏观审慎监管对宏观经济运行和社会资源配置造成的负面影响。

（3）透明性原则

在建立健全信息披露制度的同时，相关部门在地方政府债务风险监管过程中还应积极防范和化解系统性金融风险，确保宏观经济的稳定运行。在目标明确且能被社会公众广泛接受的情况下，地方政府债务风险宏观审慎监管的具体决策程序、风险评估方法、工具使用规则等内容应尽可能让公众知晓，以提高市场参与者判断政策走势的准确度，减小政策变化给地方政府融资主体和金融机构带来的不利影响，避免监管机构在决策过程中受到内外部的阻力。

（4）灵活性原则

灵活性主要包括地方政府债务风险宏观审慎监管政策的灵活性和地方政府债务风险应急处置的灵活性。前者指地方政府债务风险宏观审慎监管政策要立足整个宏观经济系统，从全局出发，灵活地区分有效融资机制创新和滥用融资机制创新，在鼓励融资机制创新和规范融资机制创新之间找到平衡点；后者指监管机构应采取灵活的措施，尽早干预潜在的地方政府债务风险，有效防止风险扩散。

4.3.3　地方政府债务风险宏观审慎监管框架

有学者指出，宏观审慎监管框架主要包括三个方面的内容：第一，宏观审慎分析，即监测和计量系统性风险及其潜在的影响，这是识别系统性风险的基础和关键；第二，宏观审慎监管政策选择，即采取有针对性的监管措施，降低系统性风险的发生概率；第三，宏观审慎监管工具运用，即在系统性风险爆发后，利用各种宏观审慎监管工具进行干预，限制系统性风险的破坏程度和范围，尽可能减小损失。

地方政府债务风险宏观审慎分析应设定科学的预警指标，建立针对地方政府债务风险的早期预警体系，监测地方政府债务风险，进而判断宏观经济运行的整体状况。地方政府债务风险宏观审慎监管不应仅重视地方政府债务风险，还应关注风险的跨行业传导和累积，要对系统性风险的形成概率和潜在影响进行评估，发挥早期预防作用。

地方政府债务风险宏观审慎监管政策选择应针对地方政府债务风险宏观审慎分析识别出的潜在系统性风险研究应对措施。相较于微观审慎管理，宏观审慎监管对信贷增长、资产价格变动等顺周期因素导致的风险给予更多关注，从跨行业的角度分析、评估地方政府融资主体在风险暴露方面的共性、相关性、债务融资模式的可持续性，以及单个地方政府融资主体的理性行为是否会造成宏观经济运行的不稳定，并采取措施控制潜在的系统性风险。地方政府债务风险的跨行业特征决定了中国人民银行、财政部门和各级地方政府等诸多监管部门共同承担着维护经济稳定的责任，因此，地方政府债务风险宏观审慎监管政策选择必须建立多方合作的机制，并明确各方在地方政府债务风险宏观审慎监管中所处的地位和应承担的责任。地方政府债务风险宏观审慎监管政策选择主要包括以下具体内容：

①根据地方政府债务风险宏观审慎分析的结论和风险预警情况及时调整地方政府债务风险宏观审慎监管政策，结合宏观调控政策，统一协调安排，在防范系统性风险的同时维护经济稳定。

②各监管部门建立跨行业的信息沟通机制，及时共享地方政府债务风险监管信息、金融风险监管信息及宏观经济运行信息，协调地方政府债务风险宏观审慎监管政策的制定和实施。

③地方政府债务风险宏观审慎监管政策应建立在地方政府债务风险微观审慎管理政策的基础上，通过合理实施，从而更加全面有效地防范系统性风险。

地方政府债务风险宏观审慎监管工具与金融宏观审慎监管工具既有联系又有区别。两者都以防范系统性风险、保证经济稳定运行为目标；区别在于金融宏观审慎监管工具以中国人民银行的逆周期调控工具为主，而地方政府债务风险宏观审慎监管工具则具有跨部门的特征，包括财政政策、货币政策等宏观调控工具，微观监管工具，风险救助性工具等。

基于上述分析，本书认为，地方政府债务风险宏观审慎监管框架主要由三个方面的内容构成：一是地方政府债务风险宏观审慎分析，即对地方政府债务风险进行监测和评估，发现风险来源，发出风险预警，为监管部门采取相应措施提供依据；二是地方政府债务风险宏观审慎监管政策安排，即针对薄弱环节和关键领域建立跨部门合作的制度框架，明确各方在地方政府债务风险宏观审慎监管中的地位和责任；三是地方政府债务风险宏观审慎监管工具运用，即构建地方政府债务风险宏观审慎监管指标体系以评估风险状态，同时建立基于最后贷款人制度的危机救助机制以对地方政府债务风险进行处置。

地方政府债务风险宏观审慎监管框架如图4-5所示。

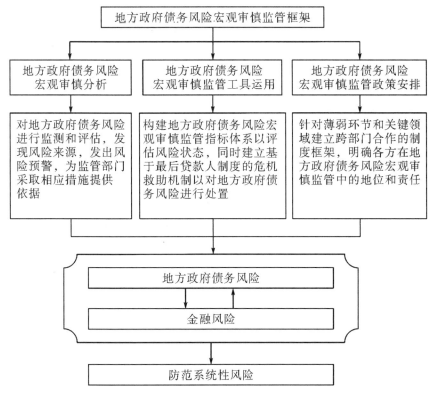

图 4-5 地方政府债务风险宏观审慎监管框架

4.4 地方政府债务风险宏观审慎监管的重点和难点

地方政府债务违约引起的地方政府债务风险往往会跨行业传导，并与金融风险相互叠加、相互强化，不断累积，触发系统性风险，从而对实体经济造成冲击。因此，地方政府债务风险宏观审慎监管既是一种风险管理，又是一种危机管理。

风险管理是企业内部控制中的重要组成部分，应用于战略制定及企业活动开展，目的在于甄别各种影响企业发展的潜在风险，培养良好的风险管理文化，建立健全风险管理体系，为实现企业目标提供保障。地方政府债务风险宏观审慎监管在本质上属于风险管理。风险传导的网络节点中既有地方政府融资平台公司等地方政府融资主体，又有商业银行等金融机构，两者实质上也属于企业。因此，地方政府债务风险宏观审慎监管可以从风险管理的角度出发，对风险潜伏期、风险爆发期及风险爆发后等不同阶段进行全面监控，从而达到维护宏观经济稳定运行的目标。

目前，国际社会中流行的风险管理标准包括巴塞尔协议、美国反虚假财务报告委员会下属的发起人委员会（COSO）发布的《内部控制整合框架》、英国的《特恩布尔指引》（*Turnbull Guidance*）、加拿大的控制基准委员会（COCO）发布的《控制指南》等。其中，COSO 在 1992 年 9 月发布的《内部控制整合框架》（ERM）被纳入各国的政策和法规，成为全球数千家企业用于实现既定目标的全面风险管理框架①。COSO 的 ERM 包含目标体系、管理要素和主题单元三个维度。其中，管理要素包括内部环境、目标制定、事项识别、风险评估、风险反应、控制活动、信息沟通和信息监控八个相互关联的要素②。对地方政府而言，针对债务风险实施风险管理，应在不同的阶段采取不同的措施。例如，在风险潜伏期，要明确债务风险潜伏的内部环境，制定监管目标；在风险爆发期，要对风险及时进行识别、评估和反应；在风险爆发后，要在尽可能控制风险扩散的前提下，找到化解风险的办法。

希斯提出 4R 理论，建议从缩减力、预备力、反应力和恢复力四个维度来实施危机管理。其中，缩减力是危机管理的核心内容，是指减小危机发生的可能性的能力；预备力通过预警和监测来体现，预警和监测指监视特定环境中每个细节的不良变化并向其他系统及负责人传递信号；反应力涵盖危机的确认、隔离、处理和总结等方面的能力；恢复力包含危机得到控制后，恢复形象及总结完善危机管理理论的能力③。

本书综合风险管理和危机管理的观点，结合现实，提出构建"三位一体"的地方政府债务风险宏观审慎监管运行框架，基于事前防范、事中监控及事后应对，对风险潜伏期、风险爆发期和风险爆发后等不同阶段实施全过程的监管。

需要注意的是，风险管理思想和 4R 理论都偏重个体管理，强调控制局部风险，而忽略了个体风险的外部性。地方政府与地方政府融资主体之间、地方政府融资主体之间、地方政府融资主体与商业银行之间形成的市场网络正是地

---

① 刘宵仑. 风险控制理论的再思考：基于对 COSO 内部控制理念的分析 [J]. 会计研究，2010（3）：36-43.

② 朱荣恩，贺欣. 内部控制框架的新发展：企业风险管理框架——COSO 委员会新报告《企业风险管理框架》简介 [J]. 审计研究，2003（6）：11-15.

③ 罗伯特·希斯. 危机管理 [M]. 北京：中信出版社，2004.

方政府债务风险监管的特殊之处。个体间的互动、联系意味着风险的分散、传导和累积更为复杂。控制个体风险不足以防范系统性风险的爆发，微观层面的稳定不等于宏观层面的稳定。按照传统的风险管理理论，管理要素中的内部环境通常包括企业资源、企业能力和企业文化等要素，其与企业外部其他个体的关联性不强。在宏观审慎监管的视角下，地方政府融资主体所处的内部环境不仅涉及单个地方政府融资主体的资源、能力和文化，还包括宏观经济形势，如经济增长率、利率水平、汇率水平等。有鉴于此，本书认为，地方政府债务风险宏观审慎监管应建立起一个从事前防范、事中监控、事后应对三个维度出发的宏观、全面的运行框架。地方政府债务风险宏观审慎监管运行框架如图4-6所示。

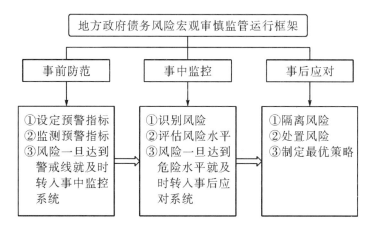

图4-6 地方政府债务风险宏观审慎监管运行框架

4.4.1 建立地方政府债务风险预警机制，实现及时事前防范

建立地方政府债务风险预警机制是构建"三位一体"的地方政府债务风险宏观审慎监管运行框架的基础。对地方政府债务风险进行预警，能够有效遏制风险的爆发，减小风险对宏观经济运行的影响。

2013年7月18日，闻名世界的汽车城底特律市因负债超过180亿美元而正式申请破产保护，成为美国历史上最大的申请破产保护的城市。10年过去了，尽管底特律市政府一直致力于城市复苏，但至今仍有近半数人口生活在贫困线以下，超半数人口缺乏基本生活设施，大批学校、医院等无法正常运行，失业率长期居高不下，底特律市已成为美国最贫穷的城市之一。由此可见，债务风险的爆发对当地经济的影响是长期而深远的，系统性风险的防范重在预警。从过去债务风险的爆发中总结教训，我们可以看到，债务风险的出现往往以某个或某几个关键的经济指标、金融指标的恶化为先兆。从理论上讲，我们如果能够对这些指标进行分析和研究，就可能对地方政府债务风险进行预警。事前防范就是一种预警方式，可以对系统性风险的发生起到预测作用。事前防范最重要的是建立预警机制，对设定的指标进行实时监控。从指标角度看，我们首先应分析先兆指标对地方政府债务风险的预警效果和预警方向，其次设置警戒线，最后在先兆指标触及警戒线时将其转入事中监控系统进行重点监控，将地方政府债务风险乃至系统性风险扼杀在摇篮。从环境角度看，无论是微观经济个体，还是宏观经济条件，都应该纳入预警范围，如将宏观经济的实时状态和微观经济个体的关联交易反映在先兆指标中。基于此，本书认为，地方政府债务风险预警机制是一种事前防范模式。我们可以设定预警指标，对相关经济主体进行连续、动态、系统、实时的监测分析，以尽可能早地发现异常情况，从而对风险进行识别并发出预警信号。

4.4.2　建立地方政府债务风险评估指标体系，实现全面事中监控

事中监控的目标是及时识别可能发生的风险，并对风险水平进行评估。宏观审慎监管不仅要求对微观经济个体的风险进行监控，更要对整个宏观经济体系的风险进行识别和评估。地方政府债务风险具有跨行业性和顺周期性，因此对其的宏观审慎监管需要从空间和时间两个维度展开。从空间维度看，地方政府债务风险宏观审慎监管应重点关注风险在不同部门的传导、演化，识别各部门对系统性风险的影响；从时间维度看，地方政府债务风险宏观审慎监管应重点关注风险随时间推移的累积情况。两个维度相互作用、彼此依赖。我们可以基于这两个维度进行风险识别和风险水平评估，一旦发现风险达到危险水平，就及时将其转入事后应对系统。

评估指标体系是全方位、多视角地考察地方政府债务风险状况的工作"蓝本"，能够用于有效地测度系统性风险和各部门对系统性风险的影响。评估指标体系的构建具体包括如下步骤：首先，根据相关理论和文献述评，归纳总结出构建地方政府债务风险评估指标体系的基本原则；其次，在现有地方政府债务风险评估指标体系的基础上，运用层次分析法建立预选指标集，并利用德尔菲法对关键指标进行筛选；最后，形成地方政府债务风险评估指标体系，并运用实证方法对其有效性进行验证。构建地方政府债务风险评估指标体系的基本思路如图4-7所示。

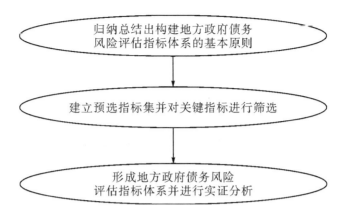

图 4-7　构建地方政府债务风险评估指标体系的基本思路

4.4.3　建立地方政府债务风险应对机制，实现妥善事后处置

地方政府债务风险事后处置是维护宏观经济稳定运行的最后手段。有效的地方政府债务风险应对手段能够有效减小地方政府债务风险对金融市场和宏观经济造成的危害。地方政府、地方政府融资平台公司、商业银行及其他利益相关者，相互联系、相互影响，共同构成了业务网络，地方政府债务风险在业务网络中传递和蔓延，可能会引起金融市场的不稳定，进而诱发系统性风险。地方政府债务风险一旦爆发，监管当局就需要及时进行干预，确定地方政府债务偿还的优先级，隔离或关停出现问题的地方政府融资平台公司，避免地方政府债务风险借助其与其他地方政府融资平台公司或金融机构的业务往来进行传导。地方政府债务风险事后应对不及时可能导致金融市场的紊乱和宏观经济运行的失衡。

地方政府债务风险事后应对首先应当明确主体。该主体应具备处理地方政府债务风险的能力，在拥有丰富的资源及经验的同时，能够协调各部门开展工作。其次，相关部门应建立合理的地方政府债务风险事后应对流程，力争在风险形成初期介入，有效防范风险的扩散；最后，相关部门应建立较为完善的地方政府债务风险应对机制，采用调整偿还期限、设立"过桥"融资机构、接管清算资产等多样化的手段，对地方政府债务风险进行综合处置。

4.5　本章小结

本章归纳、总结了现阶段我国地方政府债务风险监管的特征。在地方政府债务扩张的顺周期性和地方政府债务双螺旋风险的共同作用下，地方政府债务风险监管暴露出顺周期的风险监管缺乏前瞻性和预防性、地方政府债务金融化加速风险的跨部门传导、统一有效的债务监管机构缺乏及地方政府债务风险事后应对机制有待完善等问题。

地方政府债务风险宏观审慎监管的内涵主要体现在三个方面：实时监测风险的集聚和传导，及时发出风险预警；综合运用各类宏观审慎监管工具，强化风险处置机制；合理出台宏观审慎监管政策，建立跨部门协作的制度框架。同时，地方政府债务风险宏观审慎监管具有关注风险的关联性、内生性和外部性，必须建立信息共享机制等特征。

确立地方政府债务风险宏观审慎监管目标是有效监管地方政府债务风险的重要前提。地方政府债务风险宏观审慎监管目标具有多层次性，可以分为最终目标、直接目标和操作目标。地方政府债务风险宏观审慎监管必须遵循适应性原则、统一性原则、透明性原则和灵活性原则。地方政府债务风险宏观审慎监管框架由地方政府债务风险宏观审慎分析、地方政府债务风险宏观审慎监管工具运用和地方政府债务风险宏观审慎监管政策安排共同组成。

地方政府债务风险宏观审慎监管中存在及时事前防范、全面事中监控和妥善事后应对三个重点。全面构建"三位一体"的地方政府债务风险宏观审慎监管运行框架是解决现阶段微观审慎管理视角下地方政府债务风险监管体系中存在的问题的现实路径。其中，事前防范要建立预警指标，防范风险于未然；事中监控要对风险进行识别和评估，以判断风险的危险程度；事后应对则要及时隔离风险。构建"三位一体"的地方政府债务风险宏观审慎监管运行框架，形成层层防范的机制，能够使我国的地方政府债务风险监管工作逐步走向系统化、规范化。

5 建立地方政府债务风险事前防范机制：风险预警实证

事前防范机制的本质在于，凭借对预警指标的实时监测，达到预测风险的目的。在地方政府债务风险、系统性风险爆发前，先兆指标往往会出现异动，故从理论上讲，我们可以通过对预警指标的分析来实现风险预警。地方政府债务风险事前防范是地方政府债务风险宏观审慎监管中的重要组成部分。完善地方政府债务风险事前防范机制对有效减小损失、提高效率、控制风险具有极其重要的现实意义。

5.1 地方政府债务风险预警方法

存在违约概率的地方政府债券被受到杠杆约束的金融部门持有，地方政府债券违约形成的地方政府债务风险会对金融部门的资产负债表造成冲击，引起金融风险增大，金融风险增大又会使地方政府债务风险提升，导致地方政府债券的收益率价差升高和地方政府债务规模持续扩张。最终，两种风险叠加、扩散，形成系统性风险。可见，对地方政府债券的违约概率进行实时监控，有效控制地方政府债务规模，能够实现对地方政府债务风险的早期预警。

自20世纪70年代以来，度量举债主体的信用风险成为国际学术界关注的热点问题，大量研究成果先后形成。默顿（Merton）建立了企业信用风险评价模型，利用期权定价理论对借款企业的违约概率进行估算。其后，多家机构以上述模型为基础，相继开发出多种计量模型，用于信用风险测度。进入21世纪后，面对日益频发的主权债务危机和市政债券风险，人们开始尝试将相关研究成果应用于政府债券管理。杰瑞特等（Jarrowet et al.）基于违约概率随机变化的假设，构建了无套利的马尔科夫模型评级转化矩阵，用于描述信用风险扩散的期限结构。德怀尔（Dwyer）认为，相较于利用负债和国内生产总值的比例来测算地方政府信用风险的方法，利用负债增长率和税收增长率来测算地方政府信用风险的办法更为可靠。穆迪公司的前资深总监杰夫（Joffe）指出，评级机构不应基于社会学方法对政府债券进行评价。根据符合时间序列的财政数据对未来收支进行仿真模拟的方法更适用于政府债券违约可能性研究。

近年来，随着地方政府债务规模急剧扩张，我国学者围绕地方政府债务风险预警开展了大量研究，并引入了基于 KMV 模型的地方政府债务信用风险的测度方法。韩立岩等以模糊期权的 KMV 模型为基础，分析 2001 年北京市政府的债务信用风险，并得出地方政府债券的理论违约概率小于真实违约概率的结论。蒋忠元根据模拟得出的地方政府可支配收入，利用 KMV 模型测算 2009 年江苏省的债券发行合理规模及相应违约概率。张海星等借助修正的 KMV 模型分析和预测 2015—2019 年全国十省（自治区、直辖市）不同期限的债券发行安全规模。由此可见，KMV 模型业已成为国内学者考察地方政府债券违约概率、评价地方政府债务风险水平的主流方法。本书参考马德功等①的研究成果，运用修正后的 KMV 模型建立地方政府债务风险事前防范机制。

5.2 地方政府债务风险预警模型的构建

5.2.1 KMV 模型测度地方政府债务风险的基本原理及适用性

KMV 模型也被称为期望违约概率模型，是穆迪 KMV 公司将期权定价理论应用于计量企业违约概率而形成的方法，主要用来预测上市公司或金融机构的期望违约概率，是目前应用最广泛的风险计量模型。其基本原理如下：持有上市公司或金融机构股权的股东，即企业所有人将企业所有权转让给贷款人，但有权通过偿还债务的方式赎回企业。债务期届满时，若企业资产的市场价值高于企业负债，则股权持有人将持有偿还债务后的企业剩余价值；反之，若企业资产的市场价值低于企业负债，则企业会出现资不抵债的情况，将发生违约。KMV 模型通过对企业资产的市场价值及波动率进行测算，估计出企业资产的贴现值和预期价值，根据企业的短期债务价值及长期债务价值计算出违约临界值，并基于企业资产的预期价值至违约临界值的距离与预期违约概率（EDF）之间的对应关系得到违约概率的映射。简单地说，资产价值决定违约风险。

---

① 马德功，马敏捷. 地方政府债务风险防控机制实证分析：基于 KMV 模型对四川省地方债风险评估 [J]. 西南民族大学学报，2015（2）：139-144.

鉴于主权债务风险和市政债券风险日益凸显，该模型不再局限于用来评估企业违约风险，也逐渐应用于评估地方政府债券的违约风险。当然，传统的 KMV 模型并不能直接用于测度地方政府债券的违约风险，还需进行改造。我们可这样理解：地方政府以本级财政收入为担保并发行债券，相当于将财政收入"转移"给债券购买者，又通过债券偿还的形式"赎回"财政收入。债券偿还期届满时，若用于债券偿还的地方财政收入能够覆盖债券本息，则地方政府将清偿债务、"赎回"财政收入；反之，地方政府会出现违约行为，进而引发地方政府债务风险。

由此可见，将地方财政收入作为评估地方政府偿债能力的标准，会对地方政府债券发行规模产生直接影响，并在为地方政府债券发行提供显性担保或隐性担保的前提下，有效拓展安全边界。然而，需要看到的是，现实中的地方政府必须保证一些必要支出，包括但不限于城市维护和建设支出等。因此，地方财政收入不可能全部作为地方政府债务的偿债担保，用作担保的部分必须是扣除必要支出后的余额部分。这样一来，承担担保责任的地方财政收入就具有了波动性特征。若地方财政预期收入低于债务到期时的应偿本息，则地方政府会发生违约。地方政府债券的违约概率能够用于地方政府债务风险预警。通过测算地方政府的违约距离，我们能得到违约概率的映射，公式为

$$
DD = \frac{\left[\ln\left(\dfrac{M_T}{B_T}\right) + \left(\mu - \dfrac{\sigma_m^2}{2}\right) \Delta t \right]}{\sigma_m \sqrt{T}} \tag{5.2.1}
$$

其中，DD 为地方政府的违约距离；Δt 为考察的债务期限，$\Delta t = T - t$，若 $t = 0$，则 $\Delta t = T$；M_T 代表地方财政收入中用于债务偿还的部分；B_T 表示到期的地方政府债务余额；μ 代表地方财政收入的增长率；σ_m 表示地方财政收入的波动率，即标准差。

5.2.2 修正的 KMV 模型

西方的期望违约概率模型并不完全适用于我国的社会主义市场经济体制。原因在于，评估对象在经济上独立是该模型构建的基础。然而，我国现行的财政政策具有鲜明的中国特色。尽管中央政府早已通过相关文件明确指出，不再为地方政府债务兜底，但地方政府一旦面临债务偿还风险，为避免地方政府破产，中央政府就势必会进行救助。地方政府债务具有的中央隐性担保特征较为明显。因此，我们需要在 KMV 模型中考虑"父爱主义"的影响，即纳入债务偿还责任由地方政府向中央政府转移的因素。

本书借鉴李腊生等[1]的研究成果，在修正的 KMV 模型中增加中央政府对地方政府的债务承接，那么地方政府的违约距离可定义为

$$\text{DD} = \frac{\ln\left(\dfrac{M_T + qS}{B_T}\right) + \left(\mu - \dfrac{1}{2}\sigma_m^2\right)\Delta t + \left(\mu_S - \dfrac{\sigma_S^2}{2}\right)\Delta t}{(\sigma + \sigma_S)\sqrt{T}} \quad (5.2.2)$$

其中，S 表示中央政府承接地方政府债务的最大能力。中央政府可以采取铸币税的形式，由央行注资，由居民承担债务。假定居民能承受的最高铸币税等价于财富增加值为零，则 S 可以用新增居民储蓄来衡量；q 为转移系数，表示承接的地方政府债务占中央政府偿债能力的比重；μ_S 是新增居民储蓄的增长率；σ_S 是新增居民储蓄的标准差。参数方程如下：

$$\mu = \frac{1}{n-1}\sum_{i=1}^{n-1}\ln\frac{M_{i+1}}{M_i} + \frac{1}{2}\sigma_m^2 \quad (5.2.3)$$

$$\sigma_m = \sqrt{\frac{1}{n-2}\sum_{i=1}^{n-1}\left(\ln\frac{M_{i+1}}{M_i} - \frac{1}{n-1}\sum_{i=1}^{n-1}\ln\frac{M_{i+1}}{M_i}\right)^2} \quad (5.2.4)$$

$$\mu_S = \frac{1}{n-1}\sum_{i=1}^{n-1}\ln\frac{S_{i+1}}{S_i} + \frac{1}{2}\sigma_S^2 t \quad (5.2.5)$$

$$\sigma_s = \sqrt{\frac{1}{n-2}\sum_{i=1}^{n-1}\left(\ln\frac{S_{i+1}}{S_i} - \frac{1}{n-1}\sum_{i=1}^{n-1}\ln\frac{S_{i+1}}{S_i}\right)^2} \quad (5.2.6)$$

假定地方财政收入符合对数正态分布，则根据地方政府的违约距离可得到地方政府的违约概率：

$$P = N(-\text{DD}) = N\left[\frac{\ln\left(\dfrac{M_T + qS}{B_T}\right) + \left(\mu - \dfrac{1}{2}\sigma_m^2\right)\Delta t + \left(\mu_S - \dfrac{\sigma_S^2}{2}\right)\Delta t}{(\sigma_m + \sigma_S)\sqrt{T}}\right]$$

$$(5.2.7)$$

5.3 本章小结

本章介绍了地方政府债务风险宏观审慎监管中的事前防范机制。鉴于地方政府债券违约会对金融部门的资产负债表造成冲击，引起金融风险，故本章选择修正的 KMV 模型进行预警分析，并基于地方财政收入和地方政府应偿债务

---

① 李腊生，耿晓媛，郑杰. 我国地方政府债务风险评价 [J]. 统计研究，2013 (10)：30-39.

余额对地方政府的违约概率进行衡量。结果显示，通过观察警戒指标的变动能够及时发现地方政府债务风险的变化，这对有效降低经济损失、提高监管效率、实现早期控制具有极其重要的现实意义。

6 建立地方政府债务风险事中监控机制：风险监管实证

6.1 地方政府债务风险宏观审慎监管指标的选取原则

德鲁克（Drucker）于 1954 年提出的 SMART 原则是目前使用最广泛的风险评估指标体系设计原则，其中包括明确性（specific）、易测量性（measurable）、易获取性（attainable）、相关性（relevance）及可追踪性（trackable）五个维度。结合我国地方政府债务风险的现状及特征，本书认为，在选取地方政府债务风险宏观审慎监管指标时应该遵循下列五项原则：

（1）科学性原则

该原则是构建规范、严谨的地方政府债务风险宏观审慎监管指标体系的关键所在，要求信息收集、数据筛选和计算等环节都以科学理论为指导。指标组成和层次安排既要符合地方政府债务风险的特征，又要以地方政府债务风险监管理论为依据。

（2）系统性原则

该原则要求地方政府债务风险宏观审慎监管指标具有整体性和层次性。指标的选取应以监管目标为导向。指标应相互关联，确保层次紧凑、结构合理，而非简单聚集。

（3）全面性原则

地方政府债务风险的复杂性决定了地方政府债务风险受到多个维度的因素影响。地方政府债务风险宏观审慎监管指标的选取需全面考虑各种影响因素所产生的效应。我们可利用多学科的理论知识和数理分析方法，避免指标选择的疏漏和偏颇。

（4）重要性原则

财政、金融、经济等因素都可能对地方政府债务风险产生直接影响。因此，在选取地方政府债务风险监管指标时，我们要注重识别各因素的重要性，充分考量具有关键作用和代表性的因素。此外，我们应合理设计各指标的权重。

（5）可操作性原则

地方政府债务风险的传导具有跨行业性和隐蔽性的特征，因此相关监测数据的收集和分析口径并不一致。故在筛选地方政府债务风险宏观审慎监管指标时，我们既要对相关概念作出明确界定，又要尽量选择易获取的指标，以保证指标体系顺利运作。

6.2 地方政府债务风险宏观审慎监管指标体系的构建

6.2.1 分解指标体系

如前文所述，防范系统性风险、保证宏观经济稳定运行是地方政府债务风险宏观审慎监管的根本目标。地方政府债务风险宏观审慎监管应该从跨部门维度和跨时间维度展开。因此，本书采取层次分析法，将地方政府债务风险宏观审慎监管指标体系分解成地方财政稳定性指标集、金融部门稳定性指标集、财政金融关联性指标集和宏观经济综合性指标集四个子指标集，力图全方位地识别和评估地方政府债务风险。

6.2.2 形成递阶层次结构

在根据地方政府债务风险宏观审慎监管的根本目标将地方政府债务风险宏观审慎监管指标体系分解为四个子指标集后，我们还需要将问题条理化、层次化，使其形成递阶层次结构。具体层次如下：

（1）目标层

在目标层，我们对预定总目标进行综合性描述。本书将防范系统性风险、保证宏观经济稳定运行作为地方政府债务风险宏观审慎监管的根本目标。

（2）准则层

在准则层，我们确定预定总目标与系统结构的对应关系。本书将准则层界定为地方财政稳定性指标集、金融部门稳定性指标集、财政金融关联性指标集和宏观经济综合性指标集四个子指标集。

（3）子准则层

子准则层反映子系统与构成要素的对应关系。本书梳理现有文献中的地方政府债务风险监测指标体系和系统性风险监测指标体系，构建地方政府债务风险宏观审慎监管指标体系的预选指标集，并利用德尔菲法对其中的关键指标进行筛选。

（4）方案层

方案层提供用于实现目标的各种决策方案。本书综合运用模糊评价法确定各子指标集的权重，并利用风险评测方法对地方政府债务风险水平和系统性风险水平进行评估。

6.2.3 建立预选指标集

6.2.3.1 地方财政稳定性指标集

地方政府债务风险是区域内宏观经济发展的不确定性在财政上的体现，通常以地方政府债券违约的形式表现出来。根据前文对地方政府债务风险成因的分析，本书构建了地方财政稳定性指标集，以对地方政府债务风险水平进行度量。本书选取了债务率、债务偿还率、债务效益性、债务增速、偿债真实性、债务违约性及债务依存度七个指标来反映地方财政稳定性。地方财政稳定性指标及警戒阈值如表6-1所示。

表6-1　地方财政稳定性指标及警戒阈值　　　　　　单位:%

二级指标	三级指标	警戒阈值
地方财政稳定性指标	债务率	100
	债务偿还率	20
	债务效益性	64
	债务增速	20
	偿债真实性	20
	债务违约性	10
	债务依存度	35

地方财政稳定性指标的相关说明如下：

①债务率指地方政府债务余额与地方政府综合财力之比。债务率指标反映的是地方政府债务规模。债务率越高，则地方政府债务风险越大。其中，地方政府综合财力=地方公共预算收入+基金预算收入+转移支付+地方国有资本经

营收入-专项转移支付。

②债务偿还率指当期地方政府应偿还债务本息额与当期地方政府综合财力之比。债务偿还率指标衡量的是当期地方政府应偿还的债务本息规模。债务偿还率越高，说明地方政府的偿债压力越大。

③债务效益性指一般债务余额与地方政府余额之比。债务效益性指标衡量的是地方政府债务产出的经济效益。债务效益性指标越高，则地方政府的偿债压力越大。地方政府债务分为一般债务和专项债务。其中，前者泛指没有对应财政收入来源的债务，后者表示对应经营性收益或制度性收入等来源的债务。

④债务增速指当期新增债务金额与上期债务余额之比。债务增速指标衡量的是债务规模的扩张程度。债务增速越高，表明地方政府债务规模扩张得越快，地方政府的财政稳定性越差。

⑤偿债真实性指当期借新债（含置换债）偿还的债务本息额与当期应偿还的债务本息额之比。债务真实性指标表示当期地方政府偿还的债务中借新还旧的比例。该比例越高，表示地方政府对借新还旧的依赖程度越高，地方政府债务风险受金融杠杆的影响越大。其中，当期借新债（含置换债）= 当期新增债务金额中用于偿还当期应偿还债务的部分+当期置换债金额。

⑥债务违约性指当期违约债务本金与当期应偿还债务本金之比。债务违约性指标反映的是地方政府的偿债的能力。该指标越高，表示地方政府的财政状况越差，地方政府债务风险爆发的可能性越大。

⑦债务依存度指当期债务收入与当期财政支出之比。债务依存度指标考察的是财政支出中债务收入的比重。该指标越高，表明财政支出对债务收入的依赖性越强。

6.2.3.2 金融部门稳定性指标集

系统性风险的爆发往往与金融部门的经营状况恶化有着密不可分的联系。金融部门的经营风险越高，金融脆弱性越显著，则发生系统性风险的可能性就越大。巴塞尔协议Ⅲ出台后，原中国银监会及时推出四大监管工具，主要涉及核心资本充足率、拨备率、流动性比例和杠杆率等。不良贷款率作为衡量资本质量的经典指标也需被纳入。故本书将上述五项金融部门稳定性指标预选入地方政府债务风险宏观审慎监管指标体系。金融部门稳定性指标及警戒阈值如表6-2所示。

表 6-2　金融部门稳定性指标及警戒阈值　　　　单位:%

二级指标	三级指标	警戒阈值	指标选取依据
金融部门稳定性指标	核心资本充足率	5	《商业银行资本管理办法》
	拨备率	2.5	《商业银行资本管理办法》
	流动性比例	25	《商业银行资本管理办法》
	杠杆率	4	《商业银行风险监管核心指标》
	不良贷款率	4	《商业银行风险监管核心指标》

金融部门稳定性指标的相关说明如下:

①核心资本充足率指核心资本与风险加权资产之比。该指标反映的是商业银行在存款人和债权人的资产遭受损失前,能够以自有资本承担损失的能力。该指标越低,则商业银行抵御风险的能力越差。

②拨备率指商业银行提取呆(坏)账准备金的比率。该指标反映的是商业银行的贷款风险程度。该指标越高,则商业银行的贷款风险越大,面临的损失也越大。

③流动性比例指流动性资产余额与流动性负债余额之比。该指标衡量的是商业银行的总体流动性水平。该指标越低,则商业银行的总体流动性水平越低,爆发流动性风险的可能性也就越大。

④杠杆率指包括表内资产和表外资产在内的一级资产与总资产之比。该指标揭示的是商业银行的资本实力和风险承受能力。该指标越低,则商业银行的资本质量越差,经营风险也越大。

⑤不良贷款率指不良贷款余额与总贷款余额之比。该指标表示金融机构的信贷资产安全状况。该指标越高,则金融机构无法收回的贷款数额就越大,金融部门的风险也就越大。

6.2.3.3　财政金融关联性指标集

如前文所述,通过省级地方政府发行债券成为唯一合法的新增债务融资渠道,存量债务则主要依靠债券置换的方式得到清理,因此商业银行是地方政府债务风险的载体,地方政府债务风险和金融风险相互作用、相互强化,形成地方政府债务双螺旋风险结构。金融风险累积,降低了信贷配给效率,因此我们只有保证中央隐性担保率处在合理区间,才能避免触发系统性风险。金融审慎政策虽然能够有效降低地方政府债务风险,调整杠杆率,抑制地方政府的道德风险,但也会造成社会总投资和社会总产出相应减少。地方政府通过各种"影子银行"业务举债融资,扩大隐性债务规模,在弥补地方财政支出缺口的同时，增大了地方政府债务风险敞口。综上，本书选取了金融资金占有率、中央隐性担保率、地方政府杠杆率和"影子银行"贡献度四个指标来反映财政金融关联性。财政金融关联性指标及警戒阈值如表6-3所示。

表6-3　财政金融关联性指标及警戒阈值　　　　　单位:%

二级指标	三级指标	目标值
财政金融关联性指标	金融资金占有率	80
	中央隐性担保率	71
	地方政府杠杆率	2.88
	"影子银行"贡献度	—

财政金融关联性指标的相关说明如下:

①金融资金占有率指金融机构持有的地方政府债务余额与地方政府债务总余额之比。

②中央隐性担保率指地方政府出现偿债风险时，中央政府代其偿还的债务比例。

③地方政府杠杆率指当年新增债务占国内生产总值（GDP）的比重。

④"影子银行"贡献度指"影子银行"融资规模占社会融资规模的比重。

6.2.3.4　宏观经济综合性指标集

地方政府债务违约概率的上升会对金融部门的资产负债表形成冲击，导致金融风险增大，并在一般均衡效应的作用下使得金融部门的实际净资产遭受损失。地方政府债务风险进一步向实体经济传导，导致投资和产出下降。地方政府债务双螺旋风险一旦形成，就会在地方政府部门和金融部门传导、强化，对实体经济产生长期影响，最终促使系统性风险爆发。宏观经济综合性指标及警戒阈值如表6-4所示。

表6-4　宏观经济综合性指标及警戒阈值　　　　　单位:%

二级指标	三级指标	目标值	指标选取依据
宏观经济综合性指标	GDP 增长率	6.5	2017 年的政府工作报告
	全国居民消费价格指数（CPI）增长率	3	2017 年的政府工作报告
	固定投资增长率	—	
	不确定性指数	—	
	金融深化程度	125	

宏观经济综合性指标的相关说明如下：

①不确定性指数（EPU）主要反映世界各大经济体的经济与政策的不确定性。该指数与现实中的宏观经济指数形成显著的反向变动关系。

②金融深化程度，即广义货币供应量（M2）增速与国内生产总值（GDP）增速之比。该指标可以用来衡量一国的货币化程度，反映该国的经济发达程度。

6.2.4　筛选预选指标

本书遵循科学性、系统性、可操作性、重要性等原则构建地方政府债务风险宏观审慎监管指标体系，运用德尔菲法，以邀请专家打分的形式筛选出能够体现地方政府债务风险跨部门、跨时间传导的指标，从而识别和评估地方政府债务风险。

6.2.4.1　指标重要性的问卷调查

上文中的四个子指标集大多依据相关政府文件和前人研究成果归纳总结得到，不可避免地带有较强的主观性。另外，本书在对地方政府债务风险宏观审慎监管指标进行初筛的过程中，为兼顾全面性和系统性，收录了部分相关度不高或重要性偏低的指标。因此，有必要在初筛的基础上，由专家进行实证筛选，以增强指标的科学性和合理性。有鉴于此，笔者向相关专家发放了问卷。

问卷采用李克特态度量表的形式，要求被调查者根据自身的专业知识和丰富经验，按重要性对指标进行打分。为确保指标筛选的可靠性，笔者设置了限制条件：被调查者须为高校经济或金融专业具有副高级以上职称的教师、地方政府融资平台高管、财政部门或商业银行从事 5 年以上金融工作的工作人员。

本次调查通过面访、电子邮件访问和微信访问等方式发送问卷 50 份，回收有效问卷 32 份，其中有效问卷占 64%。被调查者背景资料如表 6-5 所示。

表 6-5　被调查者背景资料

项目		人数	占比/%
性别	男	12	37.5
	女	20	62.5
学历	本科生	4	12.5
	研究生	28	87.5

表6-5(续)

项目		人数	占比/%
职业	高校经济或金融专业具有副高级以上职称的教师	14	43.75
	地方政府融资平台高管	2	6.25
	财政部门工作人员	6	18.75
	商业银行工作人员	10	31.25

6.2.4.2　指标处理及体系确立

笔者收集和整理问卷,对各指标出现的频次进行统计,得出指标调查结果,详情如表6-6所示。

表6-6　指标调查结果

二级指标	三级指标	各指标出现的频次				
		1	2	3	4	5
地方财政稳定性指标	债务率	0	0	11	12	9
	债务偿还率	0	0	9	17	6
	债务效益性	2	12	13	5	0
	债务增速	0	0	13	12	7
	偿债真实性	3	13	13	3	0
	债务违约性	0	0	11	16	5
	债务依存度	0	0	9	19	4
金融部门稳定性指标	核心资本充足率	0	0	11	12	9
	拨备率	0	0	15	11	6
	流动性比例	0	0	13	15	4
	杠杆率	0	12	13	7	0
	不良贷款率	0	0	14	10	8
财政金融关联性指标	金融资金占有率	0	0	10	14	8
	中央隐性担保率	1	18	12	1	0
	地方政府杠杆率	0	0	11	13	8
	"影子银行"贡献度	2	16	13	1	0

表6-6(续)

二级指标	三级指标	各指标出现的频次				
		1	2	3	4	5
宏观经济综合性指标	GDP 增长率	0	0	8	16	8
	CPI 增长率	0	0	10	15	7
	固定投资增长率	0	13	15	4	0
	不确定性指数	1	15	12	4	0
	金融深化程度	0	0	8	18	6

笔者根据各指标出现的频次，明确这些指标的重要程度，并分别从平均值、标准差、置信区间、显著性水平和置信度五个维度出发，使用社会科学统计软件（SPSS）进行统计分析。结果如表6-7所示。

表 6-7 统计分析结果

二级指标	三级指标	平均值	标准差	置信区间	显著性水平	置信度
地方财政稳定性指标	债务率	3.938	0.801	[3.8, 4.08]	0.05	0.95
	债务偿还率	3.906	0.689	[3.78, 4.03]	0.05	0.95
	债务效益性	2.656	0.827	[2.51, 2.8]	0.05	0.95
	债务增速	3.813	0.780	[3.67, 3.95]	0.05	0.95
	偿债真实性	2.500	0.803	[2.36, 2.64]	0.05	0.95
	债务违约性	3.813	0.693	[3.69, 3.94]	0.05	0.95
	债务依存度	3.844	0.628	[3.73, 3.96]	0.05	0.95
金融部门稳定性指标	核心资本充足率	3.938	0.801	[3.8, 4.08]	0.05	0.95
	拨备率	3.719	0.772	[3.58, 3.86]	0.05	0.95
	流动性比例	3.719	0.683	[3.6, 3.84]	0.05	0.95
	杠杆率	2.844	0.767	[2.71, 2.98]	0.05	0.95
	不良贷款率	3.813	0.821	[3.67, 3.96]	0.05	0.95
财政金融关联性指标	金融资金占有率	3.938	0.759	[3.8, 4.07]	0.05	0.95
	中央隐性担保率	2.406	0.615	[2.3, 2.52]	0.05	0.95
	地方政府杠杆率	3.906	0.777	[3.77, 4.04]	0.05	0.95
	"影子银行"贡献度	2.406	0.665	[2.29, 2.52]	0.05	0.95

表6-7(续)

二级指标	三级指标	平均值	标准差	置信区间	显著性水平	置信度
宏观经济综合性指标	GDP 增长率	4.000	0.718	[3.87, 4.13]	0.05	0.95
	CPI 增长率	3.906	0.734	[3.78, 4.04]	0.05	0.95
	固定投资增长率	2.719	0.683	[2.6, 2.84]	0.05	0.95
	不确定性指数	2.594	0.756	[2.46, 2.73]	0.05	0.95
	金融深化程度	3.938	0.669	[3.82, 4.06]	0.05	0.95

笔者保留值在3.5以上的指标，并剔除数据获取较为困难的指标，最终从地方财政稳定性指标、金融部门稳定性指标、财政金融关联性指标及宏观经济综合性指标四类二级指标下的三级指标中选取债务率、核心资本充足率、地方政府杠杆率和GDP增长率等13个指标，尝试构建地方政府债务风险宏观审慎监管指标体系（见图6-1）。

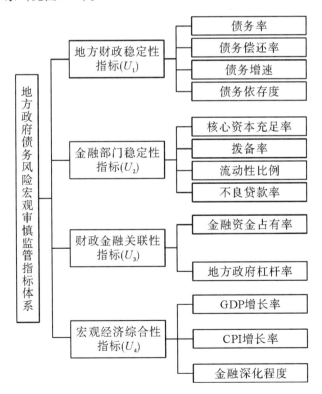

图6-1 地方政府债务风险宏观审慎监管指标体系

6.2.5 确定指标权重

6.2.5.1 方法介绍

确定指标权重的方法通常有层次分析法、熵值法、德尔菲法等。由于地方政府债务风险宏观审慎监管指标体系为递阶层次结构，各指标分层交错，且难以采用统一标准进行描述，因此笔者认为层次分析法较为适宜。

层次分析法（analytic hierarchy process，AHP）由萨带（Saaty）于1971年提出，主要应用于不确定性决策及拥有多项评估准则的决策，是一种通过定性指标来比较分析各层次元素的单排序和总排序，以优化决策的系统方法。

（1）建立多层次评价模型与判断矩阵

层次分析法将复杂的决策问题进行分解，并形成递阶层次结构。该结构中包括目标、准则、方案等层次，每个层次中的元素继续分解为多个简单的子元素。我们利用递阶层次结构进行定性分析和定量分析，从而构建多层次评价模型。

在建立多层次评价模型后，我们需要对各层次元素的权重进行比较，以明确各层次元素之间的关系。此时，若只采用定性分析，则评价结果并不具有说服力，故 Saaty 等人将各层次的每个元素依次与同一层次的其他元素进行比较，并根据重要性进行赋值（见表6-8）。重要程度越高，则分值越高。Saaty 等人进而根据比较结果构建判断矩阵。

表6-8　比较各层次元素

元素 i 与元素 j 的比较	重要性标度
两者同等重要	1
元素 i 比元素 j 稍微重要	3
元素 i 比元素 j 较强重要	5
元素 i 比元素 j 强烈重要	7
元素 i 比元素 j 极端重要	9
相邻判断的中间值	2，4，6，8

判断矩阵具有如下特征：

①$n_{ij} > 0$；

②$n_{ij} = \dfrac{1}{n_{ji}}$；

③$n_{ii} = 1$。

其中，n_{ij} 代表在上一层次元素包括的各子元素中，元素 n_i 与元素 n_j 比较后得出的重要性标度。

（2）计算同一层次元素的相对权重并进行一致性检验

层次分析法利用特征根计算同一层次元素的相对权重。设判断矩阵 $M-N_i$ 的最大特征根为 $\lambda_{\max}$，n 阶判断矩阵具有 k 个元素，则计算方法为

①$M-N_i$ 的元素按行相乘；

②所得乘积分别开 k 次方；

③方根向量经归一化后得到特征向量 W；

④$\lambda_{\max} = \sum\limits_{i=1}^{k} \dfrac{(M - N_i \times W)i}{k \times W_i}$。

为增强决策的科学性，在求得 $\lambda_{\max}$ 后需进行一致性检验。将最大特征根 $\lambda_{\max}$ 对应的特征向量 W 作为相关比较元素影响上一层次某元素的权向量，则影响的一致性程度决定了由此引起的判断误差。具体计算方法如下：

①定义一致性指标为

$$CI = \frac{\lambda_{\max} - k}{k - 1}$$

其中，CI 越趋近于 0，则一致性程度越高；CI＝0 时，具有完全的一致性。

②引入随机一致性指标（RI）以衡量 CI 的大小：

$$RI = \frac{CI_1 + CI_2 + \cdots + CI_k}{k}$$

③在平均随机一致性指标中查找随机一致性指标（RI）。平均随机一致性指标是利用特征根，经过多次（500 次以上）重复计算，取算术平均数得到的。随机一致性指标如表 6-9 所示。

表 6-9　随机一致性指标

矩阵阶数	1	2	3	4	5	6	7	8
RI	0	0	0.58	0.90	1.12	1.24	1.32	1.41
矩阵阶数	9	10	11	12	13	14	15	
RI	1.45	1.49	1.52	1.54	1.56	1.58	1.59	

④鉴于随机可能造成一致性程度降低，故需要将一致性指标（CI）同随机一致性指标（RI）进行比较，以检验判断矩阵是否具有令人满意的一致性。检验系数（CR）的具体计算方法如下：

$$CR = \frac{CI}{RI}$$

其中，当 CR<0.1 时，判断矩阵的一致性被认为是可以接受的。

（3）计算各层次元素的组合权重

为得到递阶层次结构里每个层次的所有元素在决策目标中的权重，我们需要对相对权重的计算结果进行适当组合，并对总体进行一致性检验。这一步骤由上而下逐层实施，最终计算得出最低层次的所有元素在决策目标中的权重并检验递阶层次结构的整体一致性。

6.2.5.2　指标权重的统计与计算

笔者邀请了 5 位来自高校、财政部门及商业银行的具有丰富理论研究和实践监管经验的专家，采用问卷调查的形式，请他们对地方政府债务风险宏观审慎监管指标体系打分。该调查问卷由三部分构成：第一部分是个人情况调查表，第二部分是填表说明，第三部分是地方政府债务风险宏观审慎监管指标重要程度比较表。笔者首先根据专家的反馈意见衡量各元素的相对重要程度，然后利用 AHP 法分别计算每个层级中各元素的相对权重，最后判断一致性指标、检验系数是否分别满足 CI<0.1、CR<0.1 的条件。

考虑到每位专家判断重要程度的标准不一致，如在 1（两者同等重要）到 9（前者比后者极端重要）的范围内，专家 A 认为两个元素的重要性标度为 5，而专家 B 认为两个元素的重要性标度是 3，为了避免这种情况，笔者取专家打分的算术平均值并进行四舍五入，以判断 CI、CR 是否合乎标准。如果不符合，笔者会请专家商讨并调整，直至出现符合标准的结果。

（1）计算二级指标权重

二级指标判断矩阵及二级指标权重分别如表 6-10、表 6-11 所示。

表 6-10　二级指标判断矩阵

二级指标	地方财政稳定性指标	金融部门稳定性指标	财政金融关联性指标	宏观经济综合性指标
地方财政稳定性指标	1	1	1	2
金融部门稳定性指标	1	1	1	2
财政金融关联性指标	1	1	1	1
宏观经济综合性指标	1/2	1/2	1	1

表 6-11　二级指标权重

二级指标	地方财政稳定性指标	金融部门稳定性指标	财政金融关联性指标	宏观经济综合性指标
权重/%	28.94	28.94	24.63	17.50
CI = 0.022 7，CR = 0.025 2，两者均小于 0.1，满足一致性要求				

（2）计算三级指标权重

①地方财政稳定性指标（U_1）权重计算。

地方财政稳定性指标判断矩阵及地方财政稳定性指标权重分别如表 6-12、表 6-13 所示。

表 6-12　地方财政稳定性指标判断矩阵

地方财政稳定性指标	债务率	债务偿还率	债务增速	债务依存度
债务率	1	1	1/2	1/2
债务偿还率	1	1	1	1/2
债务增速	2	1	1	1
债务依存度	2	2	1	1

表 6-13　地方财政稳定性指标权重

地方财政稳定性指标	债务率	债务偿还率	债务增速	债务依存度
权重/%	16.92	20.46	28.79	33.83
CI = 0.022 7，CR = 0.025 2，两者均小于 0.1，满足一致性要求				

②金融部门稳定性指标（U_2）权重计算。

金融部门稳定性指标判断矩阵及金融部门稳定性指标权重分别如表 6-14、表 6-15 所示。

表 6-14　金融部门稳定性指标判断矩阵

金融部门稳定性指标	核心资本充足率	拨备率	流动性比例	不良贷款率
核心资本充足率	2	1	1	1
拨备率	1/2	1	1	1
流动性比例	1	1	1	1
不良贷款率	1	2	1	1/2

表 6-15　金融部门稳定性指标权重

金融部门稳定性指标	核心资本充足率	拨备率	流动性比例	不良贷款率
权重/%	29.94	20.87	23.89	25.30
CI=0.069 5，CR=0.077 2，两者均小于0.1，满足一致性要求				

③财政金融关联性指标（U_3）权重计算。

财政金融关联性指标判断矩阵及财政金融关联性指标权重分别如表6-16、表6-17所示。

表 6-16　财政金融关联性指标判断矩阵

财政金融关联性指标	金融资金占有率	地方政府杠杆率
金融资金占有率	1	1
地方政府杠杆率	1	1

表 6-17　财政金融关联性指标权重

财政金融关联性指标	金融资金占有率	地方政府杠杆率
权重/%	50	50
CI=0.000 0，CR=0.000 0，两者均小于0.1，满足一致性要求		

④宏观经济综合性指标（U_4）权重计算。

宏观经济综合性指标判断矩阵及宏观经济综合性指标权重分别如表6-18、表6-19所示。

表 6-18　宏观经济综合性指标判断矩阵

宏观经济综合性指标	GDP 增长率	CPI 增长率	金融深化程度
GDP 增长率	1	1	1
CPI 增长率	1	1	1
金融深化程度	1	1	1/2

表 6-19 宏观经济综合性指标权重

宏观经济综合性指标	GDP 增长率	CPI 增长率	金融深化程度
权重/%	41.26	33.83	25.99
CI = 0.051 6，CR = 0.089 0，两者均小于 0.1，满足一致性要求			

6.2.5.3 地方政府债务风险宏观审慎监管指标体系权重（见表 6-20）

通过对调查结果进行分析，我们可以看出，在地方政府债务风险宏观审慎监管指标体系中，地方财政稳定性指标和金融部门稳定性指标是最重要的两个二级指标，财政金融关联性指标与风险传播存在直接关系，而宏观经济综合性指标则对风险形成具有重要影响。按重要程度排序：$U_1 > U_2 > U_3 > U_4$。

地方财政稳定性指标是最重要的地方政府债务风险宏观审慎监管指标之一。它反映了地方财政的健康程度。地方政府债务作为政府资本性支出的一部分，能够实现地方公共产品的有效供给，促进社会经济发展。但是，地方政府债务规模过大，会给地方政府带来沉重的财政负担，可能引发债务危机甚至系统性风险。因此，债务依存度成为该二级指标下最重要的三级指标。防范地方政府债务风险的关键在于，确保地方政府债务的可持续性。

金融部门稳定性指标在地方政府债务风险宏观审慎监管指标体系中与地方财政稳定性指标具有同等重要的地位。强化风险评估管理，加强对商业银行的风险识别和预警，采取稳健、审慎的风险控制手段对有效防范金融风险、保证金融部门健康有序发展具有重要的现实意义。核心资本充足率是保证金融部门稳健经营、安全运行的关键指标，是提升金融部门抗风险能力的根本手段，保持合理的核心资本充足率有助于抑制风险资产过度增长，保护债权人的利益。在设置核心资本充足率指标时要充分考虑适度性：既不宜过低，导致金融部门的风险敞口过大，又不宜过高，影响金融部门的收益。

地方政府债务风险和金融风险传导形成的地方政府债务双螺旋风险决定了财政金融关联性指标在地方政府债务风险宏观审慎监管指标体系中的重要作用。如果说在宏观、微观层面形成的冲击是风险源头，那么财政金融关联性就影响着风险的蔓延、扩散。风险的跨部门传导源于部门间的关联性，因此单个部门的风险在传递给多个部门后，可能形成影响整个宏观经济体系的系统性风险。

金融危机爆发后，宏观经济状况对系统性风险的影响大于金融危机爆发前。GDP 增长率和通货膨胀变动率均对系统性风险有显著影响。特别是对发展中国家而言，由于金融体系尚不健全、市场缺乏自动调节机制，因此这些国家更易出现经济过热或长期疲软的现象，也更易爆发系统性风险①。

表6-20　地方政府债务风险宏观审慎监管指标体系权重

一级指标	二级指标	权重/%	三级指标	权重/%
地方政府债务风险宏观审慎监管指标	地方财政稳定性指标	29	债务率	4.93
			债务偿还率	5.80
			债务增速	8.41
			债务依存度	9.86
	金融部门稳定性指标	29	核心资本充足率	8.70
			拨备率	6.09
			流动性比例	6.96
			不良贷款率	7.25
	财政金融关联性指标	25	金融资金占有率	12.5
			地方政府杠杆率	12.5
	宏观经济综合性指标	17	GDP 增长率	6.97
			CPI 增长率	5.61
			金融深化程度	4.42

6.3　地方政府债务风险宏观审慎监管指标体系的实证分析

6.3.1　实证方法及样本数据

6.3.1.1　模糊综合评价法

模糊概念和模糊现象广泛存在于社会生活中，模糊系统无法用经典集合论来描述。例如，单个元素不能简单地被判定是否属于某个集合，但可以说明归属的程度。这种某个元素归属相应集合的程度被称为隶属度。模糊综合评价法是一种基于模糊数学知识、遵循模糊关系合成原理，将某些边界不清、难以定量的因素定量化，并利用多个因素对被评价事物的隶属状况进行综合评价的方

---

① 刘晓星，方琳. 系统性风险与宏观经济稳定：影响机制及其实证检验 [J]. 北京工商大学学报，2014，29（5）：65-77.

法。地方政府债务风险宏观审慎监管指标体系无疑是一个复杂系统，该系统中包括多个指标集，因此我们在对其进行评价时，要综合考虑多个指标集的共同影响，从指标集中选出关键指标，并根据综合评价结果对关键指标进行排序。具体方法如下：

（1）确定因素集和评价集

设 U 和 V 为两个有限论域：

$$U = \{u_1, u_2, \cdots, u_m\}$$
$$V = \{v_1, v_2, \cdots, v_n\}$$

其中，因素集 U 是由影响评判对象的各种因素组成的集合，m 是评价因素的数量；评价集 V 是由评价者对评价对象做出的各种评价结果所构成的集合，n 是评价结果的数量。

（2）确定评价因素的权重向量

各因素的重要程度通常是不一样的。为了准确反映各因素的重要程度，笔者对因素 A_j 赋予相应的权数 W_j。设 A 为因素集 U 中的权重向量，则有

$$A = (a_1, a_2, \cdots, a_n)$$

其中，$\sum_{i=1}^{n} a_i = 1$，且 a_i 是第 i 个因素的权重。

（3）确立模糊关系矩阵

对因素集 U 中的单个因素进行评价，以确定评价对象对评价集 V 的隶属程度，进而得到模糊关系矩阵 $\boldsymbol{R}$：

$$\boldsymbol{R} = \begin{bmatrix} r_{11} & r_{12} & \cdots & r_{1n} \\ r_{21} & r_{22} & \cdots & r_{2n} \\ \vdots & \vdots & \vdots & \vdots \\ r_{m1} & r_{m2} & \cdots & r_{mn} \end{bmatrix}$$

本书采用专家打分的形式确定评价对象的等级，并运用绝对值减数法求得

$$r_{ij} = \begin{cases} 1, & (i = j) \\ 1 - c \sum_{k=1} |\chi_{ik} - \chi_{jk}|, & (i \neq j) \end{cases}$$

模糊关系矩阵 $\boldsymbol{R}$ 是因素集 U 的评价矩阵，反映因素集 U 与评价集 V 的模糊关系。笔者利用 $\boldsymbol{R}$ 构建模糊变换 Tg，即

$$T_g: F(U) \rightarrow F(V)$$

由此，形成模糊综合评价模型 G：

$$G = A \times \boldsymbol{R} = (a_1, \ a_2, \ \cdots, \ a_n) \begin{bmatrix} r_{11} & r_{12} & \cdots & r_{1n} \\ r_{21} & r_{22} & \cdots & r_{2n} \\ \vdots & \vdots & \vdots & \vdots \\ r_{m1} & r_{m2} & \cdots & r_{mn} \end{bmatrix}$$

据此，$(U, \ V, \ \boldsymbol{R})$ 构成一个模糊综合评价模型。其评价结果 G 是评价集 V 中的模糊集，记为

$$G = (g_1, \ g_2, \ \cdots, \ g_n) \in F(V)$$

地方政府债务风险宏观审慎监管是一个较为复杂的系统，需要考虑诸多因素。单个因素的权重经归一化处理后，其权值会偏小，导致评价结果不够真实。故本书采取多层次模糊综合评价法，将因素集 $U = \{u_1, \ u_2, \ \cdots, \ u_n\}$ 分解为 S 个子因素，得到一级评价向量 $\boldsymbol{G} = (g_1, \ g_2, \ \cdots, \ g_n)$ 和二级评价向量 $\boldsymbol{G}_s = (g_{s1}, \ g_{s2}, \ \cdots, \ g_{sn})$，并按照分值确定评价结果出现的概率。

6.3.1.2 样本数据

如前文所述，在本书构建的地方政府债务风险宏观审慎监管指标体系中，二级指标由地方财政稳定性指标、金融部门稳定性指标、财政金融关联性指标和宏观经济综合性指标组成，三级指标则包括债务增速、债务依存度、核心资本充足率、不良贷款率、地方政府杠杆率和 GDP 增长率等 13 个指标。本书利用以上指标，结合 2014—2017 年相关数据对地方政府债务风险宏观审慎监管指标体系进行模糊综合评价。

由于地方政府债务信息披露不完善，因此部分数据难以按照时间序列进行收集，且隐性债务未纳入统计。故笔者邀请专家利用自身对地方政府债务风险宏观审慎监管的认识和经验，并比照各指标的历史数据，完成对地方政府债务风险宏观审慎监管指标体系的模糊综合评价。

（1）地方财政稳定性指标

2014—2017 年，四川省地方财政稳定性指标的走势符合我国地方政府债务风险宏观审慎监管的趋势。2015 年之前，地方政府没有自行发行债券的资格。我们可以从表 6-22 中看到，尽管 2015 年以前的债务率已经达到较高水平，但债务偿还率、债务增速及债务依存度都很低，且绝大部分债务以商业银行贷款的形式存在于地方政府融资平台中，使地方政府承担着较为沉重的或有担保责任。随着监管力度的不断增大和融资行为的逐渐规范，2015 年后，四川省的债券发行量迎来爆发式增长，债务风险开始显现。除债务率，其他指标都超过警戒线，并于 2016 年达到峰值。2017 年，在各级政府的共同努力下，相关指标有所下降。

2014—2017 年四川省财政情况统计及 2014—2017 年四川省地方财政稳定性指标分别如表 6-21、表 6-22 所示。

表 6-21　2014—2017 年四川省财政情况统计　单位：亿元

项目	年份			
	2014	2015	2016	2017
地方政府债务余额	7 485	7 470	7 930	8 497
地方政府债务偿还额	180	1 805	2 546	2 386
新增地方政府债务额	200	1 790	2 894	2 811
地方政府综合财力	9 475	10 376	10 512	12 061
债务收入	200	1 790	2 894	2 811
财政支出	9 303	11 166	12 324	13 670

数据来源：根据四川省财政厅公布的数据整理。

表 6-22　2014—2017 年四川省地方财政稳定性指标　单位：%

二级指标	三级指标	年份			
		2014	2015	2016	2017
地方财政稳定性指标	债务率	79	72	75.4	70.5
	债务偿还率	1.9	17.4	23.8	19.8
	债务增速	3.1	23.9	38.7	35.4
	债务依存度	2.1	16	23.5	20.6

数据来源：根据四川省财政厅公布的数据整理。

（2）金融部门稳定性指标

2014—2017 年，我国金融部门稳定性指标的走势总体平稳。大多数指标位于安全区间，但拨备率长期处于警戒线上方。不良贷款率逐年上升，金融风险敞口呈扩大趋势，这些现象的产生与地方政府债务金融化有密不可分的联系。2014—2017 年我国金融部门稳定性指标如表 6-23 所示。

表 6-23　2014—2017 年我国金融部门稳定性指标　　　　单位:%

二级指标	三级指标	年份			
		2014	2015	2016	2017
金融部门稳定性指标	核心资本充足率	10.3	10.68	10.81	10.73
	拨备率	2.86	3	3.07	3.12
	流动性比例	47.2	47	47.7	49.4
	不良贷款率	1.13	1.54	1.75	1.74

数据来源：根据原银监会公布的数据整理。

（3）财政金融关联性指标

我国从 2015 年开始实施地方政府债务置换计划。在经历了 2016 年的地方政府债务置换高峰后，2017 年，我国新增地方政府债务下降 1.69 万亿元（见表 6-24），地方政府杠杆率下降 2.86%（见表 6-25）。在将过去大量存在于地方政府融资平台中的债务置换为地方政府债券后，以商业银行为代表的金融机构成为地方政府债券的主要持有者，地方政府债务风险金融化开始显现。

如前文所述，中央政府为了避免地方政府债务风险和金融风险相互作用，通常可以采取隐性担保和金融审慎监管等手段，但应重视这些手段所带来的负面影响。隐性担保的存在会增加地方政府债务融资的道德风险，而金融审慎监管在发挥降杠杆作用的同时，也会对投资和产出产生负面效应，进而降低社会福利水平。因此，中央政府应合理组合使用财政政策与金融政策，以防范系统性风险。

表 6-24　2016—2017 年我国地方政府债券发行情况

项目	年份	
	2016	2017
地方政府债券托管量/万亿元	10.63	14.74
金融部门持有地方政府债券比例/%	94.93	95.75
地方政府债务余额/万亿元	15.32	16.47
新增地方政府债务/万亿元	6.05	4.36
GDP/万亿元	74.01	82.08

数据来源：根据财政部、中债资信评估有限责任公司历年数据整理。

表 6-25　2016—2017 年我国财政金融关联性指标　　　单位:%

二级指标	三级指标	年份	
		2016	2017
财政金融关联性指标	金融资金占有度	65.87	85.69
	地方政府杠杆率	8.17	5.31

数据来源：根据财政部、中债资信评估有限责任公司历年数据整理。

（4）宏观经济综合指标

2014—2017 年，我国宏观经济综合性指标走势平稳，GDP 增长率及 CPI 增长率达到目标值，唯独金融深化程度偏离目标值较多（见表 6-26）。在我国经济由高速增长阶段转向高质量发展阶段，地方政府主要依靠公共产品的提供来维持经济发展的动力，这变相地刺激了债务融资需求，扩大了地方政府债务规模。

表 6-26　2014—2017 年我国宏观经济综合性指标　　　单位:%

二级指标	三级指标	年份			
		2014	2015	2016	2017
宏观经济综合性指标	GDP 增长率	7.3	6.9	6.7	6.8
	CPI 增长率	1.92	1.44	2	1.59
	金融深化程度	193.17	205.75	208.31	202.78

数据来源：2014—2017 年的中国统计年鉴。

6.3.2　地方政府债务风险宏观审慎监管指标体系模糊综合评价

6.3.2.1　专家评价

专家采用五点计分法。1 分表示无风险，2 分表示低风险，3 分表示中等风险，4 分表示较高风险，5 分表示极高风险（见表 6-27）。专家将对评价对象作出的各种评价组成一个集合 $V = (v_1, v_2, v_3, v_4, v_5)$。在地方政府债务风险宏观审慎监管指标体系中，$v_1$ 表示无风险，v_5 表示极高风险。专家对地方政府债务风险宏观审慎监管指标体系作出的模糊评价如表 6-28 所示。

表 6-27　风险程度定义

风险评分	1	2	3	4	5
风险程度	无风险	低风险	中等风险	较高风险	极高风险

表 6-28 地方政府债务风险宏观审慎监管指标体系模糊评价专家评分

二级指标	三级指标	专家评分				
地方财政稳定性指标	债务率	2	3	2	2	4
	债务偿还率	2	2	3	2	2
	债务增速	3	4	5	4	3
	债务依存度	3	4	5	4	5
金融部门稳定性指标	核心资本充足率	2	2	3	2	2
	拨备率	2	2	2	3	3
	流动性比例	2	3	3	2	2
	不良贷款率	2	3	3	3	2
财政金融关联性指标	金融资金占有度	3	3	5	4	3
	地方政府杠杆率	4	3	5	3	4
宏观经济综合性指标	GDP 增长率	2	3	3	2	2
	CPI 增长率	1	1	2	2	2
	金融深化程度	2	3	4	3	3

6.3.2.2 地方政府债务风险宏观审慎监管指标体系模糊关系矩阵

根据专家的评价结果，笔者分别就地方政府债务风险宏观审慎监管指标体系中的四个二级指标建立模糊关系矩阵，具体如下：

（1）地方财政稳定性指标模糊关系矩阵

$$\boldsymbol{V}_{11} = \begin{bmatrix} 0 & 0 & 0 & 0 \\ 0.6 & 0.8 & 0 & 0 \\ 0.2 & 0.2 & 0.4 & 0.2 \\ 0.2 & 0 & 0.4 & 0.4 \\ 0 & 0 & 0.2 & 0.4 \end{bmatrix}$$

（2）金融部门稳定性指标模糊关系矩阵

$$\boldsymbol{V}_{21} = \begin{bmatrix} 0 & 0 & 0 & 0 \\ 0.8 & 0.8 & 0.6 & 0.4 \\ 0.2 & 0.2 & 0.4 & 0.6 \\ 0 & 0 & 0 & 0 \\ 0 & 0 & 0 & 0 \end{bmatrix}$$

（3）财政金融关联性指标模糊关系矩阵

$$\boldsymbol{V}_{31} = \begin{bmatrix} 0 & 0 \\ 0 & 0 \\ 0.6 & 0.4 \\ 0.2 & 0.4 \\ 0.2 & 0.2 \end{bmatrix}$$

（4）宏观经济综合性指标模糊关系矩阵

$$\boldsymbol{V}_{41} = \begin{bmatrix} 0 & 0.6 & 0 \\ 0.6 & 0.4 & 0.4 \\ 0.4 & 0 & 0.4 \\ 0 & 0 & 0.2 \\ 0 & 0 & 0 \end{bmatrix}$$

6.3.2.3 地方政府债务风险宏观审慎监管指标体系模糊综合评价模型

利用二级指标的权重向量和模糊关系矩阵形成二级指标的模糊综合评价向量，具体如下：

（1）地方财政稳定性指标模糊综合评价向量

$$\boldsymbol{G}_{11} = [0.169\,2 \quad 0.204\,6 \quad 0.287\,9 \quad 0.338\,3] \times \begin{bmatrix} 0 & 0 & 0 & 0 \\ 0.6 & 0.8 & 0 & 0 \\ 0.2 & 0.2 & 0.4 & 0.2 \\ 0.2 & 0 & 0.4 & 0.4 \\ 0 & 0 & 0.2 & 0.4 \end{bmatrix}$$

$$= [0.000\,0 \quad 0.265\,2 \quad 0.257\,6 \quad 0.284\,3 \quad 0.192\,9]$$

（2）金融部门稳定性指标模糊综合评价向量

$$\boldsymbol{G}_{21} = [0.253\,0 \quad 0.208\,7 \quad 0.238\,9 \quad 0.299\,4] \times \begin{bmatrix} 0 & 0 & 0 & 0 \\ 0.8 & 0.8 & 0.6 & 0.4 \\ 0.2 & 0.2 & 0.4 & 0.6 \\ 0 & 0 & 0 & 0 \\ 0 & 0 & 0 & 0 \end{bmatrix}$$

$$= [0.000\,0 \quad 0.632\,5 \quad 0.367\,5 \quad 0.000\,0 \quad 0]$$

（3）财政金融关联性指标模糊综合评价向量

$$G_{31} = [0.5 \quad 0.5] \times \begin{bmatrix} 0 & 0 \\ 0 & 0 \\ 0.6 & 0.4 \\ 0.2 & 0.4 \\ 0.2 & 0.2 \end{bmatrix} = [0 \quad 0 \quad 0.5 \quad 0.3 \quad 0.2]$$

（4）宏观经济综合性指标模糊综合评价向量

$$G_{41} = [0.259\ 9 \quad 0.327\ 5 \quad 0.412\ 6] \times \begin{bmatrix} 0 & 0.6 & 0 \\ 0.6 & 0.4 & 0.4 \\ 0.4 & 0 & 0.4 \\ 0 & 0 & 0.2 \\ 0 & 0 & 0 \end{bmatrix}$$

$$= [0.196\ 5 \quad 0.452\ 0 \quad 0.269\ 0 \quad 0.082\ 5 \quad 0]$$

结合二级指标的模糊综合评价向量，构成地方政府债务风险宏观审慎监管指标体系的一级评价矩阵：

$$G = \begin{Bmatrix} 0.000\ 0 & 0.265\ 2 & 0.257\ 6 & 0.284\ 3 & 0.192\ 9 \\ 0.000\ 0 & 0.632\ 5 & 0.367\ 5 & 0.000\ 0 & 0.000\ 0 \\ 0.000\ 0 & 0.000\ 0 & 0.500\ 0 & 0.300\ 0 & 0.200\ 0 \\ 0.196\ 5 & 0.452\ 0 & 0.269\ 0 & 0.082\ 5 & 0.000\ 0 \end{Bmatrix}$$

根据地方政府债务风险宏观审慎监管指标体系的一级评价矩阵 G 和一级权重向量 A，得到

$$FG = A \times G$$

$$= (0.290\ 0,\ 0.290\ 0,\ 0.250\ 0,\ 0.170\ 0) \times$$

$$\begin{Bmatrix} 0.000\ 0 & 0.265\ 2 & 0.257\ 6 & 0.284\ 3 & 0.192\ 9 \\ 0.000\ 0 & 0.632\ 5 & 0.367\ 5 & 0.000\ 0 & 0.000\ 0 \\ 0.000\ 0 & 0.000\ 0 & 0.500\ 0 & 0.300\ 0 & 0.200\ 0 \\ 0.196\ 5 & 0.452\ 0 & 0.269\ 0 & 0.082\ 5 & 0.000\ 0 \end{Bmatrix}$$

$$= (0.033\ 7 \quad 0.336\ 1 \quad 0.352\ 1 \quad 0.171\ 9 \quad 0.106\ 3)$$

根据最大隶属度原则进行判断，最高模糊综合评价得分为 0.352 1（见表 6-29），我们可以认为，2014—2017 年地方政府债务处于中等风险状态。

表 6-29 地方政府债务风险宏观审慎监管指标体系模糊综合评价

风险程度	模糊综合评价得分
无风险	0.033 7
低风险	0.336 1
中等风险	0.352 1
较高风险	0.171 9
极高风险	0.106 3

6.3.3 风险测评

为了更直观地了解地方政府债务风险宏观审慎监管指标体系中各指标的风险水平，我们首先可以将实际数值与警戒数值进行比较。比值超过 1 时，得分为 100；比值不超过 1 时，得分为比值乘以 100。其次，将各项得分乘以指标权重，得到实际评分。最后，将实际评分加总，得到地方政府债务风险评分。[0，10] 为无风险，[11，30] 为低风险，[31，70] 为中等风险，[71，99] 为较高风险，100 则为极高风险。若风险水平处于或超出较高风险区间，则我们需要对风险加以隔离，排查和处置相关主体，最大限度地减少损失。经计算，2017 年四川省债务风险得分 65.49（见表 6-30）。可见，债务风险存在，但总体可控。通过进一步的分析，我们可知：

（1）地方财政稳定性较差

地方财政稳定性指标中的各项三级指标都处于较高水平。其中，债务增速超过警戒值，表明地方政府债务规模扩张过快；债务偿还率濒临警戒值，表示地方政府的偿债压力较大，需要引起高度重视。

（2）金融部门稳定性较强

总体来看，金融部门稳定性指标中的大部分三级指标的情况良好。在地方政府债务风险上升的影响下，只有拨备率高于警戒值。虽然这给金融部门带来了一定的冲击，但我们维持现状即可。

（3）财政金融关联度较高

财政金融关联性指标中的所有三级指标都超过警戒值，表明地方政府债务金融化使金融部门成为地方政府债务风险的载体。在地方政府债务双螺旋风险的作用下，风险敞口增大。对此，我们应及时予以干预，优化金融市场结构。

（4）宏观经济走势总体平稳

宏观经济综合性指标中的大部分三级指标达到了预定目标。尽管金融深化程度偏高，但短期内发生通货膨胀的概率不大，因此该指标不会对地方政府债务风险造成影响。

表 6-30　2017 年四川省债务风险得分

二级指标	三级指标	得分	权重/%	实际得分	
地方财政稳定性指标	债务率	70.5	4.93	3.48	
	债务偿还率	99	5.8	5.74	23.44
	债务增速	100	8.41	8.41	
	债务依存度	58.9	9.86	5.81	
金融部门稳定性指标	核心资本充足率	0	8.7	0	
	拨备率	100	6.09	6.09	9.38
	流动性比例	2	6.96	0.14	65.49
	不良贷款率	43.5	7.25	3.15	
财政金融关联性指标	金融资金占有度	100	12.5	12.5	25
	地方政府杠杆率	100	12.5	12.5	
宏观经济综合性指标	GDP 增长率	4	6.97	0.28	
	CPI 增长率	53	5.61	2.97	7.67
	金融深化程度	100	4.42	4.42	

6.4　本章小结

本章综合运用层次分析法和模糊综合评价法等方法初步构建了地方政府债务风险宏观审慎监管指标体系。笔者基于跨时间维度和跨行业维度，从地方财政稳定性、金融部门稳定性、财政金融关联性及宏观经济综合性四个维度选取了债务率、核心资本充足率、地方政府杠杆率、GDP 增长率等 13 个指标，进而对地方政府债务风险情况进行监测。实证结果显示，地方政府存在债务风险，但风险总体可控。具体而言：地方政府债务规模扩张过快，导致地方政府偿债压力增大；财政金融关联度过高，助推地方政府债务金融化，扩大了风险敞口；宏观经济运行平稳，但需要我们关注外部冲击所带来的影响。

7 建立地方政府债务风险事后 应对机制：风险处置实证

基于宏观审慎监管视角的地方政府债务风险处置是地方政府债务风险金融化背景下防范系统性风险的最后手段，也是地方政府债务风险宏观审慎监管框架中不可替代的重要工具。系统性风险对宏观经济稳定运行的危害程度可以通过风险处置手段得以有效降低。具有顺周期性特征的地方政府债务扩张，作用于商业银行内生的流动性风险，引致金融风险。地方政府债务风险与金融风险累积、叠加，可能触发系统性风险。监管当局应当及时、有效地对系统性风险进行干预，否则系统性风险的扩散会严重影响宏观经济的稳定运行，增加救助成本，引发道德风险，扭曲市场竞争机制。因此，基于宏观审慎监管视角的地方政府债务风险处置研究具有极为重要的意义。

7.1 地方政府债务风险处置机制的基本框架

地方政府融资主体是地方政府债务风险处置的对象。在地方政府债务风险金融化背景下，地方政府债务风险与金融风险交叉传导、相互影响。地方政府债务风险以地方政府在债务到期时无法偿还本息为起点，传导至金融系统，形成金融机构的流动性风险。实践证明，在最后贷款人制度下，履行最后贷款人职责的政府部门依法向暂时出现流动性危机的机构提供紧急救助，能够有效防范和化解流动性风险所引发的系统性风险。这对保证金融体系和宏观经济稳定运行具有积极作用。本书借鉴金融稳定委员会（FSB）于2011年发布的《金融机构有效处置框架的关键属性》，从处置主体、处置手段和工具、处置资金来源及处置计划四个层面构建基于宏观审慎监管视角的地方政府债务风险处置机制的基本框架。

7.1.1　明确的处置主体

确定权责清晰、监管到位的处置主体是建立有效的地方政府债务风险处置机制的基本要求。处置主体应由新设机构或现有机构担任，具备跨部门的风险处置经验、能力和资源。视处置对象的不同，处置主体可以是一个或多个机构。若处置主体较多，则相关部门需建立多方处置机制，并由牵头部门对不同处置程序加以协调。

目前，我国金融业形成的是以分业经营、分业监管为主的格局。财政部门是国家行政机关中负责财政管理工作的机构。地方政府可以在国务院批准的限额内自行发行债券，城投债业务受国家发展和改革委员会、证监会和国家金融监督管理总局的交叉监管，政信合作类信托产品、理财产品受证监会、国家金融监督管理总局的监管，融资租赁、担保、典当等业务则由各部委和地方政府监管。面对跨部门的风险传导，多头监管模式难免达不到预期效果。

有鉴于此，基于宏观审慎监管视角的地方政府债务风险处置主体可以是一个独立、高效的区域性地方政府债务监管机构，也可以是一个单部门牵头、多部门响应的有机统一体。在牵头部门的统筹安排下，不同的处置主体对其监管对象的风险进行处置。

7.1.2　充分的处置手段和工具

拥有充分的处置手段和工具是有效应对地方政府债务风险的必要条件。在传统的最后贷款人制度中，再贴现窗口和公开市场业务是最后贷款人的基本操作方式。2008年，美国联邦储备系统（简称"美联储"）在次贷危机处置中充分发挥最后贷款人职能的作用，创新最后贷款人的操作方式，为设立地方政府债务风险的处置手段和工具提供参考。处置工具包括但不限于：定期拍卖工具（TAF）、定期证券借贷工具（TSLF）、资产支持商业票据货币市场共同基金流动性工具（AMLF）、定期资产支持证券贷款工具（TABSLF）。

7.1.3　合法的处置资金来源

当地方政府融资主体因流动性不足而造成债务逾期，且使债务风险达到一定规模时，最直接的解决问题的方式是，监管机构将财政偿债准备金及时用于违约债务的偿还，防止债务风险不断累积，进而蔓延至金融系统，形成金融风险甚至系统性风险。

由于各地的经济发展水平、偿债能力不同，因此针对地方政府融资主体的流动性不足的救助，应由各级地方财政部门根据本地区的实际情况进行处理。财政偿债准备金的安排既要能够有效控制风险，又不能过量，从而影响财政资金的使用效益。相关部门应对财政偿债准备金实施动态管理，并根据当期债务存量和下期应还债务余额调整准备金数量。

7.1.4 合理的处置计划

合理的处置计划是指监管机构采取的必要的有效的行动和措施。尽早介入存在问题的地方政府融资主体，能够有效防止风险扩散。中央政府自 2016 年起，在化解存量债务的基础上加紧制定针对债务风险处置的文件。例如，2016年 10 月 27 日，国务院办公厅印发《地方政府性债务风险应急处置预案》（国办函〔2016〕88 号），规定地方政府对地方政府债务和其他存量政府债务承担还本付息的偿债责任，而对地方政府性债务只承担担保或救助责任。简而言之，监管部门需要对债务风险较高的载体，特别是资产规模较大或影响较大的地方政府融资主体进行甄别，并采取不同的处置办法：

①若地方政府融资主体面临临时流动性风险，则监管部门可以采取相应救助措施，帮助其解决短期流动性不足的问题，在防止出现不必要的重组或破产的同时，最大限度地保护支付清算系统正常运行，避免单个机构的流动性问题波及其他机构，进而形成系统性风险。需要注意的是，这种由监管机构向高风险的地方政府融资主体提供临时性救助措施的方式并不能从根本上消除风险。监管部门如果滥用此方法，就有可能引发道德风险，弱化市场惩戒功能。因此，监管部门必须设置严格的限制条件。

②如果高风险的地方政府融资主体出现清偿能力不足且无力自救的情况，则监管部门应立即采取接管处置措施，以迅速控制和化解风险，最大限度地降低风险处置成本，减小市场波动，保护债权人的合法权益。需要指出的是，监管部门采取接管处置措施时，并不直接介入高风险的地方政府融资主体，而是委托专业的第三方机构开展工作。其原因在于，监管部门直接采取监管处置措施既会占用大量资源，影响工作的正常开展，又会因专业知识不足而影响效果。基于此，监管部门应给予总体指导，对原则性和方向性的重大问题做出决策，将具体的工作交由专业的中介机构负责，实现对高风险的地方政府融资主体的全面管理，并采取措施，努力改善其财务状况。如风险得到控制，则允许地方政府融资主体恢复正常运营；反之，则要求地方政府融资主体进入资产重组或破产程序。

7.2 地方政府债务风险处置的理论模型研究

7.2.1 研究假设

无论是地方政府债务规模扩张的顺周期特征导致商业银行形成流动性风险，还是地方政府融资平台通过"影子银行"业务举债融资，这些都会对金融系统造成外部冲击，进而引发系统性风险。地方政府融资主体与地方政府之间的关联使地方政府融资主体普遍具有大而不倒的特性。一旦出现债务危机，履行最后贷款人职能的监管部门不得不采取相应的风险处置措施，对地方政府融资主体进行救助，以维护宏观经济的稳定运行。有鉴于此，本书将具体分析地方政府债务风险爆发后，监管部门的救助策略。

7.2.2 模型构建

7.2.2.1 地方政府融资主体与商业银行间的市场网络基本模型

在地方政府融资主体与商业银行所形成的市场中，地方政府融资主体通过债券置换计划和信托等"影子银行"业务，使商业银行成为地方政府债务风险的载体。地方政府融资主体与商业银行间的债权债务关系错综复杂。地方政府融资主体与商业银行形成完整的业务网络，两者分别代表业务网络中的节点，节点间的线表示地方政府融资主体和商业银行间的债权债务关系。假设市场中存在 M 个地方政府融资主体和 N 家商业银行机构，则市场网络基本模型可表示为

$$G = (V, E)$$

其中，$V = V_1 \cup V_2$。V_1 表示由 M 个地方政府融资主体组成的集合，V_2 表示由 N 家商业银行组成的集合，E 表示地方政府融资主体和商业银行间的债权债务关系。对 $u(u_1, u_2) \in V$，均有 $u_1 \in V_1$，$u_2 \in V_2$。

假设有不连续有限时间区间 $[t, t+1]$，$t \in \{0, 1, \cdots, T-1\}$；三元组 (L^t, β^t, h^t) 表示地方政府融资主体和商业银行共同组成的借贷网络。其中，$L^t = [L_{ij}^t]_{M \times N}$ 表示 t 时刻地方政府融资主体和商业银行的债务矩阵。$L_{ij}^t(i = 1, 2, \cdots, M; j = 1, 2, \cdots, N)$ 表示 t 时刻第 i 个地方政府融资主体对第 j 家商业银行的负债总额。$\beta^t = (\beta_1^t, \beta_2^t, \cdots, \beta_M^t)$ 代表地方政府融资主体的经营活动产生的现金流入量。$\beta_i^t(i = 1, 2, \cdots, M)$ 表示 t 时刻第 i 个地方政府融资主体的

经营活动产生的现金流入量。$h^t = (h_1^t, h_2^t, \cdots, h_M^t)$ 代表地方政府融资主体的非流动性资产。$h_i^t(i = 1, 2, \cdots, M)$ 表示 t 时刻第 i 个地方政府融资主体拥有的非流动性资产。

初始时刻，各地方政府融资主体都拥有一定数量的非流动性资产，我们可根据非流动性资产衡量地方政府融资主体的清偿水平。由于市场网络的环境具有不确定性，因此笔者假定各节点间的负债变动、现金流入量变动服从离散时间的随机过程。

用 l^t 表示商业银行的总负债量，$l_i^t = \sum_{j=1}^{N} l_{ij}^t$ 代表第 i 个地方政府融资主体对其他所有商业银行的负债总量。由此，可以得到 t 时刻第 i 个地方政府融资主体对 j 家商业银行的债务规模，即债务比例矩阵 $\boldsymbol{\Pi}^t = [\pi_{ij}^t]_{M \times N}$，且有

$$\pi_{ij}^t = \begin{cases} \dfrac{L_{ij}^t}{l_i^t}, & \text{当 } l_i^t > 0 \\ 0, & \text{当 } l_i^t = 0 \end{cases} \tag{7.2.1}$$

7.2.2.2 最后贷款人的救助基本假定

（1）财政偿债准备金预算总额

监管部门肩负履行最后贷款人职能的重任，主要为流动性不足但清偿能力尚可的地方政府融资主体提供救助贷款。作为市场网络的外部主体，监管部门有责任帮助地方政府融资主体恢复流动性，并减小风险传导对经济造成的危害。在此，笔者假设地方政府融资主体在得到监管部门的财政偿债准备金后即可避免违约，并在偿还了其他债权人的债务后才偿还财政偿债准备金的本息。

设 $k_i^t \geqslant 0(i = 1, 2, \cdots, M)$。$k_i^t$ 表示 t 时刻第 i 个地方政府融资主体从最后贷款人处获得的救助贷款数额，k^t 表示不同时间的救助贷款总额，b^t 表示 t 时刻第 i 个地方政府融资主体偿还的贷款数额，q_i^t 表示 t 时刻第 i 个地方政府融资主体未偿还的贷款总额，则有

$$q_i^0 = 0; \quad q_{i+1}^t = (q_i^t + k_i^t - b_i^t)(1 + r_c), \quad t \in \{0, 1, \cdots, T-1\} \tag{7.2.2}$$

其中，r 表示商业银行的利率，r_c 表示救助贷款的还贷利率。

用 D 表示最后贷款人的救助贷款预算总额。后期，最后贷款人依据自筹资金，将救助贷款分配给出现危机的地方政府融资主体，则有

$$\sum_{i=1}^{M} (k_i^t + q_i^t) \leqslant D(1 + r_c)^t, \quad t \in \{0, 1, \cdots, T-1\} \tag{7.2.3}$$

（2）地方政府融资主体的流动性与清偿力

地方政府融资主体的流动性不足不同于地方政府融资主体的清偿力不足。

其中，前者表示地方政府融资主体因资金一时周转不灵而无法偿还到期债务，但对债务仍具有清偿能力；后者表示地方政府融资主体因资产价值小于债务余额而使地方政府债务变得不可持续，此时将申请资产重组或破产。

设 t 时刻第 i 个地方政府融资主体的总支付量为 p_i^t，t 时刻第 i 个地方政府融资主体在得到救助后的可用资金为 v_i^t，则有

$$v_i^0 = 0; \quad v_{i+1}^t = (1 + r)\Big(\sum_{j=1}^N \pi_{ij}^t p_i^t + l_i^t + v_i^t - I_i^t - q_i^t\Big)^+, \quad t \in \{0,\ 1,\ \cdots,\ T-2\}$$

$$(7.2.4)$$

为简化式（7.2.4），笔者假设 c_i^t 表示 t 时刻第 i 个地方政府融资主体的资金流入总量，则有

$$c_i^t = \sum_{j=1}^N \pi_{ij}^t p_i^t + l_i^t + v_i^t \qquad (7.2.5)$$

又假设在每个时间段内，接受救助的地方政府融资主体虽已恢复流动性和清偿力，但仍未偿还财政偿债准备金的本息，则有

$$b_i^t = \min\big[(c_i^t - I_i^t)^+,\ q_i^t\big], \quad t \in \{0,\ 1,\ \cdots\cdots,\ T-1\} \qquad (7.2.6)$$

第 i 个地方政府融资主体的流动性不足可表示为 $c_i^t < I_i^t$。用 e_i^t 表示 t 时刻第 i 个地方政府融资主体的净资产总额，则有

$$e_i^t = \sum_{k=t+1}^{T-1} (1+r)^{-(k-t)}\Big[\sum_{j=1}^N E_t(L_{ij}^t) - E_t(L_i^t)\Big] - I_i^t + c_i^t + f_i^t \qquad (7.2.7)$$

其中，X 为任意随机变量。$E_t(X)$ 表示 t 时刻 X 在给定条件下的期望值。当 $e_i^t \geq 0$，表示 t 时刻第 i 个地方政府融资主体具有清偿力。

（3）地方政府融资主体的债务违约

地方政府融资主体一旦出现以下两种情况，即被认为在 t 时刻发生违约：①t 时刻，流动性不足且清偿能力不足；②t 时刻，流动性不足，地方政府融资主体虽有清偿力但未被财政偿债准备金救助。

违约变量用 d^t 表示。如第 i 个地方政府融资主体在 s（$s<t$）时刻发生违约，则 $d_i^t = 1$；如未发生违约，则 $d_i^t = 0$。定义 $\Delta d^t = d^{t+1} - d^t$ 表示地方政府融资主体在 $[t,\ t+1]$ 时期的违约情况。

若第 i 个地方政府融资主体于 t 时刻发生违约，则监管部门应根据债务违约的类别采取分类处置的办法：地方政府依法承担地方政府债券违约的全部偿还责任；对于非地方政府债券形式的存量政府债务违约，若债权人同意置换为政府债券，则由地方政府通过预算安排、资产处置等方式偿还到期政府债务本息，若债权人不同意置换为政府债券，则由原债务人承担偿债责任，地方政府作为出资人，在出资范围内承担有限责任；对于存量或有债务，原则上不属于

政府债务，地方政府仅依法承担适当民事赔偿责任，并视具体情况实施救助，但保留对债务人的追偿权。

7.2.2.3 多期支付结算体系

监管部门应提供系统性有效救助并鼓励地方政府融资主体建立多期支付结算体系。监管部门在向流动性不足但清偿力有余的地方政府融资主体提供财政偿债准备金时，应将资金上限设为

$$\max \min (k^t) \, {}^{T-1}_{t=0} \sum_{t=0}^{T-1} (1+r)^{-t} \sum_{i=1}^{N} p_i^t \qquad (7.2.8)$$

多期支付结算体系的具体要求如下：

①债务及时支付。若地方政府融资主体在 t 时刻前未发生违约，则应在 t 时刻支付 $\pi_{ij}^t p_i^t$ 给商业银行。

②债权优先。若地方政府融资主体在 t 时刻没有发生违约，则应偿还所有债务；若地方政府融资主体即将发生违约，则应将全部可用资金支付给现有债权人；若地方政府融资主体在 t 时刻发生违约，则不进行支付。用数学式表达为

$$p_i^t = \begin{cases} l_i^t, & \text{当 } d_i^t = 0 \text{ 且 } \Delta d_i^t = 0 \\ c_i^t, & \text{当 } d_i^t = 0 \text{ 且 } \Delta d_i^t = 1 \\ 0, & \text{当 } d_i^t = 1 \end{cases} \qquad (7.2.9)$$

③监管部门仅向流动性不足但清偿力有余的地方政府融资主体提供财政偿债准备金。用数学式表示为

$$\begin{cases} k_i^t > 0 \Rightarrow c_i^t < I_i^t, \text{ 且 } e_i^t \geqslant 0, \text{ 且 } d_i^t = 0 \\ k_i^t = 0 \Leftarrow (c_i^t < I_i^t, \text{ 且 } e_i^t < 0), \text{ 或 } d_i^t = 0 \end{cases} \qquad (7.2.10)$$

④高效使用救助资金。地方政府融资主体以财政偿债准备金的最小数额获得救助，有

$$k_i^t > 0 \Rightarrow k_i^t = I_i^t - c_i^t \qquad (7.2.11)$$

7.2.3 处置效果的最优路径分析

在建立多期支付结算体系的同时，我们需要制定何时分配及如何分配救助资金的最优策略。基于马尔可夫决策框架，本书对救助策略进行优化。

（1）马尔可夫决策过程模型

马尔可夫决策过程模型由五部分组成，记为

$$\{S, A, P(s' \mid s, a), r(s, a), V\} \qquad (7.2.12)$$

S 为所有可能的状态组成的非空状态集，也称状态空间。

A 为决策集。在任一决策时刻,决策者观察到的状态为 S ($s \in S$)。决策者可以在状态 s 的可用决策集 $A(s)$ 中选取决策 a ,因此 A 也称决策空间。

$P(s' \mid s, a)$ 为状态转移概率轴,表示系统在决策时刻点处于状态 s ,如果选取决策 a ,则系统在下一决策时刻点时处于状态 s' 的概率为 $P(s' \mid s, a)$,且有 $P(s' \mid s, a) \geqslant 0$, $\sum\limits_{s \in S} P(s' \mid s, a) = 1$ 。

$r(s, a, s')$ 为报酬函数,表示系统在决策时刻点处于状态 s ,选取决策 a 后,从状态 s 转变为状态 s' 所获得的报酬。

V 表示准则函数,决定了策略的优劣程度。

（2）马尔可夫决策过程清算序列

①设随机过程 $X^t = (L^t, \beta^t) \in \mathcal{X}$,即 X^t 由 t 时刻的债权债务关系和地方政府融资主体的经营现金流构成。其中, $\mathcal{X}$ 是取值有限的参数空间。

②定义 t 时刻的状态 $s^t = (v^t, h^t, q^t, d^t) \in S$ 。其中, S 为取值有限的状态空间。对每个 $[t, t+1)$ 时期,事件发生的顺序为 $s^t \to X^t \to k^t$ 。

③ 对时刻 t ,有 $s^{t+1} = f(s^t, X^t, k^t)$,其中 $f(s^t, X^t, k^t) = [f_1(s^t, X^t, k^t), f_2(s^t, X^t, k^t), f_3(s^t, X^t, k^t), f_4(s^t, X^t, k^t)]$ 。

函数 f 的变化路径如下:

$$v^{t+1} = f_1(s^t, X^t, k^t) = (1+r)(c^t - I^t - q^t)^+ \quad h^{t+1} = f_2(s^t, X^t, k^t)$$

$$= (1+r)\left\{(1-\Delta d^t)h^t + \Delta d^t (h^t - w^t)^+ + \left[\frac{w_{ij}^t}{w_i^t}\right]^T [\Delta d^t (h^t \Lambda w^t)]\right\}$$

$$q^{t+1} = f_3(s^t, X^t, k^t) = (1+r_c)(q^t + k^t - b^t)$$

$$d^{t+1} = f_4(s^t, X^t, k^t) = d^t + \Delta d^t$$

④本书的目标是在可行策略 $\pi = (k^1, k^2, \cdots, k^{T-1}) \in A$ 下,使救助贷款的期望贴现总额达到最大。考虑获得的打折报酬,则有

$$G_t = r_t + \gamma r_{t+1} + \cdots + \gamma^{T-1} r_{t+T-1} \tag{7.2.13}$$

其中, $\gamma = (1+r)^{-1}$, r 为阻尼系数,与利率有关,代表未来第 t 步的报酬是当前立即获得的报酬的 γ^{t-1} 倍; $r_t = r(s^t, k^t, s^{t+1})$,表示系统在决策时刻点 t 处于状态 s' ,采取救助决策 k^t 后,从状态 s' 变为状态 s^{t+1} 所获得的报酬。

在策略 π 下,状态 s 表示为 $V^\pi(s)$ 。 $V^\pi(s)$ 满足如下地推关系:

$$V^\pi(s) = E_\pi(G_t \mid s^t = s) = E_\pi\left(\sum_{\tau=0}^{T-1} \gamma^\tau r_{t+\tau} \mid s^t = s\right)$$

$$= E_\pi[r_t + \gamma V^\pi(s^{t+1}) \mid s^t = s]$$

$$= \sum_{s' \in S} P[s' \mid s, \pi(s)]\{r[s, \pi(s), s'] + \gamma V^\pi(s')\}$$

$$\tag{7.2.14}$$

因此，对任意状态 $s \in S$，优化目标函数为最大化价值函数 $V^{\pi}(s)$。设最优救助策略为 π^*，则所有策略 π 应满足 $V^{\pi^*}(s) \geq V^{\pi}(s)$。$V^* = V^{\pi^*}$，且满足贝尔曼方程：

$$V^*(s) = \max_{a \in A} \sum_{s' \in s} P(s' \mid s, a)[r(s, a, s') + \gamma V^*(s')] \quad (7.2.15)$$

最优救助策略应满足如下规则：

$$\pi^*(s) = \arg \max_{a \in A} \sum_{s' \in s} P(s' \mid s, a)[r(s, a, s') + \gamma V^*(s')] \quad (7.2.16)$$

⑤救助策略的灵活性由 s' 决定，也受清算序列的条件限制，即满足

$$k^t(s^t): \{k^t: p_i^t = (1 - d_i^t) \min(l_i^t, c_i^t + k_i^t)\}$$

$$\begin{cases} k_i^t > 0 \Rightarrow c_i^t < I_i^t, \text{ 且 } e_i^t \geq 0, \text{ 且 } d_i^t = 0 \\ k_i^t = 0 \Leftarrow (c_i^t < I_i^t, \text{ 且 } e_i^t < 0), \text{ 或 } d_i^t = 0 \end{cases}$$

$$k_i^t > 0 \Rightarrow k_i^t = I_i^t - c_i^t$$

$$\sum_{i=1}^{M} (k_i^t + q_i^t) \leq D(1 + r_c)^t, \quad t \in (0, 1, \cdots, T - 1) \quad (7.2.17)$$

（3）求解马尔可夫决策过程

针对马尔可夫决策过程的最优策略，本书介绍以下两种解法：

①动态规划法。

动态规划法是求解马尔可夫决策过程的最基本算法。在约束条件，即式（7.2.17）下，可按如下方式进行计算：

首先，对任意固定策略 π，其价值函数 V^{π} 为

$$V^{\pi}(s) = \sum_{s' \in s} P[s' \mid s, \pi(s)]\{r[s, \pi(s), s'] + \gamma V^{\pi}(s')\} \quad (7.2.18)$$

其次，采用迭代法更新状态值函数。将 $V^{\pi}(s)$ 的初始值赋为 0，用式（7.2.19）更新状态值函数。

$$V_{k+1}(s) = \sum_{s' \in s} P[s' \mid s, \pi(s)]\{r[s, \pi(s), s'] + \gamma V_k(s')\} \quad (7.2.19)$$

由于有限马尔可夫决策过程的状态空间和动作空间是有限的，因此策略迭代收敛于有限次迭代之后。

最后，改进策略。对状态 s，考虑所有行为值函数，则有

$$Q^{\pi}(s, a) = \sum_{s' \in s} P(s' \mid s, a)[r(s, a, s') + \gamma V_k(s')] \quad (7.2.20)$$

若 $Q^{\pi}(s, a) \geq V^{\pi}(s)$，则说明新策略（仅在状态 s 下采用策略 a，而在其他状态下都采用策略 π）比旧策略（在有状态下都采用策略 π）好。基于当前的价值函数 V^{π}，我们可以计算贪婪策略 π'，进而选择最优行为。

$$\pi^{'}(s) = \arg\max_{a \in A} \sum_{s^{'} \in S} P(s^{'} \mid s, a)[r(s, a, s^{'}) + \gamma V^{\pi}(s^{'})] \quad (7.2.21)$$

②蒙特卡洛法。

蒙特卡洛法又叫统计模拟方法，是一种重要的使用随机数来解决问题的数值计算方法。尽管蒙特卡洛法和动态规划法存在诸多不同，但蒙特卡洛法借鉴了动态规划法中的很多思想。蒙特卡洛法保留了对状态、动作和报酬的频率计数。用蒙特卡洛法来建立价值函数 $V^{\pi}(s)$，方法是对所有到达状态的回报值取平均数。$Q^{\pi}(s, a)$ 的估计方法类似，首先用平均回报值来估计，然后进行策略改进，具体如下：

$$\pi^{'}(s) = \arg\max_{a \in A} Q^{\pi}(s, a) \quad (7.2.22)$$

7.3 本章小结

基于宏观审慎监管视角的地方政府债务风险处置是地方政府债务风险金融化背景下防范系统性风险的最后手段。特别是在当前市场化融资渠道较为单一，财政偿债准备金制度尚未完善的情况下，由相关监管部门利用行政化手段来处置地方政府债务风险，能够有效减小地方政府债务风险给宏观经济稳定运行所带来的冲击和危害。本章基于地方政府融资主体和商业银行组成的市场网络，建立了服从马尔可夫决策过程的清算序列，并通过对该清算序列求解最优解，分析风险处置的最优化路径，从而有效减小系统性风险给宏观经济带来的损失，为监管部门有效处置地方政府债务风险金融化引致的系统性风险提供借鉴。

需要指出的是，现实情况往往更为复杂多变，监管部门在进行相关决策时，还需综合考虑多方面的影响因素，以制定出最优处置策略。

8 加强地方政府债务风险宏观审慎监管的举措建议

经过多年的地方政府债务风险监管与整治，我国的地方政府债务规模得到较好的控制，整体风险可控。然而，在地方政府债务风险与金融风险相互传导、强化，并形成双螺旋风险的情况下，监管不足等问题逐渐显现。为了加强监管、补齐短板，有效防控风险跨部门传导，避免引发系统性风险，保证宏观经济稳定运行，我们有必要构建地方政府债务风险宏观审慎监管体系。

本书结合现阶段地方政府债务双螺旋风险的特征，从监管框架、监管工具和政策协调三个方面提出强化地方政府债务风险宏观审慎监管的实施路径，希望为地方政府债务风险宏观审慎监管提供启示与建议。

8.1 建立和完善地方政府债务风险宏观审慎监管框架

地方政府债务风险宏观审慎监管的基础在于合理的治理结构，因此相关部门需要在协调机构、信息披露和监管创新等方面做好顶层设计。根据 IMF 和 BIS 提出的构建宏观审慎监管框架的要求，设立有效的监管主体、建立跨部门合作及信息共享机制是全面风险监测中的核心要素。从目前的情况来看，我国的地方政府债务风险监管已经取得实质性、阶段性成果，但相关部门在应对地方政府债务双螺旋风险方面还存在较大缺陷，需要建立和完善地方政府债务风险宏观审慎监管框架。

8.1.1 设立权责明晰、统一有效的监管协调机构

长期以来，我国对地方政府债务风险采用的是分业监管模式，即不同部门针对不同类别的地方政府债务融资方式分别进行监管。这种分业监管模式在彰显专业性和专门性的同时，带来了监管权责不清、监管盲区偶有存在等问题。

我们可以借鉴国际先进经验，在维持分业监管模式不变的原则下，设立权责明晰、统一有效的地方政府债务风险宏观审慎监管协调机构，并推动其有效运转、发挥作用。

（1）确定明晰的机构权责

如前文所述，分业监管模式导致监管不足，主要原因是各部门专注于监管其分管领域的业务，缺乏协调合作。故笔者认为，设立监管协调机构的目的在于，统筹各部门在地方政府债务风险监管方面的事务及研究规划地方政府债务管理改革等重大问题。同时，考虑到该机构应采用垂直协调的办法，因此其行政级别不宜过低。本书将该机构定位于"国务院管辖下的统筹协调地方政府债务风险监管和债务管理改革发展重大问题的议事协调机构"。该机构的主要职责包括：一是贯彻落实中央关于地方政府债务风险监管的各项决策部署；二是统筹各行政主管部门关于地方政府债务风险监管的重大事项，协调相关经济政策；三是研究国内外经济形势，提出地方政府债务风险监管的改革发展建议和规划；四是指导各级地方政府开展债务监管，并做好风险处置和履职问责等工作。

（2）设计合理的组织架构

在明晰地方政府债务风险宏观审慎监管协调机构的定位和职责后，在设计其组织架构时，我们既要考虑如何使其充分发挥统筹协调作用，又要考虑其做出决策的代表性，还要考虑其履行日常职责的经常性。故本书建议，该机构可以分为决策机关和日常执行机关。其中，决策机关针对重大问题召开定期或非定期的会议，组成成员包括两类：一类由国务院分管领导，财政部、国家发展和改革委员会、国家金融监督管理总局等监管部门领导组成，他们享有投票权；另一类则由来自财政和金融工作领域的代表、学者和专家组成，他们是列席成员，列席成员应定期轮换、调整。日常执行机关则根据地方政府债务风险宏观审慎监管协调机构所承担的主要职责，划分为数量不等的工作组，从而开展工作。

（3）形成高效的运行机制

地方政府债务风险宏观审慎监管协调机构利用定期和不定期的会议形成各项决议，并通过日常执行机关统筹协调地方政府债务风险管理的各项工作。地方政府债务风险宏观审慎监管协调机构在工作中要注意收集和共享各类信息，努力降低信息收集和共享成本，坚持适当保密与信息透明相结合的原则，适时向相关部门、机构及社会公众发布信息，避免信息披露不及时而影响宏观经济的稳定运行。同时，地方政府债务风险宏观审慎监管协调机构应以定期报告和特别报告相结合的方式向上级主管部门汇报工作，并坚持每年向社会公众发布地方政府债务监管报告。

8.1.2 建立和完善地方政府债务信息披露制度

地方政府债务包括显性债务和隐性债务两个部分。显性债务得到了较好的控制，而隐性债务的监管存在较大盲区。地方政府债务风险宏观审慎监管中的信息不对称既可能造成地方政府融资主体过度举债，促使地方政府债务风险上升；也可能侵犯社会公众的知情权，增大地方政府债券的利率波动幅度，增强金融资本市场的不稳定性。

建立和完善地方政府债务信息披露制度可以在一定程度上暴露问题，使监管部门及时应对和处置风险，增强对风险的控制能力。建立和完善地方政府债务信息披露制度还有助于健全市场约束机制，提振资本市场信心，增强地方政府的市场化融资能力。反之，地方政府债务信息披露制度的不健全会对政府监管和社会监督形成阻碍，为地方政府融资主体产生道德风险、做出逆向选择创造条件。

中央政府应从法律制度层面对地方政府债务的内涵和类型加以界定，明确规定地方政府债务的统计范围和方法，完善跨行业、跨部门的信息披露机制，对谎报、隐瞒地方政府债务的行为给予惩处，为建立和完善地方政府债务信息披露制度奠定政策基础。

地方政府应当加快地方政府债务信息披露制度建设进程，适时向外界披露相关债务信息。从内容上看，不仅应包括地方财政收支情况，还应包括债务存量、债务增量及债务期限等关键信息；从对象上看，不仅应包括社会公众，还应包括监管部门；从形式上看，不仅应通过资产负债表、现金流量表等财务报表综合反映地方政府债务信息，还应定期以决算报告的形式全面反映地方政府债务的预算收支执行情况。需要特别指出的是，鉴于地方政府债务信息的敏感性，地方政府在发布相关信息时要注意适度，应在保障国家经济安全的前提下，找到保守国家机密和披露信息的平衡点，避免可能产生的风险。

8.1.3 应用大数据推动监管创新

早在 2015 年，国务院就提出了运用大数据促进政府职能转变、加强市场监管的要求。大数据挖掘和处理技术能够通过海量数据的采集和分析，发现研究对象背后隐藏的规律，具有类型多样、速度快及价值高等特点，能够帮助监管机构更加全面客观地评价风险状况，推动监管决策从经验依赖向数据支撑转化。

总体来看，基于大数据应用，我们大致可以从以下三个方面推动地方政府债务风险宏观审慎监管创新：一是利用大数据实现精准化和差异化监管。不同地区、不同类型的地方政府债务，其结构、特点和形成原因各不相同。我们可以根据数据指标评估地方政府债务风险，并依据评估结果进行差异化管理，将监管重点放在高风险的地方政府债务上，从而有效提升监管效率。二是建设大数据监管平台，实现数据信息的跨部门共享。地方政府债务风险和金融风险相互传导、强化，不仅对金融市场造成冲击，还影响到实体经济的健康发展。大数据监管平台的建设，有助于打破财政部门和金融部门间的信息壁垒，使监管部门能够及时全面地掌握风险状况，客观地评价风险水平，加强各行业主管部门的联系，提升协作能力。三是利用大数据动态管控地方政府债务风险。监管部门应针对地方政府的存量债务，特别是隐性债务进行摸底排查，了解和掌握地方政府债务的结构、特点、期限和利率水平，并根据地方政府的财政收入、偿债能力和财政可持续性等指标的实时变动情况，建立地方政府债务风险动态管控机制，从而合理利用市场化融资手段，缓解偿债压力，规避系统性风险的爆发。

8.2 合理利用宏观审慎监管工具化解地方政府债务风险

目前，我国化解地方政府债务风险的手段主要包括存量债务的重构、债券置换、新增债务融资方式的规范和创新及地方政府融资平台的市场化转型等。从微观审慎管理的角度来看，这些手段使地方政府的偿债压力得到缓解，地方政府融资平台得以健康发展。然而，从宏观审慎监管的角度来看，存量债务的债券置换、新增债务的债券发行和地方政府融资平台的债转股都离不开商业银行的积极参与。具有顺周期特征的地方政府债务规模扩张导致地方政府债券的违约概率上升，进而冲击持有大量地方政府债券的商业银行，使得金融风险上升。地方政府债务风险和金融风险跨部门传导，不断累积、叠加，最终触发系统性风险。因此，我们有必要利用宏观审慎监管工具对现有的地方政府债务风险化解方式进行改进，以严守不发生系统性风险的底线。

8.2.1 鼓励地方政府债券投资主体多元化发展，分散风险

地方政府债务风险金融化在商业银行大量持有地方政府债券的背景下不断增强。地方政府债务风险与金融风险相互传导，对宏观经济的稳定运行造成极

大威胁。地方政府债券发行已成为地方政府债务融资中最主要的资金来源，它吸引了较多非金融机构和个人等投资主体参与地方政府债券投资，有利于分散聚集在金融部门的风险。要实现地方政府债券投资主体多元化发展，我们需要做好下列几方面的工作：

（1）努力形成地方政府债券市场化定价机制

目前，我国的地方政府债券在发行额度控制、发行利率定价等方面还存在较浓的行政化色彩。在债券发行时部分地区甚至出现地方政府债券利率低于国债利率的"利率倒挂"现象。未来，随着地方政府债券市场体系的不断健全，地方政府债券市场化定价机制将逐步建立。地方政府的举债需求、债务规模和融资方式都将完全由市场决定。地方政府债券利率则与地方政府债务风险相匹配，并与其他债券利率一起，形成多层次的资本市场利率体系。

（2）积极发挥债券交易市场的作用

地方政府应重视债券交易市场的建设，发挥债券的价格机制作用，调节资本要素。债券交易市场的收益和价差机制能够对投资者产生巨大的吸引力，同时凭借由此产生的外部压力，促使地方政府融资主体提高管理水平、改善经营绩效。

（3）建立和完善地方政府信用评级体系

健全的地方政府信用评级体系是地方政府债券市场化发行的必要保证。目前，我国仍然存在地方政府信用评级体系不够完善、专业评级机构偏少、信用评级框架不合理和信息披露不足等问题。强化地方政府信用评级体系建设，有利于投资者全面掌握地方政府债务风险，从而理性投资。

8.2.2　规范融资行为，建立风险传导隔离机制

地方政府债务风险和金融风险相互传导、强化所形成的双螺旋风险冲击了实体经济，催生了系统性风险。地方政府长期依赖土地财政和地方政府融资平台进行融资，使得地方政府债务扩张具有明显的顺周期特征。地方政府为了突破预算约束、弥补地方财政支出缺口，可能在举债融资过程中出现违规行为，从而导致地方政府债券的违约概率上升。要防范系统性风险、维护宏观经济的稳定运行，我们就必须规范地方政府的融资行为，阻断地方政府债务风险-金融风险的传导路径。

首先，相关部门应加强对地方政府债务的合规性审查，杜绝各类违规举债行为，纠正不规范的融资担保行为，从根源上抑制由不规范的举债行为所导致的地方政府债务风险。

其次，财政部门与金融部门应加强协调，重视监控风险的跨部门传导，综合运用逆周期资本要求、杠杆率控制等宏观审慎监管工具强化对地方政府融资主体和金融机构的监管。

最后，相关部门应将微观审慎管理与宏观审慎监管有效结合。微观审慎管理在应对风险传导和风险累积方面存在天然的短板。相关部门应在合法合规的微观审慎管理的基础上，结合宏观审慎监管，对地方政府债务风险形成有效的"强监管"，从而实现防范化解系统性风险的目标。相较于微观审慎管理对个体安全和个体稳定的关注，宏观审慎监管更强调对整体安全和整体稳定的关注，两者既对立又统一，形成一种互补的关系。微观审慎管理注重个体风险的防范，却忽视了地方政府融资主体与金融机构之间的关联，且无法有效解决顺周期问题。宏观审慎监管强调采取逆周期的措施，关注金融体系的整体风险，但对单个地方政府融资主体的债务风险监管不足。由此可见，微观审慎管理与宏观审慎监管不可分割。如果将两者割裂开来，必将严重影响监管的有效性。微观审慎管理为宏观审慎监管打下了坚实的基础，宏观审慎监管则为微观审慎管理提供了系统性、全局性和前瞻性的视野。因此，有关部门在监管过程中应当灵活运用微观审慎管理和宏观审慎监管。

8.2.3　构建层次清晰的地方政府债务风险处置机制

尽管地方政府债务风险宏观审慎监管的重心在事前防范和事中控制，但妥当的事后处置也能在提高地方政府信用水平、恢复地方财政可持续性、确保公共产品稳定供应等方面起到不可替代的作用。构建层次清晰的地方政府债务风险处置机制，有助于地方政府积极面对和处理债务违约带来的后续问题，从而有效防范系统性风险的发生。

（1）适度打破刚性兑付，维护社会经济的安全与稳定

我国现有的地方政府债务管理思路从本质上讲是建立在国家信用基础上的。地方政府债务扩张的制度根源在于地方政府乃至中央政府对地方政府债务的刚性兑付。刚性兑付的存在可能引发道德风险问题，进而导致地方政府债务规模持续扩张，加速风险传递。因此，守住监管底线，利用市场化途径释放风险是有序减小地方政府债务规模，防控地方政府债务风险的必由之路。

长期以来，地方政府债务往往拥有中央政府的隐性担保。要改变传统的地方政府债务化解方式，就要从体制上切断信用担保链条，严守中央政府对地方政府债务不救助、不兜底的原则。在经济层面，我们应坚持中央政府在财政分权中的主导地位，赋予地方政府更大的经济发展自主权，转化中央政府和各级

地方政府的职能，彻底改变中央政府对地方政府"一包到底"的现象。

需要注意的是，中央政府对地方政府债务的管理不可"一刀切"，应采取循序渐进的方式。当风险提高到危害社会稳定的程度时，中央政府应当提供适当的隐性担保，以防止系统性风险的发生。

（2）制定债务重组和债务减免预案，缓解偿债压力

对比各国的政府破产机制，我们可以看出，债务重组是破产程序中的核心。我国虽然不允许地方政府破产，但应对化解局部地区的流动性危机早做预案。例如，借鉴各国的经验，在特定时期给予地方政府债务重组的机会，并为此预先制定债务重组的制度、规则，既要防止地方政府假借名义恶意逃避债务，又要确保债务重组有序进行。债务重组的通常做法是，通过发行期限较长的债券来偿还到期的短期债务。但债务重组只能在一定程度上缓解债务压力，我们必须出台配套的财政紧缩或调节政策，才能充分发挥其效用。

债务减免同样可以起到化解地方政府债务风险的作用。从形式上看，债务重组往往要按照合规的行政程序进行，而债务减免则必须通过司法程序实现。由于债务减免需要考虑影响债务违约的外生因素，而不同的外生因素会对债务偿还造成不同的影响，因此只有司法程序才能确保债务减免的公正和公平。

无论是债务重组还是债务减免，最关键的是债权人和债务人是否能就债务解决方案达成一致。假如不能达成一致，则这两种方式都无法起到化解债务危机的作用。因此，无论是债务重组，还是债务减免，它们都是一个复杂的过程。它们虽然不能弥补地方财政管理的缺陷，但确实是财政体制改革中必须存在的一种方式。地方政府要想从根本上解决债务危机问题，还必须配合具体的地方财政整顿制度。

（3）建立地方财政整顿制度，保护债权人的权益

地方政府在处理财政问题时，如果不能发现债务危机产生的根本原因并及时解决债务危机，那么即使利用债务重组或债务减免，也不能从根本上解决问题。地方政府会陷入另一轮财政困境和债务危机。因此，地方财政整顿制度的建立是解决地方财政问题并恢复地方政府债务可持续性的先决条件。

在地方经济增长和地方财政收支的影响下，地方财政调整变得较为复杂，加之地方财政调整不同于中央财政调整，以及地方政府债券发行受到中央财政预算约束，同时地方财政调整依赖中央转移支付，因此地方财政调整的难度较大。另外，地方财政预算软约束和审计制度不健全，进一步增强了地方政府债务的不可控性。因此，对地方财政进行调整和整顿的目的并不是改变其职能而是恢复地方政府债务可持续性，为地方政府重新通过市场化手段进行融资做好准备。

8.3 强化地方政府债务风险宏观审慎监管的政策协调

制定地方政府债务风险宏观审慎监管政策的根本目标是防范地方政府债务风险跨部门传导，严守不发生系统性风险的底线。然而，无论是风险的产生还是传导，都会受到其他宏观政策的影响。财政政策、货币政策和产业政策等其他宏观政策密切关联，它们之间的协调程度决定了地方政府债务风险宏观审慎监管政策的实施效果。强化地方政府债务风险宏观审慎监管政策与其他宏观政策的协调性，有利于理顺地方政府债务风险各子系统之间的关系，防范地方政府债务风险乃至系统性风险。

8.3.1 地方政府债务风险宏观审慎监管政策与财政政策的协调

财政政策是政府为应对市场失灵而干预经济的重要手段。财政部门通过投资、税收和补贴等方式对实体经济造成影响。财政政策在稳定经济、恢复市场信心方面发挥着不可替代的作用。地方政府债务风险宏观审慎监管政策与财政政策的协调配合对防范系统性风险，保证宏观经济稳定运行至关重要。

（1）地方政府债务风险宏观审慎监管政策与财政政策的目标一致性

相较于地方政府债务风险宏观审慎监管政策的根本目标，财政政策侧重于对宏观经济中投资、产出和收入分配的调控，根本目标是实现宏观经济稳定运行。因此，两者在公共属性方面的根本目标具有一致性。从具体目标来看，财政政策致力于扩大内需、促进经济增长、稳定物价、调节贫富差距等，而地方政府债务风险宏观审慎监管政策则着眼于对地方政府融资主体和金融机构的监管，避免地方政府债务风险和金融风险相互传导和叠加，防范系统性风险的发生。实体经济受益于财政政策而稳定发展，这为地方政府债务可持续增长奠定了物质基础。

（2）财政政策对地方政府债务风险宏观审慎监管政策的影响

财政政策作为一种调控工具，具有较强的指向性，能够针对具体行业、领域，通过税收减免、利息补贴、资产注入、政府担保等形式产生积极的提振作用，特别是在经济下行时期，所起的作用更大。财政政策的相机抉择有助于调节经济周期、维护宏观经济的稳定运行，为地方政府债务风险宏观审慎监管政策的实施提供支撑。同时，地方政府往往对地方政府融资主体负有隐性担保责任，对高风险的金融机构负有救助义务，因此财政政策的实施能够改善地方政府融资主体的资产负债状况，提高金融机构的流动性水平，避免地方政府债务风险和金融风险的发生和相互传导。

需要注意的是，失当的财政政策也会对地方政府债务风险宏观审慎监管政策造成负面影响。长期以来，地方政府在很大程度上依赖土地财政，并利用债务融资来弥补财政缺口。目前中国经济已进入高质量发展阶段，经济增长速度放缓。与此同时，地方政府债务以专项建设债券的形式发行，而不被列为财政赤字。专项建设债券被商业银行大量持有使商业银行成为地方政府债务风险的载体，导致地方政府债务风险向金融风险传导。因此，相关部门需要合理规划地方政府债务规模，切忌随意实施宽财政政策，应将地方政府债务发行纳入社会融资规模统计，以真实反映地方政府债务水平，切实加强地方政府债务风险监管。

（3）地方政府债务风险宏观审慎监管政策与财政政策的协调运用

财政政策往往具有顺周期性。这具体表现为，在经济繁荣时期，财政收入较高，财政支出相应地出现较快增长；而在经济下行阶段，在支出惯性的作用下，财政支出的增速减缓与财政收入的增速减缓出现不同步的情况，财政支出与财政收入的不平衡会形成严重的财政赤字，导致地方政府债务风险凸显。此时，相关部门应积极实施地方政府债务风险宏观审慎监管政策，以控制地方政府债务规模，降低金融机构的杠杆率水平，防止地方政府债务风险上升。同时，相关部门要关注财政政策和地方政府债务风险宏观审慎监管工具在同时运用时所产生的叠加效应，避免两者对实体经济和金融机构形成短期的直接冲击。

8.3.2 地方政府债务风险宏观审慎监管政策与货币政策的协调

相关部门应将地方政府债务风险宏观审慎监管政策应用于货币政策的改革框架中，充分发挥金融监管的宏观调控作用，以更好地防范和化解系统性风险。对地方政府债务风险监管而言，货币政策和地方政府债务风险宏观审慎监管政策双支柱调控框架能够发挥更大作用。一方面，地方政府债务风险宏观审慎监管政策的实施能够有效防止地方政府债务风险向金融部门传导；另一方面，货币政策的实施会对金融部门的资产负债表和流动性水平产生影响，进而降低金融部门的整体风险水平，为地方政府债务规模的可持续增长提供保障。因此，两种政策的协调运用具有重要的现实意义。

（1）地方政府债务风险宏观审慎监管政策与货币政策的异同

从根本目标的角度来看，两者存在一致性。实施地方政府债务风险宏观审慎监管政策的根本目标是防范系统性风险、保证宏观经济稳定运行，而实施货币政策的根本目标则是通过保持物价稳定、实现充分就业、维持国际收支平衡等实现宏观经济稳定运行。虽然两者的根本目标高度一致，但货币政策涉及的事务更为复杂。从某种意义上讲，地方政府债务风险宏观审慎监管政策可以被视作货币政策在系统性风险防范方面的有益补充。

从调控对象的角度来看，两者存在差异性。地方政府债务风险宏观审慎监管政策属于结构性调控，重视各类地方政府融资主体、金融机构在时间维度及空间维度的风险传导和累积，能够有针对性地对经济结构失衡进行调整；而货币政策属于总量调控，强调运用各种货币政策工具来调整货币供应量，改善市场供需关系，从而维持金融环境的总体稳定，以实现既定的经济发展目标。可见，两种政策相辅相成，互为依托。

从传导方式的角度来看，两者存在互补性。货币政策着眼于总量指标，采取自上而下的传导方式，通过对货币供给量、利率水平和汇率水平等宏观经济变量产生作用，实现对经济结构和经济发展速度的调控，进而间接影响微观个体；地方政府债务风险宏观审慎监管政策则采取自下而上的传导方式，通过对地方政府融资主体和金融机构等微观个体的监管，实现宏观经济的稳定运行。这也是在地方政府债务风险宏观审慎监管中微观审慎与宏观审慎相结合的体现。

（2）地方政府债务风险宏观审慎监管政策与货币政策的协调运用

根本目标的趋同决定了地方政府债务风险宏观审慎监管政策与货币政策在宏观经济形势研判、政策实施、对象调控等层面需要协调配合，以相互促进，避免相互掣肘。

在不同的经济周期中，尽管两种政策的根本目标一致，但选择时机存在区别。比如，当经济处于复苏或衰退阶段，货币政策通常较为宽松，地方政府债务风险宏观审慎监管政策也应适当放松对资产负债率、杠杆率等指标的限制，确保适度的资本流动性，以刺激经济增长；当经济处于繁荣阶段，地方政府债务规模的扩大和金融部门资产价格的上升都蕴含潜在风险，并易形成系统性风险，因此货币政策应适度收紧，以控制地方政府债务规模的扩张、调节金融部门的杠杆率水平，同时，地方政府债务风险宏观审慎监管政策需要提高对地方政府融资主体和金融部门的监管要求，避免地方政府债券违约概率上升，保证地方政府债务规模可持续增长，维护宏观经济稳定运行，支持地方经济高质量发展。

选择时机的差异对两种政策的协调运用提出了更高要求。地方政府债务风险宏观审慎监管当局首先应通过信息共享平台同中国人民银行保持充分沟通，对宏观经济形势达成共识，避免出现错判；其次，应当对地方政府债务风险宏观审慎监管政策和货币政策进行量化分析，并选择更为高效、成本更低的政策予以实施，并在两种政策发生冲突时做好结构性调整工作，保证目标的总体一致；最后，在政策实施过程中应在相机抉择方面加强协作，明确政策实施的目的，准确把握政策推出的时机。

8.3.3 地方政府债务风险宏观审慎监管政策与产业政策的协调

如前文所述，地方政府会对金融机构的借贷行为进行干预，导致信贷配给长期存在不对称的情况。例如，国有企业能够以优惠的利率从商业银行融资，而私营企业大多只能按照市场化利率竞争剩余的信贷资源。地方政府债务的累积可能会造成商业银行的信贷供给错配：一方面，由于信贷规模是既定的，因此地方政府债务规模的扩大会对实体经济的信贷供给形成挤占效应；另一方面，地方政府债务风险增加时，商业银行会将预期收益的损失以提高贷款利率的形式转嫁给实体经济，导致社会投资和产出下降。

产业政策是国家为引导产业发展方向、推动产业结构升级、优化产业发展结构、促进国民经济健康发展而制定的宏观经济政策。产业发展离不开资金支持，包括金融支持、财政支持和税收支持等。地方政府债务风险宏观审慎监管政策正好可以通过控制地方政府债务规模来减小地方政府债务累积对实体经济产生的影响；同时，可以利用结构性调控手段精准支持产业发展。

由此看来，地方政府债务风险宏观审慎监管政策和产业政策的协调应该做到以下几点：一是力争在地方政府债务风险宏观审慎监管政策中体现产业政策的意图，利用宏观审慎的手段引导产业发展方向，鼓励地方政府融资主体支持国家战略性新兴产业的发展；二是合理控制地方政府债务规模，保证商业银行能够在信贷供给和利率水平等方面向国家支持的产业提供充足保障；三是加强对高风险行业的监管和政策调控，要使用更为稳健的调控手段，以保证宏观经济运行的稳定。

参考文献

[1] ALEXANDER K, DHUMALE R, EATWELL J. Global governance of financial systems [M]. Oxford: Oxford University Press, 2006.

[2] AOKI K, BENIGNO G, KIYOTAKI N. Monetary and financial policies in emerging markets [R]. Unpublished paper, London School of Economics, 2016.

[3] ARELLANO C. Default risk and income fluctuations in emerging economies [J]. American economic review, 2008, 98 (3): 690-712.

[4] ARGIMON I, GONZALEZ J M, ROLDAN J M. Evidence of public spending crowding-out from a panel of OECD countries [J]. Applied economics, 1997, 29 (8): 1001-1010.

[5] AUERBACH L, KOTLIKOFF L. Dynamic fiscal policy [M]. Cambridge: Cambridge University Press, 1986.

[6] BAJORUBIO. On the sustainability of government deficits: some long-term evidence for spain, 1850 - 2000 [J]. Journal of applied economics, 2010, 13 (2): 263-281.

[7] BALE M, DALE T. Public sector reform in New Zealand and its relevance to developing countries [R]. The World Bank Research Observer, 1998.

[8] BERNANKE B. Financial reform to address systemic risk [R]. Washington: the council on foreign relations, 2009.

[9] BLACK F, SCHOLES M. The pricing of options and corporate liabilities [J]. Journal of political economy, 1973, 81 (3): 637-654.

[10] BLANCHARD O, ARICCIA G D, MAURO P. Rethinking macroeconomic policy [J]. Journal of money, credit and banking, 2010 (42): 199-215.

[11] BLINDER AS. Teaching macro principles after the financial crisis [J]. The journal of economic education, 2010, 41 (4): 385-390.

[12] BOCOLA L. The Pass-through of sovereign risk [J]. Journal of political

economy, 2016, 124 (4): 879-926.

[13] BOHN H, INMAN R P. Balanced-budget rules and public deficits: evidence from the US states [J]. Rochester conference series on public, 1996: 13-76.

[14] BORIO C. Towards a macroprudential framework for financial supervision and regulation [R]. BIS Working Papers, 2007.

[15] BROUWER H. Macroprudential supervision: from concept to practice [R]. 28th SUERF Colloquium, 2009.

[16] BURGER J D, WARNOCK F E. Foreign participation in local currency bond markets [R]. National Bureau of Economic Research, 2006.

[17] CHANG C, CHEN K, WAGGONER D F, et al. A treads and cycles in China's macroeconomy [R]. Social science electronic publishing, 2016.

[18] CHATTERJEE S, EYIGUNGOR B. Maturity, indebtedness, and default risk [J]. American economic review, 2012, 102 (6): 2674-2699.

[19] CHEN Z, HE Z, LIU C. The financing of local government in China: stimulus loan wanes and shadow banking waxes [R]. NBER Working Paper, 2017.

[20] CLEMENT P. The term macroprudential: origins and evolution [J]. BIS quarterly review, 2010: 59-67.

[21] CROCKETT A. Marrying the micro and macro-prudential dimensions of financial stability [R]. BIS Review, 2000.

[22] DIAMOND W, DYBVIG P H. Bank runs, deposit insurance, and liquidity [J]. Journal of political economy, 1983, 91 (3): 401-419.

[23] EASTEDY M, CROSSAN M. Organizationallearning : debates past, present and future [J]. Journal of management studies, 2000.

[24] EASTERLY W. When is fiscal adjustment an illusion [J]. Economic policy, 1999, 14 (28): 55-86.

[25] ELIZABETH C, ANTONIO V. Risk management of contingent liabilities within a sovereign asset-liability framework [R]. World Bank Working Paper, 2002.

[26] ESKELAND G S. Fiscal decentralization and the challenge of hard budget constraints [R]. USA: revista de economic public Urhana, 2003.

[27] FARHI E, TIROLE J. Deadly embrace: sovereign and financial balance sheets doom loops [R]. NBER Working Paper, 2016.

[28] FRENKEL J, RAZIN A. Government spending, debt, and international economic interdependence [J]. Economic journal, 1995, 379 (95): 619-636.

［29］ GALATI G, MOESSNER R. Macroprudential policy – a literature review ［R］. BIS Working Paper, 2011 （2）.

［30］ GERTLER M, KARADI P. A model of unconventional monetary policy ［J］. Journal of monetary economics, 2011, 58 （1）: 17–34.

［31］ GERTLER M, KIYOTAKI N, PRESTIPINO A. A macroeconomic model withfinancial panics ［R］. NBER Working Paper, 2017.

［32］ GERTLER M, KIYOTAKI N, PRESTIPINO A. Wholesale banking and bank runs in macroeconomic modeling of financial crises ［A］ //Handbook of macro-economics. Amserdam: Elsevier, 2016.

［33］ GERTLER M, KIYOTAKI N. Banking, liquidity, and bank runs in an infi-nite horizon economy ［J］. American economic review, 2015, 105 （7）: 2011–2043.

［34］ GRONECK M. A golden rule of public finance or a fixed deficit regime? growth and welfare effects of budget rules ［J］. Economic modelling, 2010, 27 （2）: 523–524.

［35］ HANA P B. Contingent Government liabilities: a hidden risk for fiscal sta-bility ［R］. Washington: The World Bank, 1998.

［36］ HOLMSTROM B, TIROLE J. Financial intermediation, loanable funds, and the real sector ［J］. Quarterly journal of economics, 1997 （112）: 663–691.

［37］ INMAN R P. Public debts and fiscal politics: how to decide ［J］. American economic review, 1990, 80 （2）: 81–85.

［38］ KAWAI M, POMERLEANO M. Regulating systemic risk ［R］. ADBI working paper, 2010 （1）.

［39］ MAKIN A J. Public debt sustainability and its macroeconomic implications in ASEAN–4 ［J］. ASEAN economic bulletin, 2005, 22 （3）: 284–296.

［40］ MARTINEZ. The assignment of expenditure responsibilities ［R］. Unpub-lished Manuscript, Georgia State University, 2001.

［41］ MERTON R C. On the pricing of corporate debt: the risk structure of in-terest rates ［J］. Journal of finance, 1974, 29 （2）: 449–470.

［42］ MINEA A. Is high public debt always harmful to economic growth ［R］. CERDI Working Papers, 2012.

［43］ MODIGLIANI F. Long–run implications of alternative fiscal policies and the burden of the national debt ［J］. Economic journal, 1961, 71 （284）: 730–755.

［44］ MONTINOLA G, QIAN Y, WEINGAST B R. Federalism, Chinese style–

the political basis for economic success in China [J]. World Politics, 1995, 48 (10): 58-81.

[45] MOWBRAY H, BLANCHARD R H, WILLIAMS C A. Insurance [M]. 4th ed. New York: McGraw Hill, 1995.

[46] OATES W E. Fiscal federalism [M]. New York: HarcourtBarce Jovanaovich, 1972.

[47] OET M V, Bianco T, GRAMLICH D, et al. SAFE: an early warning system for banking risk[J]. Journal of banking and finance, 2013, 37(11): 4510-4533.

[48] PERSSON T, TABELLINI G. Political economics and public finance [R]. NBER Working Papers, 1999.

[49] POLACKOVA H, GHANEM H, ISLAM R. Fiscal adjustment and contingent liabilities: case studies of the czech republic and macedonia [R]. Working Paper, 1999.

[50] ROBERT J B. Are government bonds netwealth? [J]. Journal of political economy, 1974, 82 (6): 1095-1117.

[51] RODDEN J. Government finance [J]. Economics of the public sector, 2004: 12-30.

[52] ROSENBLOOM J S. A case study in risk management [R]. Prentice Hall, 1972.

[53] RUBIO M. Macroprudential and monetary policy: implications for financial stability and welfare [J]. Journal of banking and finance, 2014 (2): 7-14.

[54] SAMUELSON P A. The pure theory of public expenditure [J]. Review of economics and statustics, 1954 (4): 387-389.

[55] SMITH M I. Risk management and insurance [M]. New York: Mcgraw-Hill Inc., 1998.

[56] SWIANIEWICZ P. Local government borrowing: risks and rewards [M]. Budapest: Open Society Institute, 2004.

[57] TAYLOR M. Twin peaks: a regulatory structure for the new century [M]. London: CSFI, 1995.

[58] TIEBOUT C M. The pure theory of public expenditure [J]. The journal of political economy, 1956 (64): 416-424.

[59] TOBIN. Asset Accumulation and economic activity [J]. Economic journal, 1982, 92 (365): 474.

［60］TURNOVSKY S J. Optimal tax, debt, and expenditure policies in a growing economy［J］. Journal of public economics, 1996, 60（1）: 21-44.

［61］WILLIAMS C A, HEINS R M. Risk management and insurance［M］. New York: McGraw Hill, 1985.

［62］WOODFORD M. Public debt as private liquidity［J］. The American economist, 1990, 80（2）: 382-388.

［63］ZIMMERMAN J. The municipal accounting maze: an analysis of political incentives［J］. Journal of accounting research, 1977: 107-144.

［64］汉森. 货币理论与财政政策［M］. 李凤圣, 译. 太原: 山西经济出版社, 1992.

［65］巴曙松. 地方政府投融资平台的风险评估［J］. 经济, 2009（9）: 20-21.

［66］财政部预算司. 深化预算管理制度和财政体制改革建立现代财政制度［J］. 中国财政, 2015（23）: 29-32.

［67］曾忠生. 论地方政府的债务风险［J］. 财政研究, 2001（6）: 70-72.

［68］陈工, 苑德宇. 我国公共投资挤占私人投资了吗? 基于动态面板数据模型的实证分析［J］. 财政研究, 2009（12）: 9-13.

［69］陈菁, 李建发. 财政分权、晋升激励与地方政府债务融资行为: 基于城投债视角的省级面板经验证据［J］. 会计研究, 2015（1）: 61-67, 97.

［70］陈浪南, 杨子晖. 中国政府支出和融资对私人投资挤出效应的经验研究［J］. 世界经济, 2007（1）: 49-59.

［71］陈柳钦. 规范地方政府融资平台发展的思考［J］. 地方财政研究, 2010（11）: 38-43.

［72］陈志勇, 陈思霞. 制度环境、地方政府投资冲动与财政预算软约束［J］. 经济研究, 2014（3）: 76-87.

［73］程贵. 中国式财政分权、地方政府投资冲动与通货膨胀［J］. 宁夏社会科学, 2012（5）: 45-49.

［74］程宇丹, 龚六堂. 政府债务对经济增长的影响及作用渠道［J］. 数量经济技术经济研究, 2014（12）: 22-37.

［75］休谟. 人类理智研究道德原理研究［M］. 周晓亮, 译. 沈阳: 沈阳出版社, 2001.

［76］丁帅. 北京市科技金融双螺旋创新系统耦合发展研究［D］. 徐州: 中国矿业大学, 2018.

[77] 杜金向,陈墨畅,初美慧.地方政府投融资平台的债务特点及风险分析 [J].会计之友,2017 (21):42-45.

[78] 封北麟.地方政府投融资平台的财政风险研究 [J].金融与经济,2010 (2):4-7.

[79] 高国华.逆周期资本监管框架下的宏观系统性风险度量与风险识别研究 [J].国际金融研究,2013 (3):30-40.

[80] 龚翔,周强龙.影子银行与货币政策传导 [J],经济研究,2014 (5):91-105.

[81] 顾建光.地方政府债务与风险防范对策研究 [J].经济体制改革,2006 (1):10-15.

[82] 郭琳,樊丽明.地方政府债务风险分析 [J].财政研究,2001 (5):64-68.

[83] 郭琳.地方政府债务融资管理的现状、问题与对策 [J].中央财经大学学报,2001 (8):36-39.

[84] 郭玉清.逾期债务、风险状况与中国财政安全:兼论中国财政风险预警与控制理论框架的构建 [J].经济研究,2011 (8):38-50.

[85] 郭志勇,顾乃华.制度变迁、土地财政与外延式城市扩张:一个解释我国城市化和产业结构虚高现象的新视角 [J].社会科学研究,2013 (1):8-14.

[86] 国务院.国务院关于加强地方政府性债务管理的意见[EB/OL].(2011-09-21)[2021-01-31].http://www.gov.cn/zhengce/content/2014/10/02/content_9111.htm.

[87] 韩立岩,郑承利,罗雯,等.中国市政债券信用风险与发债规模研究 [J].金融研究,2003 (2):85-94.

[88] 郝生宾.企业自主创新能力的双螺旋耦合结构模型研究 [J].科技进步与对策,2011 (14):83-86.

[89] 洪源,刘兴琳.地方政府债务风险非线性仿真预警系统的构建:基于粗糙集 BP 神经网络方法集成的研究 [J].山西财经大学学报,2012 (3):1-10.

[90] 黄志刚,许伟.住房市场波动与宏观经济政策的有效性 [J].经济研究,2017 (5):103-116.

[91] 吉富星.地方政府隐性债务的实质规模与风险研究 [J].财政研究,2018 (11):62-70.

[92] 贾晓俊，顾莹博. 我国各省份地方债风险及预警实证研究 [J]. 中央财经大学学报，2017（3）：16-24.

[93] 考燕鸣，王淑梅，王磊. 地方政府债务风险预警系统的建立及实证分析 [J]. 生产力研究，2009（16）：182-184.

[94] 李腊生，耿晓媛，郑杰. 我国地方政府债务风险评价 [J]. 统计研究，2013（10）：30-39.

[95] 李天德，陈志伟. 新常态下地方政府投融资平台转型发展探析 [J]. 中州学刊，2015（4）：20-23.

[96] 李侠. 地方政府投融资平台的风险成因与规范建设 [J]. 经济问题探索，2010（2）：162-167.

[97] 李晓红. 中国地方政府债务规模及形成原因分析 [D]. 杭州：浙江大学，2017.

[98] 李燕. 地方政府性债务期待规范化、透明化管理 [J]. 中央财经大学学报，2009（12）：1-5.

[99] 李勇刚，王猛. 土地财政与产业结构服务化：一个解释产业结构服务化"中国悖论"的新视角 [J]. 财政研究，2015（9）：29-41.

[100] 李元旭，卢荣. 企业战略与企业文化的双螺旋结构模型 [J]. 兰州学刊，2009（8）：105-107.

[101] 梁枫. 中国商业银行流动性风险监管研究 [D]. 太原：山西财经大学，2015.

[102] 刘洪昌，刘洪. 创新双螺旋视角下战略性海洋新兴产业培育模式与发展路径研究：以江苏省为例 [J]. 科技管理研究，2018（14）：131-139.

[103] 刘骅，卢亚娟. 转型期地方政府投融资平台债务风险分析与评价 [J]. 财贸经济，2016（5）：48-59.

[104] 刘尚希，财政风险及其防范问题研究 [M]. 北京：经济科学出版社，2004.

[105] 刘尚希，许航敏，葛小南，等. 地方政府投融资平台：风险控制机制研究 [J]. 经济研究参考，2011（10）：28-38.

[106] 刘尚希. 财政风险：一个分析框架[J]. 经济研究，2003(5)：23-31.

[107] 刘尚希. 中国财政政策报告（2018）[M]. 北京：社会科学文献出版社，2018.

[108] 刘霄仑. 风险控制理论的再思考：基于对 COSO 内部控制理念的分析 [J]. 会计研究，2010（3）：36-43.

[109] 刘晓星，方琳. 系统性风险与宏观经济稳定：影响机制及其实证检验 [J]. 北京工商大学学报，2014，29（5）：65-77.

[110] 刘振海，肖峰，李晓丹. 地方政府债务风险处置研究 [J]. 金融发展研究，2017（10）：10-15.

[111] 罗伯特·希斯. 危机管理 [M]. 王成，宋炳辉，金瑛，译. 北京：中信出版社，2004.

[112] 罗纳德·费雪. 州和地方财政学 [M]. 吴俊培，译. 2版. 北京：中国人民大学出版社，2000.

[113] 马德功，马敏捷. 地方政府债务风险防控机制实证分析：基于KMV模型对四川省地方债风险评估 [J]. 西南民族大学学报，2015（2）：139-144.

[114] 马海涛，吕强. 我国地方政府债务风险问题研究 [J]. 财贸经济，2004（2）：12-17.

[115] 毛锐，刘楠楠，刘蓉. 地方政府债务扩张与系统性金融风险的触发机制 [J]. 中国工业经济，2018（4）：19-38.

[116] 缪小林，伏润民. 我国地方政府性债务风险生成与测度研究：基于西部某省的经验数据 [J]. 财贸经济，2012（1）：17-24.

[117] 牟放. 化解我国地方政府债务风险的新思路 [J]. 中央财经大学学报，2008（6）：8-12.

[118] 潘俊，杨兴龙，王亚星. 财政分权、财政透明度与地方政府债务融资 [J]. 山西财经大学学报，2016（12）：52-63.

[119] 潘文轩. 地方政府投融资平台运行风险及其化解：以偿债风险为中心 [J]. 地方财政研究，2010（4）：4-8，13.

[120] 彭建刚，梁凌，谭德俊，等. 商业银行经济资本管理研究 [M]. 北京：中国金融出版社，2011.

[121] 彭建刚，吕志华. 论我国金融业宏观审慎管理制度研究的基本框架 [J]. 财经理论与实践，2012（1）：2-7.

[122] 彭志远. 现阶段我国政府债务"警戒线"的反思及债务风险的防范 [J]. 管理世界，2002（11）：11-18，155.

[123] 人民网. 人民日报评论员：有效防范金融风险——二论做好当前金融工作[EB/OL].（2017-07-17）[2022-01-01].http://opinion.people.com.cn/n1/2017/0717/c1003-29407958.html.

[124] 芮桂杰. 防范与化解地方政府债务风险的思考 [J]. 经济研究参考，2003（90）：36-40.

[125] 邵颖红. 公共项目投融资分析：理论、方法及应用［M］. 北京：电子工业出版社，2011.

[126] 宋保胜. 地方政府基础建设债务信息披露的会计途径［J］. 会计之友，2014（35）：61-65.

[127] 孙芳城，李松涛. 基于风险防范的地方政府债务会计体系研究［J］. 财政监督，2010（20）：5-8.

[128] 孙晓娟. 我国地方政府融资平台的风险和对策［J］. 经济研究参考，2011（47）：20-23.

[129] 孙中博. 城镇化建设与新生代农民工返乡创业的双螺旋耦合研究［J］. 东北师大学报，2017（4）：147-152.

[130] 覃金华. 地方政府投融资平台风险研究：以广东省云浮市新达城市建设投资公司为例［J］. 征信，2015（10）：94-98.

[131] 王东. 国外风险管理理论研究综述［J］. 金融发展研究，2011（2）：23-27.

[132] 王国静，田国强. 金融冲击和中国经济波动［J］. 经济研究，2014（3）：20-34.

[133] 王敬尧，邵青. 国外地方政府财政收支结构及其困境比较分析［J］. 中南民族大学学报（人文社会科学版），2008，28（2）：113-118.

[134] 王明涛，证券投资风险计量、预测与控制［M］. 上海：上海财经大学出版社，2003.

[135] 吴盼文，曹协和，肖毅，等. 中国政府性债务扩张对金融稳定的影响：基于隐性债务视角［J］. 金融研究，2013（12）：59-71.

[136] 武子淞. 我国地方政府投融资平台风险及管理对策研究［D］. 大连：大连海事大学，2014.

[137] 习近平. 决胜全面建成小康社会夺取新时代中国特色社会主义伟大胜利［M］. 北京：人民出版社，2017.

[138] 谢虹. 地方政府债务风险构成及预警评价模型构建初探［J］. 现代财经，2007（7）：63-65.

[139] 新华社. 国务院印发《关于加强地方政府性债务管理的意见》［EB/OL］.（2014-10-02）［2021-01-31］. http://www.gov.cn/zhengce/content/2014-10/02/content_9111. htm.

[140] 熊琛，金昊. 地方政府债务风险与金融部门风险的"双螺旋"结构-基于非线性 DSGE 模型的分析［M］. 中国工业经济，2018（12）：23-41.

［141］休谟. 人性论［M］. 关文运, 译. 北京: 商务印书馆, 1983.

［142］徐丽梅, 王贻志. 地方政府基础设施融资模式创新研究［J］. 社会科学, 2009 (11): 34-35.

［143］徐占东, 王雪标. 中国省级政府债务风险测度与分析［J］. 数量经济技术经济研究, 2014 (12): 38-54.

［144］许争, 戚新. 地方政府性债务风险预警及研究: 基于东北地区某市经验数据［J］. 科学决策, 2013 (8): 30-46.

［145］亚当·斯密. 国富论［M］. 郭大力, 王亚南, 译. 南京: 译林出版社, 2011.

［146］杨飞虎. 地方政府过度投融资行为动因分析及治理建议［J］. 经济问题探索, 2014 (1): 11-15.

［147］杨天宇, 荣雨菲. 分税制改革与中国地方政府的基础设施投资偏好: 基于财政激励假说的实证分析［J］. 经济理论与经济管理, 2016 (2): 59-70.

［148］叶青, 易丹辉. 中国证券市场风险分析基本框架的研究［J］. 金融研究, 2006 (6): 65-70.

［149］尹继志. 宏观审慎监管: 内容与框架［J］. 南方金融, 2010 (12): 47-51.

［150］袁志刚, 宋铮. 人口年龄结构、养老保险制度与最优储蓄率［J］. 经济研究, 2004 (11): 24-32.

［151］岳世忠, 蔡立民. 基于委托代理理论视角下的公司治理与内部控制研究［J］. 开发研究, 2014 (6): 80-83.

［152］张海星. 地方政府债务的监管模式与风险控制机制研究［J］. 宁夏社会科学, 2009 (5): 39-43.

［153］张健华, 贾彦东. 宏观审慎政策的理论与实践进展［J］. 金融研究, 2012 (1): 20-35.

［154］张璟, 沈坤荣. 财政分权改革、地方政府行为与经济增长［J］. 江苏社会科学, 2008 (3): 56-62.

［155］张平, 张丽恒, 刘灿. 我国省级地方政府债务风险影子银行化的成因、途径及其控制［J］. 理论探讨, 2016 (6): 73-78.

［156］张平. 我国影子银行风险助推了地方政府债务风险吗?［J］. 中央财经大学学报, 2017 (4): 3-13.

［157］张启智. 城市公共基础设施投融资方式的选择与政府职能定位［J］. 内蒙古师范大学学报, 2007 (2): 104-107.

[158] 张倩, 邓明. 财政分权与中国地区经济增长质量 [J]. 宏观质量研究, 2017 (3): 1-16.

[159] 张强, 陈纪瑜. 论地方政府债务风险及政府投融资制度 [J]. 财经理论与实践, 1995 (5): 22-25.

[160] 张晏, 龚六堂. 分税制改革、财政分权与中国经济增长 [J]. 经济学, 2005 (4): 75-108.

[161] 张永亮. 一文看懂地方政府融资现状、问题及对策 [EB/OL]. (2017-11-21) [2021-10-31].http://www.sohu.com/a/204727328_577410.

[162] 张召娣. 地方性公共产品分权式供给研究 [J]. 地方财政研究, 2006 (2): 26-30.

[163] 张中华, 万其龙. 地方政府债务挤出了私人投资吗? [J]. 现代财经, 2018 (7): 3-18.

[164] 张子荣, 赵丽芬. 影子银行、地方政府债务与经济增长: 基于2002-2016年经济数据的分析 [J]. 商业研究, 2018 (8): 71-77.

[165] 赵全厚. 风险预警、地方政府性债务管理与财政风险监管体系催生 [J]. 改革, 2014 (4): 61-70.

[166] 赵优红, 张宇飞. 我国政府投融资体系的现状及完善 [J]. 财政研究, 2005 (10): 37-38.

[167] 中国人民银行济南分行课题组. 宏观审慎管理制度综述及对我国的启示 [J]. 金融发展研究, 2011 (1): 14-19.

[168] 中华人民共和国审计署. 全国政府性债务审计结果 [R]. 中华人民共和国审计署2013年第32号公告, 2013.

[169] 周光召. 发展学科交叉 促进原始创新: 纪念DNA双螺旋结构发现50周年 [J]. 物理, 2003 (11): 707-711.

[170] 周业安. 财政分权、经济增长和波动. 管理世界, 2008 (3): 6-15, 186.

[171] 周中胜. 国外财政分权理论研究的进展与启示 [J]. 国外社会科学, 2011 (2): 76-82.

[172] 朱军, 李建强, 张淑翠. 财政整顿、"双支柱"政策与最优政策选择 [J]. 中国工业经济, 2018 (8): 24-41.

[173] 朱荣恩, 贺欣. 内部控制框架的新发展: 企业风险管理框架——COSO委员会新报告《企业风险管理框架》简介 [J]. 审计研究, 2003 (6): 11-15.

［174］庄晓季. 公共债务对实体经济的传导机制及政策启示［J］. 技术经济与管理研究, 2015（6）: 65-69.

［175］庄子罐, 崔小勇, 龚六堂, 等. 预期与经济波动: 预期冲击是驱动中国经济波动的主要力量吗?［J］. 经济研究, 2012（6）: 46-59.

［176］左翔, 殷醒民. "土地财政" 模式与地方公共品供给［J］. 世界经济文汇, 2014（4）: 88-102.